Proiectul
ASISTENȚĂ SOCIALĂ UMANISTĂ

The
HUMANISTIC SOCIAL WORK
Project

Asistență Socială Umanistă. De la subzistență și îngrijire la reabilitare umană și fericire

Autor:
ȘTEFĂROI, Petru

Proiectul ASISTENȚĂ SOCIALĂ UMANISTĂ
The HUMANISTIC SOCIAL WORK Project

Alte titluri ale autorului (selectiv):

- *Perspectiva umanistă asupra clientului în asistența socială*, în Revista de Asistență Socială, Nr.1-2, 2009, Editura Polirom;
- *Teoria Fericirii în Asistența Socială: De la managementul îngrijirii la managementul fericirii*, 2009, Editura Lumen;
- *Tulburări de dezvoltare socioafectivă ale copilului instituționalizat. De la obiectivul supraviețuire la obiectivul fericire în asistența socială a copilului;* în Revista de Asistență Socială, Nr.1-2, 2008, Editura Polirom;
- *Specificul managementului (eficient) în domeniul asistenței sociale*, în Revista de Asistență Socială, Nr.3, 2007, Editura Polirom.

ISBN-13: 978-1530572533
ISBN-10: 1530572533

CreateSpace, Charleston SC, Amazon.com

Petru Ştefăroi

ASISTENŢĂ
SOCIALĂ
UMANISTĂ

De la subzistenţă şi îngrijire
la
Reabilitare Umană
şi
Fericire

TABLA DE MATERII

CUPRINS

Cuvânt înainte

Aşa cum bine se cunoaşte, asistenţa socială, ca sistem şi practică, se realizează, în principal, pe de o parte la nivel de comunitate, prin serviciile publice şi private specifice, având ca primă ţintă familia, familia foarte săracă, familia disfuncţională, în risc, destrămată etc., persoanele (de toate vârstele), ca indivizi, victime ale sărăciei, disfuncţiilor familiale, şomeri, narcomani, delincvenţi etc., - în majoritate, direct sau indirect, tot victime ale sărăciei sau anomiilor social-familiale ori comunitare, iar, pe de altă parte, asistenţa socială, ca sistem şi practică, se realizează la nivel de instituţii speciale, de stat sau private - rezidenţiale, de zi, de recuperare etc., ocupându-se de persoanele separate, din motive variate, de familia/ comunitatea naturală/ de origine, în principal fiind vorba de copii abandonaţi, separaţi de familia naturală, de vârstnici, dar şi de persoane cu dizabilităţi, diferite handicapuri, afecţiuni etc. În acest ultim caz instituţia devine, pentru o perioadă mai scurtă, mai lungă, sau nelimitată, ceea s-ar numi „acasă" pentru aceşti semeni.

În ceea ce priveşte modalitatea de ajutorare a persoanelor în dificultate,, de intervenţie, de schimbare şi de soluţionare a acestor probleme sociale şi umane, disfuncţii, tulburări etc., de normalizare, reabilitare şi reintegrare a persoanelor afectate, devenite clienţi/ beneficiari ai serviciilor şi instituţiilor de asistenţă şi protecţie socială, abordarea şi practica dominantă, susţinută de cadrul legislativ şi instituţional instituit, este, în principal, aceea de a interveni şi a asigura, pe de o parte, în asistenţa socială comunitară *subzistenţa*, garantarea unor condiţii de trai şi resurse material-financiare minimale necesare supravieţuirii, prin diferite ajutoare, compensaţii, facilităţi, beneficii, servicii, practici etc., care mai degrabă sporesc numărul beneficiarilor şi problemelor decât să-l reducă, iar pe de altă parte, la nivel de instituţii speciale, abordarea şi practica dominantă, susţinută de cadrul juridic şi instituţional, este aceea a *îngrijirii*, cu accent pe aspecte biologic-sanitare, cu interes minor pentru aspecte precum bunăstarea psihologic-sufletească, fericirea sau abilitarea/ educarea pentru autonomizare/ dezvoltare personală/ socială, cu efectele negative binecunoscute – retarduri/ tulburări de dezvoltare mentală, sufletească şi personală/ socială, sindrom de instituţionalizare, tulburări de integrare, devianţă, suferinţe, drame personale şi colective etc.

Această stare de lucruri, atât la nivel comunitar cât şi la nivelul instituţiilor speciale, nu poate fi catalogată altfel decât ca fiind nefastă, negativă, dramatică, dacă nu chiar catastrofală, şi generatoare în sine de noi probleme, disfuncţii, anomii, victime, clienţi ai serviciilor de asistenţă şi protecţie socială.

Statul este, în mare măsură, cu sistemul de asistență și protecție socială pe care, cu resorturi/ instrumente politice, juridice și administrative, l-a generat, principalul responsabil de acestă situație, desigur în contextul unei societăți în tranziție, unei societăți civile imature, puțin implicate, și unei opinii publice și unor mentalități care o întrețin din plin, printr-o gândire/ filosofie socială de tip gregarist, ori, în extremă, individualist, materialist-minimalistă, ne-umanistă.

Astfel, ceea ce ar trebui să fie un sistem de asistență socială orientat spre rezolvarea/ diminuarea problemelor sociale și umane, diminuarea numărului de beneficiari, integrarea socială, justiție socială, este, de fapt sursă în sine de probleme și număr tot mai mare de beneficiari. Este un „cerc vicios", un macro-mecanism instituțional socio-economic, politic, cultural maladiv, strivitor de speranță, de progres, de destine umane, o „fabrică",generatoare în sine de probleme sociale și umane, de noi clienți ai serviciilor și instituțiilor sociale, tot mai multe și ineficiente, ele însele marcate constituțional, structural și funcțional de tarele „sistemului".

Sistem, susținut de o legislație, literatură și sistem educațional de pregătire a specialiștilor bazate, în mare măsură, pe abordări/ paradigme de tip sociologist-stiințific radical ori simplist, nomologic, universalist, ne-umaniste, materialist-reducționiste, care tinde să desconsidere laturile și dimensiunile *umane*, spirituale, culturale, contextuale ale fenomenelor socio-umane, comunităților, familiilor, persoanelor, care desconsideră valorile și resursele inepuizabile ale personalității umane, relațiilor *umane*, ontologia profundă, culturală, morală, *umană*, a comunităților.

În acest sistem serviciile și instituțiile „oferă servicii", asigură ajutoare și venituri minime pentru subzistență, supraviețuire, profesioniștii îngrijesc, ocrotesc, totul într-o manieră mecanicist-funcționalistă, cu angajați bine pregătiți din punct de vedere științific-academic formal dar, în mare măsură, lipsiți de empatie, umanism și experiență socio-*umană*, cu interes minim pentru schimbare, reabilitare, *umană*, sau pentru fericirea și educația/ pregătirea pentru viața socială autonomă în cazul celor din instituții.

În literatura și practica socială occidentală toate aceste aspecte sunt puse de mult în dialog căutându-se astfel soluții între două școli de gândire și practici de asistență și protecție socială oarecum contradictorii. Pe de o parte, școala/ abordarea *sistemic-structuralistă*, *critică*, *radicală*, care propune diminuarea problemelor sociale și umane prin schimbare radicală societală sistemic-structurală și instituțională, diminuarea inegalităților structurale și instituirea justiției sociale prin mecanismele statului de drept reformat, sau chiar revoluționat, iar, pe de altă parte, școala/ abordarea *tradiționalistă*, concentrată pe îngrijire și ajutor, pe persoană, pe nevoile imediate, pe subzistență, fără interes asumat pentru schimbare.

În contextul acestei dispute, se profilează și dezvoltă tot mai mult școala/ abordarea **umanistă** în asistența socială, valorificarea resurselor nelimitate ale personalității umane și relațiilor umane, concentrarea pe schimbare prin dezvoltare *umană*, personală și comunitară, prin reabilitare *umană* și fericire, stimulată de avântul psihologiei și psihoterapiei umaniste (existențialiste, centrate pe persoană/ client, gestaltiste etc.), a psihologiei pozitive, psihologiei transpersonale, a microsociologiei și sociologiei umaniste.

Teoriile şi practicile de tip umanist sunt tot mai prezente şi în câmpul literaturii şi practicii de asistenţă socială din România şi se pot impune ca una dintre soluţiile la situaţia nefastă a sistemului existent de asistenţă socială. Acestui tip de asistenţă socială i-am putea spune, în consecinţă, **asistenţă socială *umanistă*.**

Noi am folosit această sintagma pentru prima dată în articolul „Perspectiva umanistă asupra clientului în asistenţa socială", apărut în numărul 1-2 din 2009 al *Revistei de Asistenţă Socială*, al Facultăţii de Sociologie şi Asistenţă Socială, Universitatea din Bucureşti, publicată la Editura Polirom, unde am reliefat aspectul că fundamentul teoretic-axiologic al definirii termenului de "asistenţă socială umanistă" este conferit de reprezentarea *umanistă* a clientului şi profesionistului, de valorificarea resurselor umane şi spirituale ale personalităţii, precum şi de valorificarea resurselor culturale şi de umanism/ solidaritate umană a micro-comunităţii, relaţiilor umane.

În această lucrare însă ne vom concentra atenţia, sub eticheta "asistenţă socială umanistă", pe promovarea şi discutarea unor soluţii practice şi teoretice alternative de tip umanist la soluţiile şi practicile sistemic-instituţionaliste şi biologist-materialiste, dominante în sistemul actual de asistenţă socială, focalizat, după cum am văzut, pe subzistenţă şi ajutor material, în cazul asistenţei sociale comunitare, şi pe îngrijire, preponderent corporal-sanitară, în cazul asistenţei sociale de tip rezidenţial, din instituţii speciale.

În cazul asistenţei sociale comunitare, de la obiectivul minimalist-materialist al *subzistenţei* persoanelor aflate în dificultate, reprezentate inuman ca simple fiinţe biologice cu atributul supravieţuirii, asistenţa socială umanistă propune obiectivul şi soluţia ***reabilitării/ abilitării umane*** a persoanei/ clientului, reabilitării/ abilitării/ dezvoltării socio-*umane* a comunităţii (a familiei în dificultate cu predilecţie), iar în cazul asistenţei sociale din instituţii speciale, asistenţa socială umanistă susţine necesitatea deplasării accentului de pe obiectivul şi practica simplei *ocrotiri* şi *îngrijiri* pe obiective şi practici umanist-pozitive precum ***fericirea beneficiarilor, dezvoltarea umană şi spirituală, dezvoltarea personală şi educaţia/ formarea pentru viaţa socială autonomă.*** În practica asistenţei sociale umaniste adevărata valenţă a fericirii clienţilor constă în semnificaţia/ resursa ei terapeutică, ca mijloc (energie-motivaţie) de reabilitare umană şi re-conectare prin energizare/ motivare psihologic-sufletească, la viaţa social-economică. Fericirea, bunăstarea-psihologic-sufletească, este astfel resursă de dezvoltare şi activare personală şi în consecinţă de reabilitare *umană* şi reintegrare socială. Sistemul de asistenţă socială care valorizează şi promovează ca obiectiv realist fericirea şi reabilitarea umană a clienţilor este un sistem umanist dar şi eficient.

Promovarea valorilor, obiectivelor şi practicilor asistenţei sociale umaniste precum reabilitarea umană a persoanei şi reabilitarea/ abilitarea/ dezvoltarea socio-*umană* a comunităţii, fericirea beneficiarilor, dezvoltarea umană şi spirituală, dezvoltare personală şi educaţia/ formarea pentru viaţa socială autonomă, nu presupune desconsiderarea unor valori, obiective sau practici precum ajutorul sau îngrijirea ci, dimpotrivă, le presupune, acestea sunt fundamente axiologice, obiective şi practici curente naturale ale oricărui sistem umanist de asistenţă socială, numai că ajutorul nu trebuie să se limiteze la elementarele compensaţii, beneficii materiale, financiare ci trebuie să includă şi ajutorul de natură morală, psihologică, spirituală, culturală, care să conducă la dezvoltare umană şi personală, la dezvoltare socială şi culturală, sporind şansele persoanelor şi comunităţilor de a ieşi, metaforic vorbind, din zona biologic-materialistă a supravieţuirii şi de a se „înălţa", aşadar, prin dezvoltare personală spirituală, culturală, într-o zona specifică condiţiei de fiinţă *umană* a persoanei şi de entitate *umană, culturală* a comunităţii, iar îngrijirea nu trebuie să se limiteze la simpla preocupare pentru integritatea fizică, sănătatea sau ţinuta persoanei instituţionalizate, chiar dacă sunt necesar-obligatorii, ci, în perspectiva asistenţei sociale umaniste, trebuie să cuprindă şi îngrijirea, integritatea psihologică, sănătatea mintală, fericirea, bunăstarea sufletească şi grija pentru viitorul acesteia, pentru dezvoltarea sa personală, *umană* şi socială.

În consecinţă, obiectivele care privesc re-abilitarea/ abilitarea/ dezvoltarea *umană* a persoanei şi re-abilitarea/ abilitarea/ dezvoltarea socio-*umană* a comunităţii, bunăstarea psihologic-afectivă şi fericirea beneficiarilor, dezvoltarea umană şi spirituală, dezvoltarea personală şi educaţia/ formarea pentru viaţa socială autonomă a persoanelor din instituţii nu se substituie ci se alătură, completează obiectivele şi practicile consacrate de asistenţă socială, ajutorul şi îngrijirea, instituindu-se ca valori, obiective şi practici fundament ale, ceea ce ar putea fi numit, *sistemului umanist de asistenţă socială.*

Spre deosebirea de modul în care s-a cristalizat, în mod real, sistemul de asistenţă şi protecţie socială, de modul în care funcţionează acesta, ca o macro-structură instituţională invariabilă, inflexibilă, "sistemică", depersonalizantă, sistemul asistenţei sociale umaniste există şi funcţionează în primul rând prin valorile umanist-solidariste ale microgrupului, se alimentează cu resurse din interacţiunea compatetică contextuală între persoane cu suflet şi personalitate, funcţionează prin personalitatea şi sufletul fiecărui membru al grupului, situaţiei de dificultate, sau relaţiei asistenţiale/ terapeutice. În acest microunivers se află, aşadar, în mare măsură, atât originea/ sursa problemei cât şi resursa/ remediul de reabilitare. De aici porneşte evaluarea şi proiectul de intervenţie.

Astfel, sistemul şi practica asistenţei sociale umaniste aşează în prim-plan, ca valori şi resurse, aspecte, concepte şi idei precum: personalitatea, relaţiile umane, creativitatea, bunăstarea psihologic-afectivă şi fericirea, unicitatea persoanei, auto-determinarea, valorizarea experienţei subiective a persoanei, dezvoltarea umană, spirituală a persoanei, respectul pentru valorile intrinseci ale persoanei. În acord cu ideile provenite din psihoterapia umanistă fiecare persoană sănătoasă deţine capacitatea potenţială individuală de a se înălţa din punct de vedere uman, social şi spiritual, totul depinzând de activismul său intern şi voinţa de schimbare sau împlinire, auto-împlinire, şi de calitatea relaţiilor *umane* prin care convieţuieşte în micro-comunităţi, familie, instituţii speciale.

În acest sens, dezvoltarea/ reabilitarea relaţiilor umane, dezvoltarea socială şi organizaţională prin optimizarea şi eficientizarea relaţiilor inter-personale, de grup şi de comunicare, prin dezvoltare umană, culturală şi morală se instituie ca o altă valoare şi resursă constituţională a practicii în sistemul asistenţei sociale umaniste. Obiectivul este astfel dezvoltarea *umană* a comunităţii, iar scopul suprem este reabilitarea, fericirea şi integrarea socială a clientului.

De aceea se poate aserta că asistenţa socială umanistă este, ca teorie, în mare măsură, o teorie a clientului, a personalităţii acestuia şi micro-contextului ontologic-uman în care trăieşte. Aceasta este obiectivul şi resursa de autonomizare. De aceea majoritatea principiilor fac referire la acesta. Principala resursă de rezolvare a problemei sociale se află în personalitatea actorilor angajaţi în procesul de intervenţie şi reintegrare socială, clientul şi profesionistul formând o *unitate ontologică* în procesul asistenţial/ curativ, de reabilitare şi integrare socială.

În asistenţa socială umanistă clientul „social" este o personalitate, o individualitate existenţială concretă, un suflet nu un simplu element al unei entităţi sociale sau un nume într-un dosar. Acesta, ca persoană, trăieşte într-un context socio-uman particular, concret, unic, în organizaţii şi comunităţi cu caracteristici determinate, dincolo de tiparele şi legităţile universale de organizare sau funcţionare socială, sau de reflectările/ modelările sociologic-ştiinţifice abstracte, generalizatoare. De către serviciile de asistenţă socială el trebuie perceput, evaluat şi abordat ca unicitate psihologică, socială, culturală, ca problemă socială şi situaţie de dificultate diferenţiată, concretă şi particulară. Strategiile şi tehnicile de evaluare/ intervenţie nu neglijează componenta teoretic-generalizatoare, plasarea clientului în context social global, dar vor desprinde din acestea acele caracteristici care conferă reprezentării clientului relief, unicitate şi specificitate. Totuşi, epistemologia asistenţei sociale umaniste respinge şi tendinţele de abordare unidimensională, îngustă, excesiv ideografică, a problemei sociale/ umane, sistemului client şi situaţiei de dificultate - chiar dacă tehnologia de evaluare şi intervenţie presupun inevitabil şi aceste abordări. Este, astfel, recomandat a nu se pierde în nici un moment din vedere nici perspectiva ansamblului nici cea a unicităţii şi unităţii sistemului client. Clientul este un ansamblu unitar, unic dar şi aflat într-un context comunitar şi instituţional, într-un proces continuu de schimbare dar şi de adaptare.

În perspectiva valorilor asistenţei sociale umaniste clientul reprezintă o resursă în sine de dezvoltare personală şi integrare socială prin însăşi condiţia şi funcţia personalităţii, dar şi a relaţiilor umane (micro-comunităţilor) în care este antrenat. În acest sens, în activitatea de educaţie şi îngrijire a copilului instituţionalizat, a copilului crescut în familii substitut, a persoanelor cu dizabilităţi, în asistenţa socială a vârstnicilor, bolnavilor, dependenţilor de substanţe halucinogene etc. asistentul social, psihologul sau medicul trebuie să-i perceapă şi reprezinte în primul rând ca resurse şi actori principali al propriei recuperări sociale, psihologice sau morale şi deloc ca „inapţi", „incapabili", „nedotaţi", „neadaptaţi". Aplicarea principiilor asistenţei sociale umaniste conduce, astfel, la definiţia unui client activ, determinat, orientat conştient şi voluntar către propria reabilitare şi intenţiei de părăsire a sistemului de asistenţă socială.

Astfel, orientările umaniste din asistenţa socială percep şi definesc clientul nu ca pe un simplu asistat, pacient sau învăţăcel, ci ca pe o persoană demnă, cu toate drepturile/ valenţele sociale, morale şi psihologic-acţionale, cu abilitatea naturală de a se emancipa şi ridica din situaţia de dificultate în care se află temporar, rolul serviciilor de asistenţă socială fiind acela de conferi acestuia cadrul şi prilejul şi a-şi valoriza în mod demn potenţialităţile, personale (personalitatea, abilităţile, talentele, deprinderile etc) şi sociale (relaţiile umane, familia, vecinătăţile, serviciile etc.).

În procesul/ actul asistenţial/ recuperativ nici asistentul social, nici educatorul, nici psihologul nu au vreun fel de ascendenţă faţă de client. Cele două părţi se situează pe poziţii de egalitate în ceea ce priveşte resursele antrenate sau demnitatea şi drepturile fundamentale. Clientul este, astfel, aprioric, o valoare fundamentală, este o fiinţă *umană* cu toate drepturile ancestrale, istorice şi morale recunoscute, la fel ca toţi ceilalţi oameni. Profesionistul din asistenţa socială îl va percepe şi aborda aşa, sau va face tot posibilul pentru a ajunge să beneficieze de aceste drepturi, valori. Principiile care stau la baza teoriei şi practicii asistenţei sociale umaniste au, astfel, o raţiune asumată crucială: aceea de a se regăsi *ca finalitate* în situaţia clientului sau comunităţii, în capacitatea, instituită asistenţial-terapeutic, a clientului de a se reabilita socio-uman şi a se reintegra social în mod autonom, asumat şi responsabil, de a se re-abilita, re-echilibra din punct de vedere psihologic-sufletesc şi a deveni fericit (împlinit din punct de vedere psihologic-uman), prin resursele propriei personalităţi şi a relaţiilor sociale/ umane re-abilitate, transformate în relaţii *UMANE* (altruiste, solidariste, integrative, coezive, morale, umaniste etc.).

✳✳✳

Adresăm sincere şi profunde mulţumiri conducerilor şi redactorilor *Revistei de Asistenţa Socială* a Facultăţii de Sociologie şi Asistenţă Socială din cadrul Universităţii din Bucureşti, publicată la editura Polirom, şi Editurii Lumen din Iaşi, unde au apărut unele dintre lucrările noastre anterioare încadrabile în ceea ce numim „Proiectul ASISTENŢĂ SOCIALĂ UMANISTĂ", şi de la care a pornit, în mare măsură, conceptul şi demersul de realizare a acestei cărţi. Mulţumiri speciale adresăm, de asemenea, Editurii Lumen care a selectat lucrarea, a pregătit-o, şi a participat cu ea la concursul organizat de către Administraţia Fondului Cultural Naţional (AFCN) România – sesiunea de finanţare iunie 2010 „Proiecte editoriale", secţiunea: „Carte".

Petru Ştefăroi

Introducere
și scurtă prezentare

Volumul de față, "Asistență Socială Umanistă: De la subzistență și îngrijire la reabilitare umană și fericire", îmbină cunoștințele, atitudinile și experiența noastră profesională referitoare la teoria și practica asistenței sociale cu ideile, teoriile, textele promovate într-o serie de publicații naționale și locale în ultimii ani, în principal în unele articole apărute în *Revista de Asistență Socială* a Facultății de Sociologie și Asistență Socială din cadrul Universității din București, care apare la Editura Polirom, precum *Perspectiva umanistă asupra clientului în asistența socială* (Nr.1-2/2009), *Tulburări de dezvoltare socioafectivă a copilului instituționalizat* (Nr.1-2/2008), și *Specificul managementului (eficient) în domeniul asistenței sociale* (Nr.3/2007), și în volumul *Teoria Fericirii în Asistența Socială. De la managementul îngrijirii la managementul fericirii,* publicat în anul 2009 la Editura Lumen din Iași.

Toate aceste preocupări și lucrări au un numitor comun: încercarea de a contribui la promovarea unei viziuni, teorii și metodologii accentuat umaniste asupra asistenței sociale, sistemului asistenței sociale, problemei sociale, clientului, profesionistului social, procesului de intervenție etc. - ansamblu epistemologic-axiologic și metodologic-praxiologic căruia noi îi spunem, poate puțin redundant dar totuși util și relevant, *asistență socială umanistă,* promovat prin "Proiectul Asistență Socială Umanistă" (prezentat în anexă).

Nevoia unei asemenea întreprinderi a plecat de la constatarea sumbră a faptului că atât teoria cât și practica asistenței sociale se concentrează prea mult pe aspectele sistemice, formale și instituționale, ori, în extremă, pe cele elementare de subzistență și îngrijire fizică, tinzând să excludă chiar ceea ce trebuie să pună în prim plan: clientul și profesionistul ca ființe *umane,* persoane, personalități, cu simțămintele lor autentice, fericirea, reabilitarea umană, autonomizarea/ integrarea socială ca obiective finale ale ale practicii.

În acest sens, paradigma epistemologic-metodologică expres umanistă a asistenței sociale, asistența socială umanistă așadar, face apel la teorii precum teoriile dezvoltării umane, teoria sistemelor complexe (teoria haosului), teoriile ecologice, sau teoriile sistemelor emergente. Dacă teoriile clasice sociologiste, paradigmatice pentru sistemul dominant de asistență socială, reprezintă clientul și problema socială prin modele epistemologic-metodologice de tip sociologic simplist, instituțional sau simbolic teoria umanistă abordează clientul individual ca ființă umană cu suflet, cu suferință, ca personalitate, iar problema, are pe lângă o etiologie "structural-funcțională", sistemic-deterministă, explicații în interacțiunea umană unică, particulară, contextuală, inter-empatetică a personalităților și sufletelor membrilor comunității, evaluată în unicitatea și singularitatea sa ontologică. Dacă teoriile ştiinţifice nu fac rabat de la normele şi „litera" ştiinţei, reprezentând şi abordând clientul/ problema prin metode nomotetice, generalizatoare, depersonalizante metodele umaniste fac apel la umanism, ontologie, estetică, morală sau religie, reprezentând clientul şi problema ca unicităţi existenţiale, clienţii fiind fiinţe capabile să „renască din propria cenuşă", să se reintegreze social, să „spargă" tiparul structurii, să se reabiliteze *uman*, chiar dacă abordarea ştiinţifică, nomotetică şi instituţională îi „condamnă", prin etichetare sau simbolizare, generalizare epistemologică şi instrumentare administrativă, la asistenţă cronică.

Subliniem faptul că obiectivele prezentului demers sunt minimale şi promovate cu multă modestie, prudenţă şi respect pentru adepţii altor abordări sau metode, care în ordinea lor necesare şi eficiente. Mai menţionăm că nu vom putea în nici un caz să atingem întreaga problematică a ceea ce ar presupune acest sistem teoretico-metodologic, *asistenţa socială umanistă*. Ne vom limita, mai degrabă, în a semnala şi reliefa probleme. Pentru dezvoltarea unui sistem teoretic şi metodologic mai complex şi complet este binevenită orice întreprindere, după cum, este folositoare orice abordare critică la adresa ideilor sau abordărilor din prezentul volum.

Fără îndoială, prin unele accente critice, lucrarea de faţă se încadrează în ceea ce s-a consacrat deja ca drept critică a sistemului actual de asistenţă socială. Acest lucru nu presupune, cum am mai menţionat, deloc faptul că am desconsidera teoria consacrată, clasică, metodele cu care se lucrează în prezent, pentru că marea majoritate a acestora s-au adaptat şi au preluat oricum o mare parte din filosofia şi metodologia umanistă. Abordarea sociologică, psihologică, pedagogică clasică, ştiinţifică este o necesitate, ştiinţa are un rol crucial în reprezentarea realităţii sociale şi umane. Acestea ajută la reflectarea obiectivă şi generalizatoare/ universalizatoare a fenomenelor sociale, de care asistenţa socială umanistă are totuşi nevoie. Problema constă doar în faptul că acestea, prin autoritatea epistemologică pe care şi-au dobândit-o tind să desconsidere singularul, personalitatea, fiinţa (umană), unicitatea, resursa şi cauzalitatea inerentă condiţiei de fiinţă a persoanei, resursele spirituale, culturale, umane inepuizabile ale acesteia, resursele *umane* ale relaţiilor sociale şi micro-comunităţilor.

Astfel, asistenţa socială umanistă nu-şi propune să se substituie asistenţei sociale aşa cum există ea în mod real, formelor de asistenţă socială mai consacrate, tradiţională şi structural-instituţională (formală), ci îşi propune să devină parte a ei, urmărind însă cu predilecţie interesele persoanei/ clientului, reprezentat şi abordat, ca fiinţă *umană*, cu personalitate şi suflet, recuperarea şi reabilitarea prin valorificarea resurselor personalităţii şi relaţiilor umane contextuale, integrarea socială prin valorificare resurselor inepuizabile ale ontologiei situaţiei sociale de dificultate, fiind în acest sens, pe lângă o asistenţă socială a clientului şi profesionistului. o asistenţă socială a micro-comunităţii şi relaţiilor umane inter-personale.

Chiar dacă asocierea terminologică *asistenţă socială...umanistă* pare uşor redundantă şi fără sens, asistenţa socială fiind prin natură şi misiune umanistă, noi considerăm că, aşa cum există o psihologie umanistă (asociere mai redundantă), pedagogie umanistă sau chiar sociologie umanistă aşa poate să existe, ca teorie, metodă şi sistem, o asistenţă socială *umanistă*.

Totuşi raţiunea fundamentală care justifică instituirea acestui concept o reprezintă, pe lângă necesitatea epistemologic-istorică a sistematizării/ conceptualizării unitare a unor teorii, metode şi practici deja existente, faptul că realităţile sociale, culturale, morale, spirituale mult schimbate faţă de vremurile în care s-a conturat asistenţa socială tradiţională, problemele sociale tot mai complexe susţin/ impun necesitatea unui nou sistem teoretic, o nouă terminologie, şi o nouă paradigmă epistemologic-metodologică.

Structural, corpusul lucrării este compus din zece secţiuni.

În secţiunea I - Critica asistenţei sociale contemporane, se realizează o privire asupra literaturii critice universale şi autohtone referitoare la limitele teoriei, metodologiei şi sistemului contemporan de asistenţă socială. Se vorbeşte chiar despre o criză acută a asistenţei sociale contemporane. Criză atât de sistem cât şi de teorie. Criză atât obiectivă, determinată de propria evoluţie şi realitate, cât şi ideologică, determinată/întreţinută de confruntările de idei şi filozofii. Predominanţa abordărilor de tip nomotetic-structuralist (instituţionalist), centrat pe schimbare societală, pe de o parte, şi, în extremă, a celor de tip individualist (biologist-emoţional), centrat pe îngrijire, a condus în timp la cristalizarea unor modele dominante care, credem noi, ghidează, nu totdeauna eficient şi adecvat, atât teoria cât şi practica asistenţei sociale. Din literatura socială noi am „dedus", constatat astfel, existenţa câtorva modele/ paradigme reprezentative în acest sens: *modelul sociologist, modelul materialist-biologist, modelul solidarist-minimalist, modelul instrumentalist-birocratic* şi altele.

Secţiunea II - Valori şi dimensiuni umaniste în domeniile socio-umane şi asistenţă socială. Fundamente teoretico-filosofice ale asistenţei sociale (umaniste) cuprinde o trecere prin vasta literatură „umanistă", prezentă în principalele ştiinţe şi domenii socio-umane: filosofie, psihologie, pedagogie, sociologie. O atenţie specială fiind acordată modului în care este reprezentată micro-comunitatea, şi relaţiile umane de către sociologia umanistă, şi personalitatea (persoana) de către psihologia umanistă. Tot în această secţiune se formulează şi întrebarea dacă este posibilă şi necesară o asistenţă socială *umanistă*, făcând o trecere prin elementele orientării umaniste în teoria şi metodologia asistenţei sociale contemporane.

Problema privind conceptul şi resursa cheie a orientării şi practicii umaniste de asistenţă socială, personalitatea, este aprofundată în Secţiunea III - Personalitatea/ fiinţa umană în teoria umanistă (umanist-ontologică) şi asistenţa socială (umanistă). Demersul prezintă iniţial premisele ontologic-umaniste şi filosofice ale modului în care vom reda, în acord cu teoria noastră personologic-umanistă, conceptul de *personalitate* în volum, după care se descriu, în lumina concluziilor degajate principalele sfere, ontologice, ale personalităţii: personalitatea (sfera) endemică, personalitatea (sfera) ontologic-afectivă şi personalitatea (sfera) spirituală. Atenţia se focalizează pe funcţia adaptativă a acestor sfere ale personalităţii şi ale personalităţii ca întreg.

Orientarea umanistă în asistență socială definește nu doar personalitatea ci și *realitatea* sau *problema socială* în termeni ontologic-umaniști. Tema se regăsește în **Secțiunea IV - Problema socială și situația de dificultate în explicație umanist-ontologică și asistența socială (umanistă)**. Atenția este focalizată, în mod firesc asupra unor concepte, fenomene, procese, realități precum interacțiunea socială empatică, unicitatea și originalitatea grupului social/situației sociale, ontologia grupului familial, problema socială și situația de dificultate, sistemul client, abordate în perspectiva teoretic-axiologică a unei asistențe sociale *umaniste*. Conceptul cheie în înțelegerea problemelor și disfuncțiilor sociale fiind cel de relații (microcomunități) *umane* (tulburate/disfuncționale/nedezvoltate).

Secțiunea V - Asistența socială umanistă – cadrul teoretic-epistemologic și conceptual-axiologic încununează teoretic-conceptual temele abordate și prezintă mai focalizat conceptul de *asistență socială umanistă*. Principiul (teza) fundamentală cu care operează aceasta este următorul: *principala resursă de rezolvare a problemei sociale, de reabilitare umană și integrare socială se află în personalitatea actorilor angajați în procesul de intervenție și în relațiile umane contextual-ontologice care se instituie între aceștia.* Teoria asistenței sociale umaniste este susținută de teorii, mai mult sau mai puțin consacrate, precum *teoria empatiei, teoriile reabilitării/autonomizării prin dezvoltare psihologic-personală, umană, morală și spirituală, teoria fericirii în asistența socială etc.* Aceste teorii au în comun supoziția că fiecare individ sănătos deține capacitatea potențială individuală de a se ridica, emancipa din punct de vedere uman, social și spiritual, totul depinde însă de activismul său intern și voința de schimbare sau împlinire, auto-împlinire. Teza determină atât metodologia asistenței sociale umaniste, modul de reprezentare a clientului sau profesionistului social, cât și modul concret de organizare instituțională sau acordare a serviciilor.

Metodele asistenței sociale umaniste sunt abordate în **Secțiunea VI - Metode ale asistenței sociale umaniste**. Din multitudinea metodelor aplicate sau aplicabile ne-am focalizat pe *ancheta socială existențială/ umanistă, metoda balanței în asistența socială* (metode propuse de noi în forma prezentată), dar și pe metode consacrate, însă cu particularități ale orientării „umaniste", precum *metodele apreciative, metodele psihoterapeutice, umanist-experiențiale, casework-ul, managementul, interviul sau consilierea.* Am plecat de la principiul că, fără îndoială, metodele umaniste trebuie să se coreleze cu celelalte tipuri de abordări, sau să fie componentă a metodologiei unitare de evaluare, intervenție ori monitorizare. În aceste procese asistentul social umanist va reprezenta sfera, problema socio-existențială a clientului, personalitatea ontică. În planul intervenției sau socio-terapiei scopul principal este reprezentat de obiectivul armonizării ontologic-umane a relațiilor din interiorul comunității/ grupului, cu efecte asupra creșterii consistenței ontologice a personalității clientului și diminuării riscului intrării în situație de dificultate.

Tema referitoare la modul de reprezentare a clientului și profesionistului este abordată în **Secțiunea VII - Clientul și profesionistul în asistența socială umanistă,** pornind de la principiul umanist în asistența socială după care reprezentarea și modul abordare a clientului își are originea în atitudinea, cunoștințele și personalitatea profesionistului/asistentului social. Calitatea „umană" a profesionistului, personalitatea acestuia, în interacțiune ontologic-empatică cu personalitatea și nevoia de autonomie ale clientului reprezintă factori cruciali în îndeplinirea obiectivelor superioare ale asistenței sociale. Empatia și compatia, sensibilitatea *umană*, fericirea și bunăstarea sufletească, dezvoltarea personală și *umană*, sensibilitatea spirituală, creativitatea, cultura, multiculturalismul și multe altele, aferente personalității profesionistului din asistența socială, fie că este vorba de asistentul social, de psiholog/ psihopedagog sau de profesionistul din cadrul personalului de îngrijire, educație, terapii de recuperare etc, fie de asistentul maternal profesionist, profesionistul din aparatul de conducere, profesionistul din aparatul funcționăresc și de deservire sau de voluntarul, lucrătorul din organizații neguvernamentale, umanitare etc. În sine nu sunt cu nimic folositoare dacă nu se regăsesc în conduita profesională curentă, în managementul de caz, case work și procesul de intervenție, în etica activității acestuia, prin trăsături de relație și conviețuire precum altruismul, agreabilitatea, toleranța, carisma și multe altele. Tot în această secțiune facem propunerea, cu prudență științifică, de schimbare a titulaturii "asistent social" cu "profesionist social".

În volum s-a inclus și o secțiune, **Secțiunea VIII - Sistemul, procesul și practica asistenței sociale umaniste**, unde se urmărește să se identifice realitățile instituționale sau oportunitățile de valorificare operațională a valorilor, teoriilor și metodelor asistenței sociale umaniste. Spre deosebirea de modul în s-a cristalizat, în mod real, sistemul de asistență și problema socială și de modul în care funcționează sistemul de asistență socială clasică, ca o maco-structură instituțională invariabilă, inflexibilă, „sistemică", integratoare, depersonalizantă, *sistemul asistenței sociale umaniste* există și funcționează prin valorile microgrupului, interacțiunea empatetică contextuală, prin personalitatea și sufletul fiecărui membru al grupului sau situației de dificultate. În acest microunivers se află atât originea problemei cât și resursa de reabilitare. Nevoia unei revizuiri a sistemului asistenței sociale pleacă de la constatarea sumbră a faptului că atât teoria cât și practica se concentrează prea mult pe aspectele formale și instituționale, tinzând să excludă chiar ceea ce trebuie să pună în prim plan: ființa umană reală, persoana/clientul cu simțămintele sale autentice, sufletul acesteia, fericirea, reabilitarea umană, autonomizarea/integrarea socială.

În acest sistem se accentuează și reliefează rolul crucial pe care îl are *calitatea resursei umane* și *managementului.* Prin calitatea/ capacitatea empatică, „umană" a profesionistului social sau managerului, prin creativitate, gust estetic, credință autentică, interes pentru adevăr, personalitate echilibrată lucrătorii vor transmite și vor stimula dezvoltarea trăsăturilor „umane" la clienți, transmițând de fapt energie pozitivă, fericire, calități estetice, ludice, intelectuale, spirituale; contribuind astfel, în mai mare la măsură, la dezvoltarea lor personală, creșterea stimei de sine, a conștiinței sociale, a capacității de inițiativă și a autonomiei sociale, conducând astfel spre îndeplinirea adevăratei misiuni a asistenței sociale: reabilitarea umană, fericirea și integrarea socială a clientului.

Secțiunea IX - Asistență socială umanistă a familiei și copilului cuprinde câteva „aplicații" ale asistenței sociale umaniste. Ne-am focalizat pe problema familiei și copilului aflați în dificultate pentru că, în opinia noastră, este problema socială crucială în sistemul asistenței sociale, dar și pentru că valorile/principiile asistenței sociale umaniste pot fi cel mai bine identificate și „aplicate" în această sferă. Familia reprezintă un *cordon* de siguranță emoțională pentru copil, în lipsa acesteia copilul „cade" în mod iremediabil în „prăpastia" *angoaselor existențiale și sufletești,* pierde ritmicitatea dezvoltării ontogenetice stadiale normale, dispărând, de fapt însuși sensul existențial propriu, autenticitatea antropologică a sinelui, drumul către calitatea integrală de ființă umană, personalitate, persoană, *ființă socială.* Pentru copilul separat de părinți și plasat în familii substitut sau în instituții asistența socială umanistă propunem *soluția dezvoltării personale, educației umane pentru viața autonomă și fericirii ca și căi de reabilitare și integrare socială autonomă la maturitate a acestuia.*

Ultima secțiune a volumului, **Secțiunea X - Asistența socială umanistă – o perspectivă "spirituală"** a fost consacrată abordării unei dimensiuni mai „sofisticate" a orientării umaniste, dimensiunea spirituală. Pornind de la *principiul integralității personale* - o persoană nu poate fi cunoscută și reprezentată în natura și esența ei autentică decât luând considerare toate nivelurile, dimensiunile și laturile personalității în contextul vieții materiale, sociale, culturale și morale concrete - omiterea unei laturi sau dimensiuni nu doar că modifică structural configurația particulară a ansamblului personal, personalității, ci alterează grav însăși natura și calitatea intrinsecă de persoană, ființă umană, în definiția ei filosofic-antropologică ancestrală consacrată. Latura spirituală tinde să fie adesea cel mai mult desconsiderată chiar dacă personalitatea spirituală a clientului și profesionistului social reprezintă resurse inepuizabile și miraculoase în procesul de dezvoltare personală, reabilitare umană și autonomizare socială, în dobândirea bunăstării psihologic-sufletești, a fericirii autentice. În acest context vom vorbi și despre un *model umanist-spiritual* de reprezentare și reabilitare a clientului, de reprezentare a problemei sociale, a situației de dificultate, ori a proiectului de intervenție și relației asistențiale/ curative.

Secţiunea I
Critica asistenţei sociale contemporane

Cum nimic în natură, societate sau spirit nu este perfect, orice realitate dată fiind de fapt un stadiu sau o stare perfectibilă, tot astfel şi asistenţa socială contemporană se află într-un stadiu dintr-un proces perfectibil. Afirmaţia este valabilă atât în ceea ce priveşte sistemul asistenţei sociale cât şi în ceea ce priveşte teoria specifică, cu atât mai mult cu cât se vorbeşte chiar despre o criză a asistenţei sociale contemporane. Criză atât de sistem cât şi de teorie. Criză atât obiectivă, determinată de propria evoluţie şi realitate, cât şi ideologică, determinată/ întreţinută de confruntările de idei şi filozofii.

Asistenţa socială umanistă, atât ca practică, cât şi ca teorie, de aici pare să se alimenteze şi să se justifice, instituindu-se astfel ca o teorie critică şi o soluţie de mijloc dintre abordările şi soluţiile radical-sociologiste şi structuraliste, care susţin realizarea justiţiei sociale prin reforme radicale, structurale şi instituţionale, durabile, şi abordările centrate pe satisfacerea nevoilor imediate (cu precădere a celor materiale şi emoţionale) ale persoanelor aflate în nevoie, fără interes expres pentru schimbare şi justiţie socială, îmbinând astfel critic, original şi proactiv, în manieră existenţialist-umanistă postmodernă schimbarea durabilă cu îngrijirea, însă nu schimbarea societăţii ci a clientului şi micro.comunităţii în care convieţuieşte, prin dezvoltare umană şi spirituală, şi nu îngrijirea aşa cum se înţelege în mod obişnuit, cu precădere fizică, biologică, ci îngrijirea personalităţii şi a relaţiilor interumane.

1. Critica fundamentelor/ modelelor epistemologice şi filosofice ale teoriei şi practicii în asistenţa socială

1.1. Critica teoriei generale a sistemelor

Personalitatea clientului, situaţia de dificultate, situaţia de risc sunt entităţi mult mai complexe decât le pot modela paradigmele clasice ale teoriei sistemelor. Primul factor „imprevizibil" şi greu controlabil îl constituie însăşi personalitatea umană, ca şi definiţie ontologică. După mulţi autori, teoria generală a sistemelor tinde să standardizeze clientul şi situaţia socială problemă, neluând în calcul toate valenţele şi dimensiunile implicate (Parsons, 1978).

Ori, cum, de fapt, interacţiunea socială (problema socială, sistemul client) reprezintă, în ultimă instanţă, alcătuiri de persoane (personalităţi), neglijarea variabilelor profunde, ontologice/existenţiale şi teleologic-proiective ale personalităţii poate conduce la o reprezentare nefidelă a problemei investigate.

Aşadar, ceea ce se reproşează abordărilor de tip clasic este neglijarea variabilei personalitate în dimensiune ei profunde, ontologice, spirituale, singulare. Aici includem şi slaba preocupare pentru factorul *fericire*.

Ca soluţie alternativă au apărut o serie de noi teorii precum teoria sistemelor complexe (a haosului), teoriile ecologic-contextualiste sau teoriile emergenţei. Ca paradigmă epistemologică teoria sistemelor complexe (haosului), legată de numele matematicianului Henri Poincare, consacră abordarea multidimensională şi deschiderea spre noi obiective sau reprezentări (S. Codreanu, 2007). De asemenea, considerăm că această paradigmă epistemologică permite operarea cu succes şi în reprezentarea umanistă a problemei sociale sau clientului.

1.2. Critica paradigmelor structuralist-nomotetice

În literatura occidentală Bob Mullaly, Octavia Hill, Jane Addams, Bertha Reynolds Jan Fook, Karen Healy, Mike Brake, June Allan, Robert Mullaly şi multi alţii reproşează literaturii asistenţei sociale concentrarea excesivă pe paradigme epistemologic-metodologice depăşite, care consideră individul uman/ clientul „social", situaţia problemă elemente relativ invariabile, simple, cuantificabile într-un macrosistem „opresiv", într-o structură socială invariabilă, controlabilă (B. Mullaly, 2002, 2006). Principalele caracteristici şi efecte ale acestor tipuri de abordări sunt:

- tendinţa de abstractizare teoretică accentuată şi de disociere de realitatea concretă/individuală a persoanelor şi situaţiilor problemă;
- instrumentare metodologică şi operaţională dusă la extrem, standardizare a sistemului client;
- lipsa de atenţie faţă de contextul psihosocial, cultural şi moral concret în care trăieşte persoana/clientul;
- tendinţa de definire a clientului colectiv / grupului social ca grup socio-paradigmatic cu eliminarea variabilelor individuale şi problemelor socio-culturale sau antropologic-psihologice particulare;
- neglijarea raporturilor şi influenţelor particulare între subiecţi, a relaţiilor efective de putere şi situaţiilor potenţiale sau reale conflictuale;
- tendinţa de a supraestima factorul integrare în dinamica grupurilor, în dauna factorilor disociativi inerenţi condiţiei de personalitate a membrilor şi situaţiei problemă (C.H. Cuin, 2006).

Paradigma structural-nomotetică operează, mai mult sau mai puţin conştient ori asumat, şi în reprezentările sau deciziile care privesc, de exemplu, actul de abandon sau separare forţată de familie a copilului, precum şi atunci când se analizează sau se dau hotărâri de plasament. Şi reprezentarea tulburărilor de adaptare/integrare, a devianţei, tulburărilor de comportament este, în foarte multe cazuri, fundamentată epistemologic de monada structurală.

Astfel că abandonul sau separarea copilului de familia substitut este motivată de postulate de genul: „într-o altă familie copilului va dispune de condiţii materiale, sociale sau morale mai bune de trai" (conceptul general de familie, nu familia originară, singulară, naturală, ancestrală a copilului primează). În plasarea copilului în grupul familial substitut problema adaptării şi integrării este abordată prin postulate structurale de genul *raporturile ierarhice din familie*, status-rol, ori prin aşa-zise compatibilităţi le de natură cultural-antropologică, psihologică (factori, trăsături, tipuri), ori socială (norme, valori). Din aceste puncte de vedere adaptarea şi integrarea în familia substitut nu poate pune probleme dacă se identifică corect similarităţile şi compatibilităţile structurale dintre cele două părţi, copil şi grup familial substitut.

1.3. Critica abordărilor ştiinţifice radicale

Abordări critic-constructive există şi în ceea ce priveşte modelarea ştiinţifică a situaţiilor de risc sau dificultate, ori de reprezentare a clientului. După H. Rickert, H. (1986) modelarea ştiinţifică este de fapt o reconstituire a unei situaţii reale, bazată pe conceptualizare, alcătuită în vederea obţinerii unor rezultate aproximative sau a unei clasificări valabile în majoritatea cazurilor posibile.

Aşadar, modelul rezultat nu reflectă toate cazurile posibile, putând avea grade diferite de fidelitate faţă de situaţia de la care se porneşte. Acesta se serveşte de legi obiective, reflectând în mod formal şi esenţializat realitatea teoretizată. Clientul „social" reprezintă o mare provocare pentru ştiinţă tocmai datorită marii varietăţi, diversităţi şi complexităţi a cazurilor în structura lor socio-culturală sau psihologică, cât şi în ceea ce priveşte profunzimea şi impredictibilitatea variabilelor intrinseci acestuia – organismul, personalitate, comportamentul, micro-contextul social, caracteristici particulare psiho-sociale ale grupurilor – în cazul clientului colectiv, multipersonal. Investigaţiile experimentale reuşesc foarte greu să elimine erorile şi variabilele parazite. Rezultatele pot cu greu fi generalizate şi extrapolate la întreaga categorie de clienţi avută în vedere prin tema de cercetare.

Operarea, în studiul şi reprezentarea problemei sau clientului din asistenţa socială, cu metodele ştiinţifice aplicate riguros (reducţionismul metodologic, abstractizarea şi generalizarea, limitarea la concluziile experimentale, neglijarea factorilor de profunzime şi dinamică, neglijarea dimensiunii axiologice şi subiective) poate conduce la modele simpliste, reducţioniste sau chiar cu o fidelitate foarte scăzută. Unele dintre neajunsurile abordării ştiinţifice a clientului tind să se regăseasă şi în reprezentarea „academică" a acestuia

1.4. Critica abordărilor de tip ideografic, biologist şi „emoţional"

Se instituie, de pe poziţiile criticismului social-filosofic modern/ postmodern (în occident, după anii 50-60) şi susţinut de gândirea şi mişcarea ideologic-politică de stânga, cu deviza asumată de a se opune *filozofiei şi practicii asistenţei sociale tradiţionale*, acuzată de o atitudine de condescendenţă şi dispreţ faţă de clienţi; asistentul social tradiţional fiind considerat un simplu instrument al claselor conducătoare din societatea capitalistă, contribuind prin munca sa, în fond nobilă și necesară, la menținerea ordinii de stat capitaliste, polarizării sociale și economice, opresiunii sociale, discriminăriilor de tot felul și altor anomalii sociale cronice/ structurale (Bailey și Brake, 1975).

Așadar, asistența socială critică/ radicală, teoria și practica specifică, își propun să se distanțeze cât mai mult de abordările tradiționale, convenționale, consacrate, care se bazează pe un model medical și emoțional de reprezentare a clientului și problemei, punând oamenii și comunitățile în ipostaze pasive, accent pe persoane și situații concrete mai degrabă decât pe cauzele, structurile care generează probleme, situații de dificultate, marginalizare, sărăcie (Mullaly, 2006). În consecință, asistența socială critică, prin natura sa constituțională, susține promovarea unor valori, categorii sau practici ca: *schimbare socială și comunitară structurală*, responsabilizare, reforme sociale/ politice, justiție socială, politică anti-opresiune, asistență socială radicală, asistență socială structurală etc.

Accentul cade pe determinarea unor transformări și schimbări structurale, fundamentale sistemice, astfel ca bunăstarea generală, și în consecință și cea individuală, să derive din structura socio-economică și administrativă optimă, din justiția socială, practicianul fiind, astfel, interesat de dobândirea unei bunăstări meritate și de durată, cu respectarea valorilor fundamentale ale demnității umane, obținută, așadar, atât prin reforme sociale, progres și schimbare socială cât și prin empowerment comunitar și individual (Bailey și Brake, 1975).

În activitatea curentă de asistență socială clientul este încurajat să pretindă și dobândească drepturile sale legitime fundamentale și nu să fie la mila altora, sau să cerșească ajutor. Profesionistul îndeplinind în acest caz, în mare parte, *roluri de avocat, agent, negociator și mediator*.

Teoriile structuraliste și structuralist-funcționaliste, criticismul și radicalismul filosofic de orientare etică și civică, teoriile schimbării și progresului social și politic (hegeliene, marxiste, structuraliste, radicaliste, progresiste, socialiste, comuniste, feministe etc), teoriile anti-discriminatorii și anti-opresive, post-coloniale și teoriile neo-structuraliste fundamentează, în principal, epistemologic, filozofic și doctrinar, această paradigmă de asistență socială.

Aspectele pe care își propune să le abordeze și rezolve, cu precădere, sunt *marile probleme sociale și umane ale societății*, în special sărăcia ca fenomen structural, polarizarea economică și socială, excluderea socială, discriminarea, abuzurile și opresiunea claselor dominante/ "exploatatoare"; concentrându-se, prin urmare, asupra inegalităților structurale și problemelor determinate de un sistem social și politic care constituțional le generează și proliferează. Prin urmare, promovând o reprezentare structuralist-sistemică și determinist-holistică a cauzelor și factorilor care generează și mențin problemele sociale, are o abordare sistemică și asupra sistemului de protecție și asistență socială, și de operare, la nivel filosofic-metodologic, cu *paradigma structural-funcționalistă progresistă* în rezolvarea problemelor sociale și umane; bunăstarea, schimbarea fiind asociate cu realizarea unor reforme/ schimbări și progrese sociale/ politice fundamentale.

În acest sens, profesioniştii trebuie să lucreze în mod colectiv şi coerent, strategic şi sistematic, împreună cu persoanele şi categoriile marginalizate, urmărind să determine schimbări nu numai în situaţia socială şi materială temporară căt mai ales *schimbări de atitudine*, cultură civică, montând oamenii să se preocupe împreună de rezolvarea marilor probleme sociale, să confrunte, cu scop de schimbare, în mod solidar, inegalităţile, sărăcia, injustiţia şi opresiunea (Mullaly, 2002).

Profesionistul, în practica asistenţei sociale critice/ radicale/ structurale se remarcă prin trăsături şi conduite precum *vizionarismul, idealismul, creativitatea, spiritul şi comportamentul critic, atitudinea contestatară în raporturile cu autorităţile şi starea social-politică a comunităţii şi societăţii,* pe care le consideră surse structurale şi explicaţii ale majorităţii problemelor şi situaţiilor de risc ori dificultate cu care se confruntă membrii acestora.

2. Critica teoriilor şi sistemelor/ metodelor clasice ale asistenţei sociale

Atât sistemului cât şi teoriei asistenţei şi protecţiei sociale li se reproşează slaba adaptare la schimbările profunde şi accelerate din societate precum creşterea numărului imigranţilor, mutaţiile economice rapide, impactul internetului, polarizarea socio-economică, rasismul, discriminarea, feminismul, mutaţiile axiologic-culturale, ori slaba adaptare la schimbările ideologice/filosofice sau impactul teoriilor postmoderniste (C. Noble, 2004). Aspectul cel mai îngrijorător, însă, pe care-l semnalează literatura este faptul că, în pofida unor investiţii tot mai mari, atât materiale cât şi umane problemele sociale tind să sporească ca arie sau gravitate (M. Payne, 2005)

În acest context a apărut o consistentă literatură critică, cu preocupări şi orientări dintre cele mai variate, de la o necesară literatură de criză (criza teoriilor, metodelor de asistenţă social, criza profesiei de asistent social etc) până la scrieri care contestă pur şi simplu necesitatea asistenţei sociale instituţionalizate, ori etatizate. Adepţii nevoii de schimbare invocă argumente de genul nevoii natural/ istorice de înnoire, de adaptare la schimbări, de eficientizare, de construire a unor noi valori ori proiecte umane, sociale, sau antroposociale, precum şi nevoia democratică de dialog şi dezbatere ştiinţifică. Un argument la fel de convingător este şi faptul că societatea însăşi cunoaşte dinamici şi metamorfoze în care asistenţa socială este obligată să se înscrie. (J. Allan, B. Pease, L. Briskman, 2003).

2.1. Critica teoriilor/ abordărilor de tip sociologist radical în reprezentarea problemei sociale

În contextul temei noastre ne interesează cu precădere dezbaterile pe tema teoriilor şi metodelor de asistenţă socială, modul de reprezentare sau abordare a problemei sociale şi clientului în context socio-uman precum şi cele ce abordează tema rolului asistentului sociale sau modalităţilor specifice de intervenţie.

În ceea ce priveşte critica teoriei asistenţei sociale am reţinut preocupările de echilibrare a perspectivelor de abordare şi de deplasare a accentului de pe paradigma sociologistă radicală spre abordarea existenţialist-contextuală (D. F. Krill, 1978). Noile teorii nu desconsideră rolul factorului societal, comunitar, structura socială, teoriile grupului dar subliniază pericolul justificării şi condamnării la statutul social de *asistat* al clientului prin categorisire şi etichetare ştiinţifică, prin generalizare ştiinţifică şi universalizare.

Teoriile câmpurilor sociale, teoriile excluderii, marginalizării şi vulnerabilităţii sociale, subculturilor deviante, acţiunii sociale şi altele tind să desconsidere rolul factorul subiectiv, personalităţii, voinţei, deciziei personale în situaţia problemă. O persoană situată într-o situaţie de risc sau vulnerabilitate este astfel aprioric subiect de intervenţie socială sistematizată chiar dacă prin propriile resurse existenţial-psihologice are capacitatea de a se detaşa de situaţia de dificultate. Protecţia oferită tinde să-i anihileze iniţiativa, să caute o zonă minimală sigură de confort, abandonând efortul de dezvoltare personală/ profesională şi autonomizare socială.

Paradigma sociologistă consacră ca legitate şi normalitate problema socială, polarizarea, marginalitatea, devianţa, sărăcia prin argumentul holistic al unităţii/ funcţionalităţii prin diversitate - societatea cuprinde persoane sau categorii eficiente dar şi ineficiente social, înstărite dar şi sărace, normale dar şi handicapate sau deviante. Desigur aceasta este realitatea, dar prin teoretizare şi operaţionalizare necritică, prin instituţionalizarea unor programe de protecţie, se poate constitui în factor agravant, inducând atitudini de tip fatalist, ori situaţii care pot fi foarte uşor exploatate ca surse facile de bunăstare de către unele persoanele sau categorii sociale.

2.2. Critica teoriei îngrijirii

Inclusiv aşa-zisele *teorii specifice ale asistenţei sociale, precum teoria îngrijirii, teoria ataşamentului, teoria participării, teoria identităţii, teoria anxietăţii* şi altele sunt reanalizate. Teoria îngrijirii, una dintre teoriile „fondatoare" ale asistenţiei sociale, este strâns legată de un principiul umanitar fundamental: *solidaritatea umană.* Cuvântul solidaritate este mult folosit în asistenţa socială şi semnifică atitudinea, gestul sau acţiunea persoanelor/ grupurilor/ categoriilor sociale favorizate, normale de sprijinire a persoanelor sau comunităţilor aflate în dificultate, îndeosebi din punct de vedere economic (W. Arts, R. Muffels, R. ter Meulen, 2001)

Conceptul şi reprezentarea psihologică sau profesională de client al serviciilor de asistenţă socială se construiesc prin inferarea logică sau psihologic-etică a unor propoziţii şi idei de genul: soarta a făcut ca unele persoane să se nască în medii şi contexte favorizante iar altele dimpotrivă să se nască cu handicapuri sociale, culturale, morale sau fizice şi, corect este, ca prin acţiunea primilor această situaţie să fie oarecum echilibrată; oamenii ca specie şi fiinţă ancestrală sunt o creaţie unitară care trebuie să împartă în mod echitabil resursele, binele şi răul; fiecare om are dreptul la o viaţă demnă, la fericire, la împlinire personală.

Modelul solidarist stă la baza religiei, a moralei dar şi a organizării sociale/societale impunând solidaritatea socială ca formă activă de promovare a valorilor sale. Modelul solidarist-minimalist răspunde unor aserţiuni de genul: dăm de la noi că avem mai mult, dar numai pentru supravieţuire. Perspectiva ascunde şi note de umilinţă, milă sau toleranţă faţă de client, tinzând să contureze o definiţie tot restrictivă a acestuia; în spatele etichetei asistat sau beneficiar putând să se ascundă reprezentări de genul: persoană inactivă, leneşă, săracă cu duhul, incapabilă să-şi managerieze prin efort individual propria viaţă. Aceste persoane au, în consecinţă, nevoie de ajutor, intervenind aici, pe lângă iniţiative private şi rolul instituţiilor din comunitate sau ale statului. În acest scop, se instituie instrumente administrative specifice, se pregătesc specialişti, se elaborează legi şi impun mecanisme de prevenire şi intervenţie profesionalizată, instituţionalizată. Abordarea solidarist-minimalistă presupune însă, cu preponderenţă, o atitudine pasivă faţă de client, atenţia fiind focalizată mai mult pe subzistenţă decât pe recuperare/reintegrare sau fericire, impunând practici şi concepte precum *ajutor* sau *îngrijire.*

Astfel, teoria îngrijirii se întemeiază filosofic pe reprezentarea preponderent materialist-biologistă a persoanei, îşi are originea în gândirea dialectică relativă la raportul dintre materie şi spirit. Abordarea reducţionist-materialistă tinde să reducă omul şi viaţa socială la legităţile fizicii şi materiei (substanţei) iar personalitatea la tiparul de construcţie şi funcţionare a organismului. Conform acestei reprezentări omul este o fiinţă biologică înzestrată cu inteligentă (şi aceasta se originează în mecanismele neurofiziologice), în concluzie satisfacerea nevoilor materiale (hrană, îmbrăcăminte, locuinţă etc) este primordială, asigurând supravieţuirea. Formaţiunile personale superioare, viaţa şi trăirile spirituale sunt epifenomene, sau atribuiri epistemologice speculative, nefiind definitorii pentru condiţia şi natura umană. Clişeul operează involuntar chiar în gândirea şi practica multor specialişti din domeniul asistenţei sociale, concepând sistemul client în mod restrictiv, reducând necesităţile acestuia la zona inferioară a piramidei motivaţionale, proiectând soluţii şi acţionând profesional în consecinţă.

2.3. Critica teoriei ataşamentului

Lansată de John Bowlby (1999), teoria aduce în planul dezbaterii sociale un concept crucial: ataşamentul. Ataşamentul este o necesitate fundamentală a fiecărei fiinţe umane, la fel cum este şi cea de hrană sau de securitate. Nesatisfacerea acestei nevoi poate afecta fundamental dezvoltarea şi creşterea bio-psiho-socială. Copiii care trăiesc de la naştere în instituţii de ocrotire resimt dramatic starea de privaţiune. Această pierdere favorizează dezvoltarea sentimentului de instabilitate în relaţii cu adulţii. Copilul nu trăieşte suficient sentimentul pozitiv al propriei identităţi, se comportă confuz, se autoprotejează, marginalizează, îşi pierde iremediabil stima în sine. Studiile în domeniu demonstrează că prezenţa şi afecţiunea familiei de origine sunt indispensabile unei dezvoltări fizice, psihice şi sociale normale. Nici chiar cea mai bună instituţie de protecţie nu va reuşi vreodată să suplinească familia naturală. In funcţie de natura şi gradul de constituire a bazei de ataşament, literatura a consacrat trei tipuri de ataşament: *sigur; nesigur/anxios* şi *foarte nesigur/ ambivalent* .

Teoria ataşamentului s-a îmbogăţit an de an. Actualmente, ea depăşeşte diada mamă - copil, înglobând relaţiile cu ceilalţi membri ai anturajului (D.A. Hughes, 2000). La orice vârsta, o fiinţă umana este atrasa de alte fiinţe umane, fiind înclinată în mod natural spre relaţii de afecţiune cu semenii. Trebuinţa afectivă ocupă un loc important în economia internă a personalităţii, satisfacerea ei conducând la confort, siguranţa şi împlinire personală, pe când ruptura, frustrarea socială poate fi cauza unor întârzieri în dezvoltare, tulburări psihice sau de comportament.

În domeniul asistenţei sociale este interesant de urmărit rolul ataşamentului şi în ceea ce priveşte calitatea relaţiilor interumane între angajaţii instituţiilor de ocrotire şi îngrijire, între beneficiari, între angajaţi şi beneficiari precum şi în ceea ce priveşte calitatea şi stilul managerial D. Howe, 1995). Din acest punct de vedere M. D. S Ainsworth, M. C Blehar, E., Waters, şi S Wall (1978) disting, în acord cu paradigma consacrată a teoriei ataşamentului, trei stiluri caracteristice relaţiilor interumane din organizaţii în general: stilul de ataşament *sigur (securizant)*; stilul *anxios-ambivalent;* stilul *evitant* . Aceste stiluri au influenţă diferită asupra atitudinii faţă de muncă, colegi şi clienţi a angajaţilor. De exemplu, persoana cu un stil sigur nu va folosi activitatea profesională ca un refugiu în cazul neîmplinirii sale emoţionale (cum se întâmpla la stilul anxios-ambivalent), angajatul unei instituţii de asistenţă socială nu se va folosi de problemele clienţilor pentru a-şi rezolva o problemă afectivă sau de familie personală ci va considera rezolvarea problemelor clienţilor ca obiective profesionale în sine. În schimb angajaţii organizaţiilor de asistenţă socială anxioşi-ambivalenţi au tendinţa să identifice problemele personale, subiective cu cele ale clienţilor, cu efecte atât pozitive cât şi negative asupra eficienţei şi calităţii activităţii de asistenţă socială. De regulă această categorie de lucrători din domeniul asistenţei sociale se concentrează pe rezolvarea problemelor curente şi îndepărtarea sentimentelor negative contingente în detrimentul interesului pe termen mediu şi lung al clientului.

Cu toate că teoria ataşamentului a venit cu multe soluţii, perspective noi şi a redimensionat filozofia asistenţială pentru personalele aflate în dificultate, îndeosebi copii, ea nu este şi nici nu se doreşte o soluţia teoretică-metodologică miraculoasă, atotcuprinzătoare ci se descrie mai degrabă ca deschizătoare de drumuri spre noi abordări, în linia filozofiei şi psihologiei umaniste, pozitive, aplicabile domeniului asistenţei sociale, pedagogiei, sociologiei etc. Ca orice teorie şi aceasta are nişte limite, nişte ţinte, nişte zone de aplicaţie determinate. Ea se concentrează cu precădere pe latura consangvină a relaţiei dintre copii şi adulţi, priveşte în special sfera afectiv-endemică a raporturilor familiale, punând pe plan secund valenţele empatic-umaniste aferente unei culturi organizaţionale non-consangvine, unei atitudini altruiste dezinteresate, cu aplicabilitate în sfera relaţiei profesionale dintre client şi lucrător în domeniul asistenţei sociale. De aceea putem conchide că teoria ataşamentului are mai degrabă o funcţie preventivă decât una aplicativă, priveşte conservarea unităţii familiale ca drept condiţiei a prevenirii apariţiei situaţiei de dificultate şi nu este în multe cazuri soluţie pentru rezolvarea ei..

Secţiunea II
Valori şi dimensiuni umaniste în domeniile socio-umane şi asistenţă socială. Fundamente teoretico-filosofice ale asistenţei sociale (umaniste)

Asistenţa socială, un domeniu în care îşi dau întâlnire, atât pe terenul teoriei cât şi al practicii, marile ştiinţe şi practici socio-umane precum filosofia, sociologia, psihologia, antropologia, pedagogia nu poate fi catalogată ca umanistă decât în contextul în care acestea din urmă sunt umaniste sau cuprind aspecte importante ale orientărilor umaniste. În această secţiune vom puncta principalele caracteristici ale prezenţei valorilor şi metodelor umaniste în filosofie, psihologie, pedagogie şi sociologie, după cum, vom verifica şi modul în care se regăsesc în teoria şi metodologia asistenţei sociale (umaniste).

1. Filosofia umanistă. „Lupta" istorică a omului pentru identitate şi recunoaştere „epistemologică"

În mod paradoxal, istoria gândirii reflexive umane nu debutează cu preocupările relative la fiinţa sau condiţia omului în lume ci cu preocupări relative la cosmos, cetate, logică, materie etc. Precum copilul care este dominat în perioadele de început ale copilăriei de nevoia cunoaşterii mediului în care va creşte tot astfel şi gândirea filosofică a fost interesată de toate temele posibile, mai puţin cele referitoare la om, ca individ, ca fiinţă, ca eu. Asta nu înseamnă că tema omului nu şi-a găsit loc încetul cu încetul în reflecţiile sau scrierilor marilor gânditori ai omenirii, încă din antichitate. Într-un fel sau altul, prin teme mai mult sau mai puţin abstracte precum tema spiritul, morala, politica etc aceasta a intrat în dezbaterile filosofice din diferite perioade istorice. De altfel, istoria filosofiei consemnează o organizare pe principii de contradicţie şi dualitate a gândirii filosofice, în care tema omului, este tot mai prezentă cu cât ne apropiem de contemporaneitate.

1.1. Valorile omului şi ale spiritului în dinamica contradictorie a gândirii filosofice

Organizările sistemice, dinamice, duale sau conflictuale, mai mult sau mai puţin complexe, structurile, dinamicile şi funcţiile acestora ca entităţi ontologice reflectă de fapt legităţi şi principii fundamentale ale *materiei* sau *spiritului*.

31

Aceşti din urmă doi termeni reprezintă de fapt polii fundamentali (antagonici) ai gândirii şi scrierilor filosofice, de la originile lor antice până în prezent. Şi în *gândirea filosofic-gnoseologică* s-a impus o dualitate, respectiv antagonismul *realitate (realism) – idee, conştiinţă (idealism)*. De fapt, atât ontologia cât şi gnoseologia sunt dominate de antagonisme, dualităţi/dualisme, dialectici, contradicţii, opoziţii - enumerăm: *fenomen-esenţă, absolut-relativ, existenţă-conştiinţă, abstract-concret, adevăr-fals, bine-rău, frumos-urât, haos-ordine, imanenţă-transcendenţă, cauză-efect, determinare-indeterminare, fiinţă-existent, fiinţă-neant, fiinţă-timp, formă–fond, structură–funcţie, fizică–metafizică, real–ideal, necesitate–întamplare, libertate–constrângere, natură–cultură, idealism–materialism, raţional–mistic, viaţă–moarte, natural–supranatural, negativ-pozitiv, rai–iad, obiectiv–subiectiv, absolut–relativ, semnificat–semnificant, sistem–element, societate–individ, spaţiu–timp, corp–suflet, teism–ateism, unic–multiplu, general–particular.*

Enumerarea ar putea mult continua. Am prezentat, doar câteva din multitudinea de dualităţi (balanţe „filosofice") care au marcat şi ghidat gândirea şi căutările „metafizice" ale omenirii în istoria ei milenară. Ele nu sunt simple speculaţii sau jocuri de cuvinte ci reflectă conceptual însăşi esenţa şi natura contradictorie, dinamică, dialectică a constituţiei umane, istoria dramatică şi evoluţia contradictorie a omului ca individ, a societăţii şi culturii, a spiritului de la condiţia antropologică primară de animal la cea de persoană, fiinţă socială, spirituală şi ancestrală.

Temele metafizice, gnoseologice şi existenţialiste fundamentale precum existenţa, omul, libertatea, dreptatea, protocronismul, timpul, ordinea, fiinţa, binele, frumosul, Dumnezeu, fericirea, adevărul au constituit dintotdeauna categorii şi realităţi „dialectice", surse de dialog noetic, confruntare sau organizare doctrinară reactivă. Caracterul dual sau contradictoriu al realităţii fizice ori umane sau a gândirii/reflecţiei a fost surprins încă din antichitate.

În logică, Aristotel (2004), lansează tema contradicţie/ noncontradicţiei iar părintele filosofiei, Platon (2005), considera, în celebrele *Dialoguri,* că abordarea interogativă, contradictorie reprezintă căi esenţiale în cunoaşterea realităţii şi omului. Cele mai multe şcoli filosofice antice, elene şi romane, se definesc, dincolo de temele ontologice sau metafizice specifice, prin raportare la alte şcoli, atitudini sau „gândiri".

Tema dualităţii lumii, omului sau vieţii în comunitate este frecventă şi în gândirea orientală, cu precădere în cea indiană (Hinduism, Jainism, Buddhism). Mai mult chiar decât gândirea filosofică „atee", cea religioasă, reflectată cu precădere în reprezentări şi ritualuri magice, s-a impus prin dihotomii precum zeul luminii - zeul întunericului, zeul păcii – zeul războiului, zeul iubirii – zeul urii etc.

„Disputele" metafizice nu au încetat nici măcar în filosofia scolastică. Este emblematică pentru această etapă din istoria gândirii umane aşa-zisa ceartă a universaliilor (realism–nominalism). În acelaşi timp filosoful şi teologul italian Toma din Aquino propune un echilibru între raţiune şi credinţă. Este punctul din care raţiunii i se recunosc valenţele, chiar în curtea teologiei şi religiei catolice, lucru ce a făcut posibilă apariţia unui gânditor precum Descartes (1999) şi a unei doctrine filosofice deschizătoare de noi drumuri: cartezianismul.

Marele gânditor francez considera raţiunea drept unic izvor de cunoaştere şi a prescris reguli ale gândirii pentru cunoaşterea adevărului, a încercat totodată să împace în chip dualist idealismul cu materialismul. Însă tocmai prin, şi mai ales după Descartes, se instituie şi „ideologizează" dihotomiile fundamentale ale filosofiei, în ontologie şi gnoseologie: materialism-spiritualism, realism-idealism, evoluţionism-creaţionism, spiritualism-pozitivism, raţionalism-empirism, structuralism-existenţialism, etc. Urmează o etapă în evoluţia şi dezvoltarea gândirii umane, crucială şi emblematică pentru ceea ce s-a impus în istoria cunoaşterii umane ca filozofie, în care predomină teme mari, precum raporturile ontologice fundamentale, principiile existenţei în ontologie, natura, relevanţa şi obiectivitatea cunoaşterii umane, filosofice, empirice sau ştiinţifice.

Dialogurile se instituie fie în interiorul unor mari curente filosofice precum empirismul, jansenismul, idealismul în secolul XVI, materialismul, fiziocraţia, enciclopedismul, senzualismul, criticismul, empirismul în secolul XIX, eclectismul, evoluţionismul, pozitivismul, spiritualismul, filosofia reflexivă, idealismul subiectiv, idealismul obiectiv, idealismul dialectic în secolul XIX, fie în „confruntările" doctrinare sau de idei dintre acestea. Este perioada care precede şi pregăteşte apariţia unor curente, cu rezonanţe până în contemporaneitate precum personalismul, fenomenologia sau existenţialismul. Gânditorul care se situează la întretăierea celor două mai perioade filosofice este Emanuel Kant.

După lectura scrierilor empiriste ale lui Hume (toate cunoştinţe îşi au originea în experienţă), marele filosof iluminist german a trăit, după cum el însuşi relatează, în volumul *Prelogomene*, o „iluminare", ce a marcat o trecere de la dogmatismul şi paradigmele consacrate ale gândirii filosofice tradiţionale şi contemporane, bazate pe spirit şi raţiune „pură" (intelectualism) la cunoaşterea bazată pe experienţă. Rezultatul acestui proces s-a concretizat în una dintre capodoperele filosofice ale omenirii, *Critica raţiunii pure*. Totuşi Kant nu cade în cealaltă extremă, are grijă de acest lucru prin apariţia unei noi lucrări importante, *Critica raţiunii practice*. Gânditorul abordează, pe lângă teme epistemologice şi teme ontologice, antropologice sau chiar psihologice în *Criticii puterii de judecare,* carte apărută 1790. Aproape toate scrierile lui Kant sunt marcate de nevoia de a identifica noi paradigme şi metode de cunoaştere filosofică, însă a reuşit să păstreze un echilibru, o „balanţă (experienţa şi judecata permit deopotrivă cunoaşterea), chiar dacă în perioada sau se dădeau „bătălii" aprige între adepţii modelelor epistemologice tradiţionale şi cele impuse de cuceririle ştiinţifice sau tehnice în toate domeniile cunoaşterii, în artă, morală, religie ori politică, sau pur şi simplu de evoluţia „naturală" a gândirii filosofice.

În fapt sursa căutărilor şi scrierilor filosofice ale lui Emanuel Kant (1998, 2005) o reprezintă paradigmaticile contrarii materie-spirit, ori realitate-raţiune. Aceste adevărate „forţe", ontologice sau gnoseologice, ale evoluţiei omenirii, aşadar în planul existenţei, al cunoaşterii, îşi dispută întâietatea atât în evoluţia reală istorică, socială, culturală, personală a omului cât şi, după cum am relatat mai sus, în planul gândirii, filosofiei, ştiinţei. Evoluţia celor două planuri nu este obligatoriu paralelă şi sincronizată. Pot exista mari abateri ale cunoaşterii faţă de realitate.

Ceea ce este sigur este faptul că ele se corelează şi influenţează (putem identifica şi aici o balanţă). Cu siguranţă tendinţa generală este de apropiere şi compatibilizare. Gândirea *tinde* să reflecte fidel realitatea fizică, umană, socială şi istorică. Însă compatibilizarea (echilibrarea) totală a celor două sfere este imposibilă. Realitatea, istoria, societatea, existenţa, omul, spiritul (în sens ontologic) au fost, sunt şi vor fi dintotdeauna mult mai mult decât poate mintea omenească, filosofia, ştiinţa să teoretizeze, să reflecte epistemologic. Balanţa înclină endemic spre talerul *existenţă*. Am putea numi această balanţă şi *balanţa realitate-raţiune*.

1.2. Filosofia concretului şi realităţii

În planul evoluţiei istorice a cunoaşterii, îndeosebi după Descartes şi Kant (inclusiv şcolile sau curentele pe care le-au generat sau le-au pregătit apariţia), prin contribuţia şcolilor sau orientărilor „materialiste" (empirismul, materialismul dialectic, raţionalismul etc) „greutatea" raţiunii în balanţa cunoaşterii se reflectă prin creşterea interesului pentru cercetarea realităţii „obiective", a omului şi existenţei sale sociale.

Comte consacră chiar cu scop de cercetare şi instituire categorială sintagma *realitate socială*. Astfel că încet şi nu deloc uşor interesul cunoaşterii tinde să se deplaseze de pe teme abstracte, metafizice, universale precum raportul dintre materie şi spirit, existenţă-conştiinţă spre teme existenţiale, de la filosofia speculativă spre ştiinţă sau filosofia omului concret, determinat, „existent", „particular". Astfel că ontologia speculativă va fi încet înlocuită de concepte precum *structură socială, relaţii sociale, societate, comunitate, grup social, realitate socială, funcţionare socială* (în sociologie), *conţinut psihic, fapt psihic, funcţii psihice, inconştient, mecanism psihic, sfere sau niveluri psihice (sfera afectivă, sfera cognitivă etc), tip psihologic, personalitate* (în psihologie), *specific etnic, limbă, simbol, cultură, esenţă/natură umană* (în antropologie), în timp de gnoseologia se va orienta spre *metodologie* şi *experiment* - cercetarea ca sursă de cunoaştere a realităţii, existenţei. Rămâne însă în continuare preocuparea pentru natura, adevărul şi oportunitatea cunoaşterii: cunoştinţele, teoriile, adevărurile relevate de ştiinţă şi cercetare sunt reflectări fidele şi autentice ale realităţii („în sine"), sau sunt (parţial sau total) produse inconştiente ale mecanismelor noastre intelectuale („în afară de sine"), ori sunt generate de metodele de studiu sau cercetare („pentru sine")?

În perspectiva temei noastre ne interesează în mod deosebit produsele ce privesc structura socială, dinamica şi funcţionarea socială. În toate există şi „lucrează" multitudini de balanţe ontice, realitatea fiind astfel „victoria" ontică a uneia dintre forţe împotriva celeilalte. Avem în vedere atât abordarea istorică (dinamică) cât şi cea actuală (structura). Structura este, de fapt o instituire a unor balanţe anterior dinamice - prezentul ca victorie a unor forţe sau tendinţe împotriva altora, sau prezentul (structura) ca sistem de balanţe, ori balanţe de sisteme. Utilizarea conceptului de balanţă în detrimentul celui de contradicţie este oportună aici pentru că ne permite prin intensiunea acestuia să surprindem aspectul de varianţă şi dinamică, de posibilitate de schimbare conştiinţă, asumată sau dorită a raporturilor de forţe.

Dinamismul proceselor psihice este chiar mai mare. Personalitatea este un ansamblu foarte complex de niveluri, sfere, funcții, formațiuni care „operează" într-un organism viu, subiect de drept ontic, ciclic, temporal limitat, cu perspectiva conștientizată și anguasantă a morții, deznodământ neanticipabil în cazul sistemului social. Fiecare individ este nevoit să reproducă ontogenetic (existențial) tot traseul filogenetic (antropogenetic), să reconstruiască arhetipul și arhitectura personalității în context existențial (cultural/educațional) variabil și de cele mai multe ori imprevizibil, chiar dacă acestea operează ca tipare în personalitatea indivizilor maturizați. Procesul este însoțit și favorizat/ determinat de „mecanica" a milioane de balanțe (opoziții, contradicții, contrarii, raporturi, dinamici, onto-dialectici), în structură (organizare), funcționare sau devenire.

1.3. În sfârșit o filosofie a omului persoană și valorilor existenței acestuia. Existențialismul

Gândirea și literatura filosofică nu puteau rămâne străine de aceste schimbări din științe sociale, pe care de altfel le-a favorizat (feed-back) și, chiar în continuarea propriei logice istorice a devenirii, își construiesc o nouă filosofie, o filozofie, adaptată, o filosofie necesară: *filosofia existențialistă*, cu nucleul său ideologic – existențialismul. *Existențialismul* este legat unor mar gânditori precum Kierkegaard, Husserl, Heidegger, Sartre, Simone de Beauvoir, Maurice Merleau-Ponty și mulți alții. Reprezintă atât un sistem ideatic/ filosofic cât și o doctrină socială. Este curentul filosofic care a făcut din studiul omului și existenței sale concrete teza sa fundamentală. A impus primatul existenței (temporalitate) omului ca individ și unicitate. Ființa (omul) nu există aprioric, nu este o abstracțiune filosofică sau un număr statistic, ea se construiește existențial, în parametri de timp și spațiu, cu atributele lui *aici, acum, astfel*, într-un *context determinat*, însă nu oricum ci cu un scop, un proiect (Sartre, 2000, 2004). Ființa (umană), așa cu este ea,   rezultă din asimilarea experiențelor, trăirilor   („trăitului"), din interacțiunea cu celălalt și din caracteristicile proiectului, și va purta caracteristicile acestora. Fiind, însă, un produs al mediului, existenței, trăirilor contingente ființa/ sufletul se va lega ombilical de acestea, constituind o unitate ontologică. Tulburările în sfera ființei vor impune schimbări în planul existenței, după cum, schimbările din sfera existențială determină tulburări în sfera ființei.

Pe lângă faptul că existențialismul a adus în prim-planul dezbaterilor metafizic-ontologice problema existenței umane, a existentului uman concret, a ființei umane unice, singulare aduce contribuții semnificative și căutărilor filosofice, psihologice, sociologice sau antropologice privind limitele ființei umane, contingența trăirilor, dificultățile ontogenetice, fragilitatea ființei umane, iminența morții, neantul ca neființă, angoasa existențială, raportul libertate-necesitate și implicațiile libertății, suferința, disperarea etc. Sunt teme care, în opoziție, cu ontologia supraomului la Nietzsche (1999), subliniază nimicnicia și limitele existenței omului. Ființa umană are posibilitatea, prin libertatea care „i sa dat" (Heidegger, 1995) și prin judecată, imaginație, trăire să-și conducă conștient propriul destin conform aspirațiilor, dar totodată aceleași capacități „îi dau" abilitatea de a-și cunoaște propriile limite și să le trăiască consecinţele la modul tragic (Sartre, 2000). Pentru subiect este o alegere dar şi o luptă între fiinţă şi nefiinţă, între viaţă şi moarte, între durere şi plăcere. Astfel, fiinţa se descrie bipolar, cu un pol pozitiv, care în extremă reprezintă dorinţa de nemurire, extazul existenţial ancestral, şi cu un pol negativ, suferinţa, nebunia sau nefiinţa, ce pot conduce la sinucidere. Conştiinţa nefiinţei sale este o permanentă sursă de nesiguranţă, instituind, o stare permanentă (componentă a fiinţei) angoasa, anxietatea existenţială. Înaintea lui Sartre, părintele existenţialismului, S. Kierkegaard (1999), compară anxietatea cu ameţeala în faţa unei prăpastii, prăpastia fiind asociată cu libertatea.

Spre deosebire de alte „fiinţe", regnuri, specii, etc. fiinţa umană este, generic vorbind, „în construcţie"; antropogeneza, preistoria, istoria, cultura, civilizaţia sunt căi către fiinţă. Este motivul pentru care putem spune că gradul de entropie, nesiguranţă, anxietate sunt foarte ridicate, fiecare individ este o treaptă, încă o încercare pe care fiinţa o face pentru a „a ieşi din ascundere" (Heidegger, 1995). Entropia este maximă în fazele ontice incipiente (copilăria, adolescenţa) şi scade odată cu dezvoltarea structurilor personale (existentul). Tot procesul de creştere şi formare a fiinţei umane este marcat de tensiune şi conflicte ontologice (existenţiale), cruciale, sursa acestora este atât condiţia libertăţii şi conştiinţa limitei cât şi inegalitatea de forţe între existenţă (societate/valori) şi fiinţă (individul psihologic) – inconsistenţă ontologică (Frankl, 2009).

2. Psihologia umanistă. Critica psihologiei tradiţionale

Psihologia umanistă s-a impus ca o psihologie de tip critic, desigur, constructiv. A apărut în SUA ca o reacţie la adresa behaviorismului şi în parte a psihanalizei. C. Rogers, G.Allport, A. Maslow, E. Fromm şi alţii propun o viziune optimistă, de încredere în natura autogenerativă a persoanei. Orientarea umanistă aduce în prim-planul cunoaşterii fenomenului uman concepte şi idei precum: personalitatea, libertatea, speranţa, auto-actualizarea, creativitatea, trăirea autentică, impasul existenţial, fericirea, unicitatea persoanei, auto-determinarea, focalizarea pe aspectele deosebite ale existenţei umane (creativitatea, toleranţa, iubirea), valorizarea experienţei subiective agreabile a persoanei, „dezvoltarea omului în conformitate cu particularităţile şi alegerile sale, respectul pentru valorile intrinseci ale persoanei" (I. Mitrofan, 2001, p. 390, 2009). Fiecare individ sănătos deţine capacitatea potenţială individuală de a se ridica din punct de vedere uman, social şi spiritual, totul depinde însă de activismul său intern şi voinţa de schimbare sau împlinire, auto-împlinire (Rod Plotnik, Haig Kouyoumdjian, 2007).

Printre lucrările care au marcat această orientare enumerăm A. Maslow - *Motivation and Personality*, 1954, *Toward a Psychology of Being*, 1962, *Becoming*, 1955; Ch. Buhler - *Values in Psychotherapy*, 1962; G. Allport - *Pattern and Growth in Personality*, 1961; Cl. Moustakas - *The Self*, 1956; Carl Rogers - *Client-Centred Therapy*, 1951. Să precizăm şi rolul esenţial al J*ournal of Humanistic Psychology*. Marea majoritate a acestor publicaţii văd în trăirile umane ca *mulţumirea, satisfacţia, speranţa, fericirea, libertatea* experienţe şi calităţi umane unice, de creştere şi dezvoltare personală. Psihologia umanistă propune cu o privire şi abordare holist-integrativă asupra omului, în care biologicul se îmbină cu psihologicul, cu socialul şi spiritualul, într-un mod unitar, singular, conferind persoanei caracter de fiinţă unică (Allport, 1961).

2.1. Critica psihologiei tradiţionale

Psihologia umanistă reproşează, orientărilor „clasice" – behaviorismul, psihanaliza, psihologia ştiinţifică - faptul că reprezintă omul ca pe o fiinţă determinată, în cea mai mare parte, de forţe şi factori exteriori sieşi, desconsiderând valorile şi resursele inepuizabile ale personalităţii, voinţei, proiectivităţii, eului. Psihologia tradiţională desconsideră complexitatea psihicului uman şi problemele vitale pentru om în calitatea sa de fiinţă superioară, cum sunt dezvoltarea umană, fericirea, sensul vieţii, afirmarea de sine, alienarea, empatia etc.

Preocupat de reprezentarea comportamentului uman ca un răspuns automat la un stimul, *behaviorismul* şi-a concentrat atenţia în mod exclusiv asupra comportamentului „obiectiv" (Skinner, 1976), subiectivitatea, eul şi personalitatea umană fiind desconsiderate. *Psihanalizei* i se reproşează faptul că accentuează importanţa nevoilor şi resorturilor biologice ale psihicului şi personalităţii, punând în centrul existenţei umane instinctul sexual (Freud, 1994). Replica umanistă la aşa-zisa *psihologie ştiinţifică* se fundamentează pe argumentul că ştiinţa tinde prin misiune şi metodă să desconsidere particularul, unicul, singularul, profunzimea proceselor psihice umane – valori fundamentale ale psihologiei umaniste.

2.2. Idei cruciale şi personalităţi marcante

Prin *Carl Rogers*, (1951, 1959, 1977, 2008), numit de către unii autori părintele psihologiei umaniste, ştiinţele socio-umane au făcut un mare pas înainte, cu precădere prin teoria umanistă a personalităţii. Acesta a nedumerit o mare parte din contemporani, preocupaţi de definirea ştiinţifică şi nomotetică a personalităţii prin abordarea sa „centrată pe persoană", desconsiderând epistemologic aspectele de generalitate şi universalitate ale fiinţei umane şi personalităţii, propunând o centrare pe ceea ce le individualizează, impunând o focalizare pe persoana concretă, determinată, unică, singulară, funcţională (pe deplin funcţională) şi nu dedusă/ extrapolată logic sau ştiinţific din abstractizări epistemologic-metodologice generalizatoare. Abordarea este similară şi în ceea ce priveşte reprezentarea grupului social, a familiei, caracteristicilor procesului învăţării, ori valorilor culturale. După cum se ştie, preocupările acestuia fiind foarte vaste, este centrată pe imperativul „aici şi acum". Printre ideile marcante ale marelui psiholog american regăsim:

- Omul „în general" este înlocuit astfel cu „omul în situaţie", cu problemele lui multiple de zi cu zi, ce se degajă „aici şi acum".
- Individul reprezintă în el însuşi un întreg armonios, care trebuie înţeles în unicitatea sa.
- Omul este o valoare în sine, prin simpla sa existenţă;
- respectul pentru demnitatea umană este un principiu fundamental:

- respectul necondiţionat pentru sine şi pentru orice altă fiinţă umană în calitatea sa de existenţă singulară, unică şi ireductibilă.
- Persoana umană trebuie considerată a fi liberă şi în consecinţă deplin responsabilă pentru propria sa viaţă:
- În terapie sarcina specialistului este, în consecinţă, nu de a-l orienta pe om în direcţia unui model uman anume, ci de a-i oferi posibilitatea autodezvoltării, în direcţia pe care singur, în mod liber şi responsabil, o alege; spontaneitatea, ca formă fundamentală a creativităţii, este modul de constituire a persoanei umane unice.

Terapia non-directivă propusă de C. Rogers este o consecinţă logică a acestui principiu. Terapeutul trebuie să fie un „consilier", „reflector" al gândirii subiective care nu îşi impune propriile sale scheme de gândire şi simţire.

Marea majoritate a ideilor de mai sus se regăsesc şi în scrierile lui *Abraham Maslow* (1993, 2008), însă acesta s-a impus cu o importantă teorie a trebuinţelor. Astfel, la baza piramidei se află nevoile primare biologice, de bază, fiind şi cele mai puternice. Cu cât o nevoie urca spre vârful piramidei, cu atât este mai slabă şi specifică individului respectiv ca persoană socială, culturală, spirituală. Nevoile primare sunt însă comune atât tuturor oamenilor cât şi animalelor. După Maslow odată ce individul îşi satisface nevoile de bază, se poate concentra pe nevoile de siguranţă, care ţin mai mult de integritatea fizică, cum ar fi securitatea casei şi a familiei. Urmează nevoia de iubire şi apartenenţă (de prietenie, familie, apartenenţă la un grup, sau de implicare într-o relaţie intima non-sexuală). La nivelul al patrulea se situează nevoile de stimă, de putere, prestigiu, acceptare cât şi din respectul de sine. Nesatisfacerea nevoilor de stimă rezulta în descurajare, şi pe termen lung în complexe de inferioritate. După aceste trebuinţe Maslow localizează aşa-zisele trebuinţe de creştere, sau de auto-actualizare. Multe sunt nevoi de natură spirituală, morală, epistemică, sau estetică. Este o zonă pe care autorul o lasă larg deschisă dezbaterii pentru noi idei şi abordări.

2.3. Personalitatea (persoana) în psihologia umanistă

Gordon Allport defineşte personalitatea, în *Pattern and Growth in Personality* (1961) ca fiind o organizare dinamică în cadrul individului a acelor sisteme psihofizice care determină gândirea şi comportamentul său caracteristic", punând aşadar accent pe unicitatea acesteia. Omul dispune de un „simţ nativ al Sinelui" care la animale nu există şi care îi dirijează procesul unic al propriei deveniri, de formare specifică a personalităţii. Acest simţ ghidează procesul de şi dezvoltare personală, în care actualizarea, valorizarea potenţialului va imprima caracterul deschis care face din om fiinţa capabilă de a-şi stăpâni destinul.

Reprezentarea/ abordarea umanistă a persoanei personalităţii s-a impus şi consacrat, în psihologie, după observaţia noastră, prin două mari curente. Unul este mai mult exploatat, este vorba despre curentul *pozitiv-psihologic*, care se focalizează pe dezvoltarea psihologic-personală individuală, prin exploatarea resurselor psihologic-voliţionale, proactive, comunicaţionale şi socio-adaptative ale eului, şi despre curentul psihologic *ontologic-spiritual*, care valorizează bogăţia de conţinut a sinelui transpersonal, sufletului şi personalităţii profunde, ontologice, resursele spirituale, morale ale acesteia - promovează compatibilitatea și congruența dintre diferite niveluri și sfere spirituale ale personalității, precum și dintre personalitate și mediul cultural-uman de viață, acesta fiind și obiectivul fundamental în terapia umanist-spirituală a personalității (C. Rogers, 2008).

O paradigmă ontologică interesantă a personalității este și cea a marelui gânditor medieval Toma din Aguino. După acesta, inspirându-se din marii antici, dar și în contextul gândirii teologice ori scolasticii vremurilor, personalitatea are trei mai dimensiuni: psihologică, ontologică și morală, vorbind chiar de o *personalitate psihologică,* o *personalitate ontologică,* și o *personalitate morală* (Garrigou-Lagrange și Cummins, 1950).

Teoriile psihologice umanist-pozitive ale personalității se impun și diferențiază de alte abordări printr-o serie de aspecte, precum:

• terminologie cu accentuate voluntarist-praxiologice;
• caracterul unic, particular, singular al personalității (Moustakas, 1994);
• personalitatea ca sursă de autodezvoltare și dezvoltare personală, de libertate, voință și responsabilitate;
• idea de totalitate, integralitate, unitate și stabilitate - abordarea holistă (Frankl, 2009);
• focalizare semnificativă pe studiul experienței eului și individualității personale (Zlate, 2002, pp. 84-87);

Abordările umanist-pozitive percep, explică și descriu personalitatea ca *ființă (liberă) și capabilă de afirmare, fericire și împlinire personală, ca rezervor inepuizabil de voință, optimism, speranță, sursă de auto-actualizare permanentă, de adaptare și integrare socială* (Rogers, 2008). Majoritatea adepților și practicanților psihoterapiei umanist-pozitive reprezintă personalitatea ca resursă psihologică *în sine* de formare, dezvoltare personală autodepășire și împlinire personală ori socială, ca izvor de fericire, bunăstare și reabilitare/ recuperare (Zlate, 2001, pp. 52-53).

Maslow (1993) afirmă că o adevărată psihologie a personalității trebuie să fie o *psihologie a persoanei, individuale, concrete, active.* El se distanțează de abordările nomotetice, precum și de cele abisale, care nu surprind adevărul, autenticitatea ființei umane individuale, determinate, unice, care desconsideră capacitatea persoanei de autodepășire și auto-împlinire. După Maslow, orice om, normal din punct de vedere psihic, în condiții sociale obișnuite, are capacitatea înnăscută de dezvoltare optimă, de a se împlini social și profesional, prin *auto-actualizare.*

În schimb, și completare, **perspectiva psihologică umanist-ontologică solidaristă** asupra persoanei și personalității conferă, cum este și firesc, *sferei ontologic-umane* rol etiologic și structural primordial. După Rogers conceptul structural, cheie al teoriei umanist-ontologice a personalității este *sinele.* Acesta afirmă că sinele este un element important al experienței umane și că scopul ideal al formării și dezvoltării personalității fiecărui om ar fi acela de a deveni cu adevărat el însuși prin valorizarea propriului potențial, propriului sine (Rogers, 1980). Maslow, în lucrarea "Toward A Psychology of Being", apărută în 1962, retipărită în 2011, semnalează o mare lacună a psihologiei "academice", anume lipsa din structura și compoziția personalității umane, a

39

conținutului ei ontologic, a ființei. În acest context el preconiza că viitorul psihologiei, implicit al psihoterapiei, va depinde, în mare măsură, și de preocupările de redefinire a personalității umane, unde laturii/ dimensiunii ontologic-spirituale va trebui să i se acorde o atenție tot mai mare. Frankl (2009) explică capacitatea unică, miraculoasă, a personalității umane de emancipare și adaptare socială prin existența unui nucleu psihologic personal, unei „ființe" noetice/ spirituale profunde, care se construiește ontogenetic din experiențele și trăirile cotidiane sublime ale persoanei. Astfel personalitatea reprezintă în sine o resursă inepuizabilă de dezvoltare personală și fericire. Frankl abordează personalitatea în cadrele unui existențialism de tip spiritualist, promovând simultan necesitatea raportării la valori spirituale dar și la condiția particulară unică, prozaică, a persoanei.

În literatura românească, Rădulescu-Motru (2009) consideră personalitatea umană o complexă alcătuire de factori sufletești, una din funcțiile esențiale ale acesteia fiind aceea de a asigura adaptabilitatea dar și împlinirea persoanei prin resursele sale interne, în timp ce, după Elena Zamfir (2009), individul uman, prin personalitate, se poate exprima așa cum este el în sine, în mod unic, prin natura sa autentică.

3. Sociologia umanistă. Grupul social și familia în abordare umanistă

Chiar dacă în domeniul sociologiei nu s-a dezvoltat o orientare umanistă de nivelului celei din psihologie îi vom acorda un spațiu important ținând cont de tema volumului de față. Este greu de conceput o asistență socială umanistă fără o sociologie umanistă. Asistența socială umanistă o concepem, desigur, în principal prin promovarea valorilor intrinseci personalității clientului însă are și o importantă componentă socială, sociologică, cu precădere referitoare la ontologia grupului mic, a familiei. Personalitatea empatică și împlinită – categorie crucială a asistenței sociale umaniste – nu poate fi concepută în afara mediului în care s-a format și în care trăiește clientul. Prin definiție personalitatea empatică îl implică pe Celălalt, fie că ne referim la un celălalt persoană, la un celălalt grup sau la valori. Adevărata reabilitare umană și autonomizare socială a clientului nu se poate realiza decât prin Celălalt, un Celălalt internalizat și transformat în forță psihologică de dezvoltare personală și integrare socială.

3.1. Premise filosofice ale sociologie umaniste

Elemente ale sociologie umaniste pot identificate încă din reflecțiile și scrierile marilor antici, Socrate, Platon, Aristotel. Subliniem în acest context idea lui Platon, expusă în Republica (2005), după care rolul fundamental al statului este acela de a asigura dreptatea și binele individului și de a realiza o compatibilizarea dintre interesul public și cel individual. Concluzionăm astfel valența umanistă a acestor idei, în contextul în care, în epocă, foarte multe luări de poziție susțineau primordialitatea statului în raport de interesele particulare. (V, Muscă, A. Baumgarten, 2006).

Tema omului ca individ şi personalitate şi a raportului dinte individ şi societate a cunoscut noi metamorfoze cu trecerea timpului instituindu-se în timp în cadrul filosofiei o aşa-zisă filosofie socială. Adică o filosofie în care marile teme ale acesteia sunt abordate prin integrarea progreselor sociologiei ştiinţifice şi în care problema omului ca individualitate, personalitate are o pondere semnificativă. Odată cu apariţia filosofiei fenomenologice şi existenţialismul se constituie o sociologie critică, tema socialului este tot mai mult abordată prin concepte precum fapt social, realitatea socială, existenţă socială, ontologia grupului social, context social, relaţii umane etc, aducând în prim-planul dezbaterii sociologice teme de origine umanistă.

3.2. Cele două sociologii şi problema omului/ personalităţii

Cum bine se cunoaşte sociologia ca ştiinţa s-a impus şi dezvoltat prin două mari tipuri de abordări, interpretativă şi „obiectivă", constituindu-se, aşadar o sociologie obiectivă sau pozitivă, şi o sociologie interpretativă, contextuală, interpersonală. Unul dintre criteriile cruciale după ca s-a realizat această dihotomizare fiind şi raportul dintre individ şi societate, sau rolul individului/ personalităţii în organizarea/funcţionarea socială.

Astfel că în timp ce Emile Durkheim (2001, 2004), reprezentat al aşa-zisei sociologii pozitive, propune modelul ştiinţelor naturii pentru reprezentarea ştiinţifică a socialului, faptele sau fenomenele sociale sunt explicate prin alte fapte sociale, cunoaşterea socială trebuie să ajungă să ia forma explicaţiilor şi predicţiilor, a legilor şi generalizărilor empirice detaşate de eventualele implicaţii valorice ori psihologice pentru a asigura „obiectivitatea" discursului social, formulând aşa-zisele „reguli ale metodei sociologice" adecvate concepţiei sale despre societate, Max Weber (2001) a construit o metodologie *interpretativă* de studiere a fenomenelor sociale în concordanţă cu propria *sociologie interpretativă*, o *etnometodologie* bazată pe analiza semnificaţiilor investite de actorii sociali în acţiunile lor. În abordarea interpretativă se pune accentul pe aspectul subiectiv ireductibil al faptelor sociale, ceea ce implică necesitatea concentrării analizelor asupra semnificaţiilor investite şi vehiculate de actorii sociali în interacţiunile lor psihologice şi situaţiile lor sociale determinate.

Pentru adepţii sociologiei interpretative, pe care noi o considerăm „pre-umanistă", cercetarea socialului presupune înţelegerea interpretativă a acţiunii şi faptelor sociale sociale, luarea în considerare nu numai a factorilor obiectivi, structurali, ci şi a implicaţiilor subiective, valorice sau umane. Conceptele centrale ale acestei sociologii sunt acţiunea socială şi înţelegerea interpretativă. După Weber sociologul reconstruieşte sensul care orientează acţiunea persoanei în raporturile acestuia cu *altul*. Marele sociolog abordează critic raţionalismul economic modern şi civilizaţia occidentală, găsind soluţii nu atât în factorii economici, tehnici sau juridici, ci în factori sufleteşti, în aptitudinea sau capacitatea omului de emancipare, în principal spirituală (religioasă). Ideile şi metodele sociologie interpretative se constituie, astfel, în bază şi resursă importantă pentru antropologia culturală dar şi pentru instituirea, ca disciplină distinctă în cadrul sociologiei, a sociologiei umaniste.

3.3. Sociologia umanistă

Existând, aşadar o importantă tradiţie prin filosofia socială, existenţialism, sociologia interpretativă şi antropologia culturală dar şi o consistentă psihologie umanistă, apariţia unei sociologii umaniste propriu-zise nu întâmpinat mari dificultăţi.

Apariţia acestei este legată de numele lui Florian Znaniecki, un sociolog de origine poloneză care a activat o lungă perioadă de timp la University of Chicago, unde şi-a lansat principalele teorii şi concepte, inclusiv ce de sociologie umanistă. Esenţa acestei sociologii este dată preocuparea ştiinţifică pentru studiul valorilor şi semnificaţiilor culturale a interacţiunii sociale, ori organizării sociale. Se defineşte în mod declarat ca opoziţie la pozitivism şi metoda ştiinţifică excesiv generalizatoare, care scoate personalitatea ecuaţia explicativă. Printre preocupările importante se află: urmărirea modului în care trăiesc şi interacţionează în mod concret; ce relaţii se stabilesc între aceştia: rudenie, prietenie, duşmănie, interes, colegialitate, relaţii de putere; cum rezolvă aceştia diverse probleme (ca adaptarea la mediu sau reacţia în faţa unei schimbări în viaţa lor): strategii, schimbare a modului de trai, exploatare a relaţiilor, utilizare a resurselor; cum îşi reglează, normează şi simbolizează aceste evenimente (legi, valori, comportamente, instituţii, ideologii implicate).

Sociologia umanistă nu percepe persoana ca element invariabil în sistemul social ci reprezintă sistemul social, societatea, grupul social, familia, organizaţia profesională ca o reunire circumstanţială de individualităţi/ personalităţi, în care relaţiile şi raporturile nu sunt aprioric impuse ci se construiesc în dialectica complexă a interacţiunilor particulare, a ontologiei contextului psihosocial creat (Znaniecki, 1969). În cadrul sociologiei umaniste au fost atrase marile teme ori dialoguri ale sociologie moderne precum raportul dintre structuralism şi funcţionalism, etnometodologia, interacţionismul simbolic, axiologia ori temele mai noi ale sociologiei postmoderne. Una din valorile importante ale sociologiei umaniste postmoderne o reprezintă libertatea alegerii individuale între valorile sociale.

În acord deplin cu sociologia umanistă şi marele sociolog român Traian Herseni, în monumentala lucrare *Sociologie* (1982), acordă o importanţă crucială rolului personalităţii umane în sociologie, considerând că, aceasta din urmă, interferează organic cu psihologia (personologia) şi cu antropologia culturală (personalitatea de bază, personalitatea modală etc.). Motivul este că, oricât s-ar face abstracţie de indivizii componenţi, de biologia şi psihologia lor, de aptitudinile şi educaţia lor, orice relaţie socială, orice fenomen colectiv, de orice fel ar fi el, este în ultimă analiză omenesc. Atunci când analizăm grupul familial, de exemplu, tip de grup care ne interesează în mod special în asistenţa socială, în perspectivă umanistă, vom trece în plan secund abordările şi paradigmele tip rol-status, legităţile sociale „obiective", în schimb ne focalizăm pe existenţa şi procesualitatea concretă, relaţiile efective instituite în dinamica interacţiunii dintre actori (C, Lawson, J.S. Latsis, N.M.O.Martins, 2007). Ne interesează relaţiile şi procesele „vii", irepetabile, contingente şi efectele pe care le au asupra constituirii onto-genetice a personalităţii. Abordarea este apropiată de psihosociologie, totuşi atât fenomenele de *congniţie interpersonală*, de *atribuire*, *identificare*, cât și de *influența socială* sau *adaptare/conformare* se descriu în termeni mai degrabă ontologici, decât psihosociologici. Diferența nu este numai de terminologie sau metodă ci de obiect. În abordare umanistă accentul cade pe relațiile între persoane ca ființe unice.

Orientările consacrate ale psihosociologiei – teoria apartenenței, teoriile gestaltiste, teoriile cognitiviste, teoriile controlului, teoriile selfului, teoriile încrederii (S. Chelcea, 2008), precum și teoriile construcționiste – reprezintă achiziții științifice deosebit de importante și sunt absolut necesare însă nu „acoperă" în totalitate obiectul de studiu, tind să neglijeze subiectul, eul ontologic, sufletul, ființa ca unicitate, omul ca *eu* în relația interpersonală, în dinamica grupului social.

4. Asistență socială *umanistă*

Chiar dacă nu există multe lucrări care să abordeze în mod explicit problema valorilor și metodelor umaniste în asistența socială, acestea sunt dimensiune crucială și parte esențială a sistemului de valori, principii, teorii și metode ale asistenței sociale. Este motivul pentru care atât în teorie cât și în sistemul asistenței sociale se poate vorbi de o asistență socială *umanistă*, așa cum se vorbește de o psihologie/ psihoterapie umanistă, de pildă. Asistența socială operează cu ideile eticii sociale, ale solidarității, includerii sociale, reabilitării umane și acceptării altora umaniste (M. Roth-Szamoskozi 2003) – toate acestea fiind valori. Iată, în acest sens principalele valori ale asistenței sociale, fără îndoială umaniste, înscrise în statutul Asociației Naționale Americane a Asistenților Sociali, 1996, (după Roth-Szamoskozi, 2003):

- Afirmarea individualității proprii. Oamenii au dreptul la libertate, la alegerea propriilor lor valori și modalități de viață, atâta timp cât acestea nu afectează libertatea altora.

- Încrederea în capacitatea de autodeterminare și în capacitatea de rezolvare a problemelor persoanelor asistate. Încrederea în capacitatea de învățare și dezvoltare a acestora.

- Lupta împotriva tiparelor și a clișeelor în a-i percepe pe ceilalți. Lupta împotriva prejudecăților.

- Dreptul persoanelor de a avea acces la resursele necesare. Oamenii au dreptul la resursele necesare susținerii vieții și dezvoltării lor și la posibilități de a-și realiza și de a-și exprima potențialul.

- Respectul demnității și încrederea în valoarea ființei umane. Fiecare persoană este o valoare în sine și este unică. Procesul de asistență socială va trebui să conducă la valorizarea personalității umane, la creșterea demnității ei și la creșterea demnității fiecărei persoane asistate.

- Am putea spune că în practică nu există un set universal acceptat de valori, dar există.

După Ana Rădulescu (2004) asistența socială cuprinde un nucleu de bază, de patru valori fundamentale: *respectul față de autodeterminare, promovarea bunăstării individuale și colective, egalitatea de șanse* și *justiția socială*. Elena Zamfir (1998, 2008, 2009) identifică/ descoperă un număr mare de teme și valori ale filosofiei și psihologiei umaniste prezente și compatibile cu asistența socială, în timp ce George Neamțu (2004) consideră sistemul de valori (umaniste) ca o latură esențială a profesiunii de asistent social. Hepworth și Larsen (*apud* Roth-Szamoskozi, 2003) enumeră o serie de valori/ atribuții ale asistenței sociale și profesiunii de asistent social, pe care le putem atribui orientării umaniste:

- Oamenii sunt capabili să facă propriile lor alegeri, să ia propriile decizii și să învețe să-și conducă propria viață. Ei trebuie lăsați și încurajați să-și asume responsabilitățile propriilor decizii și să-și exercite libertatea.

- Asistenții sociali au responsabilitatea de a asista persoanele pentru ca acestea să obțină maximum de independență. În relația de consiliere și de sprijin, profesionistul va întări încrederea în sine a asistatului și demnitatea individului, încurajând manifestările sale de independență.

- Asistentul social are responsabilitatea de a interveni pentru modificarea acelor factori sociali care au o acțiune defavorabilă asupra indivizilor, familiilor și grupurilor.

- Oamenii sunt capabili să învețe noi comportamente. Asistenții sociali au responsabilitatea să ajute oamenii să-și descopere și să-și utilizeze capacitățile de schimbare și dezvoltare.

- Deși se acceptă ideea că originea problemelor sociale se află adesea în experiențele și evenimentele trăite anterior de către clienți valorificarea oportunităților și resurselor prezente reprezintă o bună metodă de depășire a situației de dificultate, reabilitare umană și integrare socială.

Necesitatea conceptualizării și teoretizării unitare a unei asistențe sociale *umaniste* este impusă și de prezența tot mai consistentă a valorilor expres umaniste în metodele și tehnicile specifice utilizate curent de către profesioniștii din sistemul asistenței sociale, precum și de prezența unor abordări sau metode ale psihologiei/ psihoterapiei umaniste în asistența socială clinică, abordări care pornesc cel mai adesea de la conceptul de *personalitate*, de la reprezentarea clientului mai puțin ca un element disfuncțional într-un mecanism/ sistem social și mai mult ca o *ființă umană*.

Secţiunea III
Personalitatea/ fiinţa umană
în teoria umanistă (umanist-ontologică)
şi asistenţa socială (umanistă)

Teoria umanist-existenţialistă/ ontologică a personalităţii reprezintă, în paradigma noastră, unul dintre fundamentele şi categoriile cruciale ale unei asistenţe sociale umaniste. Noi credem că personalitatea, mai ales în opţiunea ei empatic-ontologică, nu reprezintă, în suficientă măsură, o preocupare autentică nici în teoria nici în practica curentă a asistenţei sociale. Subiectul este uneori abordat în lucrările de asistenţă socială, însă foarte repede se trece spre aspecte sociale, tehnic-metodologice, sau economice. Subzistenţa, satisfacerea nevoilor de bază, materiale şi sociale şi îngrijirea minimală reprezintă valori, obiective şi preocupări principale.

În prezenta secţiune a lucrării vom încerca să prezentăm o teorie ontologic-umanistă proprie a personalităţii şi să reliefăm importanţa personalităţii umane în asistenţa socială (umanistă), cu precădere prin valenţele şi resurselor ei empatic-ontologice, rolul acesteia în dezvoltarea personală/ umană, integrarea/ adaptarea socială, prevenirea intrării în situaţie de risc, în reabilitarea umană a clientului sau comunităţii sau în realizarea unor obiective precum reabilitarea umană, psihologic-sufletească, şi fericirea clienţilor.

1. Fiinţa (umană). Premise ontologic-existenţialiste ale teoriei umaniste a personalităţii

Ontologia – filosofia existenţei – a consacrat triada ontologică fundamentală: *fiinţă – existent – existenţă*. Monada cheie o reprezintă *fiinţa*, pentru că de aceasta se leagă celelalte. Abordarea care în timp s-a consacrat în mai mare măsură este aceea că *fiinţa* reprezintă esenţa, invariabilul lucrurilor, existentului şi existenţei. *existentul* reprezintă exprimarea într-o entitate concretă a fiinţei, în timp ce *existenţa* reprezentă latura expusă timpului, situaţional-contextuală, procesuală. Conceptul ontologic de fiinţă îşi are originea în filosofia antică, fiind utilizat adesea cu sensul de existenţă primordială, realitatea absolută a lucrurilor, ceea ce se ascunde dincolo de aparenţe, de existent, real, existenţă. Chiar dacă tinde să se ancoreze în absolut nu este veşnică, este condiţionată de existenţa procesuală a existentului.

45

1.1. Ființa (umană)

Așa cum s-a văzut și într-o secțiune anterioară, tema ființei/ existenței a făcut parte din marile dialoguri ale filosofiei pe întreg parcursul evoluției acesteia, regăsită în abordările și temele ontologice sau gnoseologice fundamentale precum existența, omul, libertatea, protocronismul, timpul, ordinea, binele, frumosul, Dumnezeu, fericirea, existența umană, sensul, celălalt, lucrul, unu, calitatea, evenimentul, intenționalitatea, lipsa, esența, natura umană.

Caracterul de fundament existențial, dual, polivalent sau contradictoriu al ființei a fost surprins încă din antichitate. Problema ființei/ existenței a făcut parte din tema contradicție/ non-contradicției la Aristotel, iar părintele filosofiei, Platon, considera, în celebrele *Dialoguri* că abordarea interogativă, contradictorie reprezintă căi esențiale în revelarea ființei, asimilând-o energiei. Cele mai multe școli filosofice antice, elene și romane, se consacră și prin temele de natură ontologică.

Tema existenței, fundamentelor sau dualității lumii, a omului ca ființă, sau existenței în comunitate (ființă – existență) este frecventă și în gândirea orientală, cu precădere în cea indiană. În metafizica evului mediu scolasticii dezbat așa numitele "transcendentalii", sau „universalii" fiind consacrată disputa dintre „realism" și „nominalism", însă tema ființei ca atare și a existenței s-a impus abia prin gânditori precum M. Heiddeger, S. Kierkegaard, Hegel, Husserl, ori J.P. Sartre.

Inspirat de fenomenologia lui Husserl, Heidegger (1995) a folosit sintagma „scoatere din ascundere" pentru a explica, în mod plastic, geneza ființei în general, în timp ce Hegel (1995) identifică ființa cu ideea sau conceptul absolut. Mai mult orientat spre natura umană, Nietzche (1999), consideră voința de putere drept notă fundamentală a *ființei(umane)*. O altă dimensiune a ființei o reprezintă *unicitatea* acesteia, *singularitatea*. Unicitatea ființei umane este condiționată de intenționalitate, autodeterminare dar și de responsabilitate sau libertate.

În aceiași ordine de idei, Sartre (2004) insistă asupra importanței *celuilalt*, în constituirea și definirea sinelui, a ființei. Plecând de la primatul "intenționalității" a lui Husserl (1989), constată că inițial ființa este o lipsă. Ceea ce o transformă în ființă este celălalt. Prin celălalt marele filosof francez nu se referă strict la persoane ci la tot ceea ce există în afara ordinii subiectului, cu care acesta are direct sau indirect legături. Celălalt intră în constituția ontologică a ființei umane individuale, a persoanei. Doar prin celălalt persoana se relevă ca ființă umană - celălalt persoană, celălalt grup/comunitate sau celălalt valoare. Conștiința de sine este de fapt o inferență din conștiința de celălalt. Prin celălalt persoana se valorizează individual și social, se definește ca *ființă umană*, dobândește *identitate*. Altfel ar putea rămâne doar o...ființă. Totodată celălalt reprezintă și o amenințare, este legea, ordinea, în limitează libertatea. Oricum este preferabilă prezența celuilalt, lipsa acestuia poate fi neantul, depersonalizarea, dezumanizarea, alienarea. Atât Heidegger cât și Sartre relevă un aspect ontologic crucial: nu există ființă fără existență. După cum nu există existență fără ființă. Tot astfel putem spune că nu există ființă/suflet fără *existență socială*. Între ființă și existență se situează sinergic existentul - în abordare ontologic-metafizică, și personalitatea - în perspectivă ontologic/ psihologic-umanistă.

1.2. Ființa și Celălalt

Ființa umană are tendința să existe, mai ales prin conștiință, „în afară". Pentru că „afară" sunt resursele existenței. Întoarcerea spre sine este anguasantă, o pierdere în abis, o lipsă de sens, chiar neființa. După Sartre, ființa se construiește ontogenetic, ea nu există aprioric ci se confecționează din multitudinea de experiențe de la nivelul "trăitului" sau conștiinței prin interacțiunea cu celălalt (persoane, valori etc). Inițial ființa este o lipsă, însă o lipsă ancestrală, cu un proiect, iar rolul fundamental în constituirea ființei/ proiectului este reprezentat de celălalt, celălalt semnificativ spunem noi. Lipsa fizică sau simbolică, inconsistența, fluctuația prezenței celuilalt reprezintă sursă crucială de angoasă, neliniște și nedezvoltare personală, de constituire defectuoasă sau insuficientă a ființei (inconsistență existențială).

Eventuala separare definitivă de celălalt semnificativ, după constituirea ființei, conduce la disoluție a sinelui, a ființei, pentru că, mai ales în cazul copiilor, ființa se construiește ontogenetic preponderent prin "conștientizarea", „internalizarea" și „trăirea" celuilalt. Celălalt devine altfel parte ontologică a sinelui/ ființei/ eului (ființa umană este ființa-împreună - Heidegger, 1995). Separarea definitivă de celălalt instituie o criză existențială, alienarea, angoasa, activează neființa, suferința și conștiința morții, conduce la regresie în planul dezvoltării personale, pregătește terenul pentru tot felul de dezvoltări disfuncționale ori patologice, stări anxioase - fobii, devianță comportamentală, (introversivă sau extroversivă), suicid - ca soluții/strategii adaptative alternative de compromis.

1.3. Ființa – speranța – proiectul personal – valorile - spiritul

După Sartre una dintre caracteristicile definitorii ale ființei umane este speranța. Ea reflectă distanța dintre obiectiv și subiectiv, dintre contingent, real și proiectiv, ideal. Practic persoana în interioritatea ei ontică este o luptă permanentă dintre un sine contingent, endemic și o ființă proiectivă, dezirabilă, ideală. În ambele formațiuni se manifestă ființe. Ființa necesară, endemică, sigură, „reală" și ființa proiectivă, construită din vise, fantezii, experiențe exaltante, idealuri sociale, valori, credințe etc. Procesele și etapele constituirii ființei proiective nu sunt mult diferite de cele care premerg constituirea altor sfere personale, sunt însă marcate de complexitatea, diversitatea factorilor, de natura și caracterul acestora precum și de antagonismul inerent dintre organic și ideatic.

Organismul funcționează după legi și reguli reglate în milioane de ani, în timp ce lumea ideilor și valorilor nu are decât câteva mii de ani. Tendința organismului de a se impune este de necontestat. Ființa se va engrama pe schemele ontice endemice, ghidate de funcțiile organice. Constituirea formațiunilor proiective și deci impunerea „spiritului" nu poate fi decât expresia unei presiuni formative, educative socializatoare, sistematizate și consistente. Istoria a constituit în societățile umane instituții, structuri culturale , educaționale etc., care oferă „material" de dezvoltare proiectivă cu conținuturi socio-culturale adaptative, medii din care copiii, în creștere, să asimileze valori și cunoștințe care, pe de o parte să facă persoane, în sens social, dar și persoane în sens ontic, adică ființe în sine, entități de drept existențial.

Eşecul în procesul de constituire a acestui proiect uman (Sartre, 2004) şi pierderea speranţei nu determină doar o simplă nedezvoltare a fiinţei, o angoasă ocazională, ori un sentiment trecător de disconfort sau disperare ci conduce la procese disfuncţionale pe toate nivelurile şi în toate sferele fiinţei/persoanei, pierderea sensului, pierderea unităţii ontologice, pentru că perspectiva, proiectul, speranţa sunt condiţiile primordiale şi definitorii ale fiinţe umane prin raportare la alte fiinţe, întregeşte fiinţa, îi dă relief, eu, voinţă, conştiinţă, alternativă, perspectivă şi conferă sentimentul libertăţii, optimism, fericire autentică.

2. Personalitatea (în asistenţa socială umanistă)

În paradigma expres umanistă a asistenţei sociale teoria personalităţii este legată de o serie de nume precum G. Allport (teoria trăsăturilor), A. Maslow (personalitatea auto-actualizată), C. Rogers (teoria fenomenologică), Frankl (abordarea holistă) şi alţii. Această perspectivă completează o constelaţie de concepţii şi optici privind personalitatea, reflectate într-o multitudine de curente sau teorii printre care remarcăm: teoria psihodinamică şi analitică (S. Freud, C. Jung, A. Adler); abordarea funcţională şi behavioristă (W. James, B.-F- Skinner, E. Thorndike, J. Dollard, N. Miller); abordarea structurală şi tipologică (R. Cattell, H. Eysenck, K. Leonhard, A. Liciko, W. Sheldon, E. Kretschmer); modele cognitive şi social-cognitive (E. Kelly, J. Atkinson, A. Bandura, W. Mischel).

Dacă pentru aceste tipuri din urmă abordări personalitatea este un obiect de studiu printre altele în cazul abordărilor existenţialiste sau umaniste personalitatea este principalul obiect de studiu şi, în unele cazuri, chiar paradigma, raţiunea de a fi a acestora. De regulă abordările umaniste percep, explică şi descriu personalitatea ca fiinţă şi nu ca structură, ca entitate şi nu ca profil/calitate, sau sistem de trăsături. Pe de o parte, descriu limitele, angoasele fiinţei umane singulare şi personalităţii, pe de altă parte descriu personalitatea ca rezervor inepuizabil de optimism, speranţă, sursă de auto-actualizare permanentă, de adaptare şi integrare socială (C. Rogers, 2008).

Abraham Maslow spune, în lucrarea "Toward a Psychology of Being" (1968) că o adevărată psihologie umanistă trebuie să fie o psihologie a fiinţei. El se distanţează de abordările nomotetice, precum şi de cele abisale, care nu surprind adevărul, autenticitatea fiinţei umane individuale, determinate, unice, desconsiderând capacitatea subiectului de autodepăşire şi auto-realizare. Maslaw afirmă faptul că orice om normal din punct de vedere psihic, are capacitatea înnăscută de a se dezvolta normal, de a se împlini social şi profesional, prin formarea unei personalităţi care să facă posibile aceste lucruri, prin auto-actualizare.

V. Frankl (2009) explică capacitatea unică, miraculoasă, a personalităţii umane de emancipare şi adaptare socială prin existenţa unui nucleu personal, „fiinţe" noetice/spirituale, care se construieşte ontogenetic din experienţele şi trăirile cotidiene sublime ale persoanei. Astfel personalitatea reprezintă în sine o resursă inepuizabilă de dezvoltare personală şi fericire. Frankl abordează personalitatea în cadrele unui existenţialism de tip spiritualist promovând simultan necesitatea raportării la valori dar şi la condiţia particulară unică, prozaică, a persoanei.

Teoria umanistă a personalităţii se impune şi diferenţiază de alte abordări printr-o serie de aspecte, precum:

- focalizare semnificativă pe studiului Eului şi individualităţii personale (M. Zlate 2002);
- Terminologie cu accentuate note ontologic-existenţialiste;
- Caracterul unic, particular, singular al personalităţii;
- Raportare critic-constructivă la alte tipuri de teorii/orientări;
- Deschiderea spre modele din literatură, artă, antropologie, religie, mitologie, cultura orientală;
- Personalitatea ca sursă de autodezvoltare şi dezvoltare personală;
- Autoactualizarea ca mod esenţial de manifestare şi creştere personală;
- Idea de totalitate, integralitate, unitate şi stabilitate - abordare holistă (Frankl, 2009);
- Libertatea de decizie, responsabilitate personală;;
- Alternativa angoasei existenţiale, nefericirii, dezadaptării, chiar sinuciderii;
- Depozit şi izvor de spiritualitate, dezvoltare morală şi sensibilitate estetică;
- Resort de fericire, eficienţă şi împlinire personală;
- Accent pe trăiri şi experienţă internă subiectivă mai mult decât pe comportament şi activitate;
- Compatibilitatea şi congruenţa dintre diferite niveluri şi sfere ale personalităţii precum şi dintre personalitate şi mediul de viaţă, acesta fiind şi obiectivul fundamental în terapia umanistă a personalităţii (C. Rogers, 2008).

În prezent majoritatea definiţiilor psihologice ale personalităţii se fac în termenii şi paradigmei umaniste. Cu toate acestea, prin natura orientării perspectiva umanistă nu reflectă decât unele laturi sau dimensiuni a ceea ce se numeşte îndeobşte personalitate. Fără îndoială realitatea personalităţii este mult mai mult decât o definesc sau descriu toate teoriile şi paradigmele, fie că ne referim la aceasta ca sistem de trăsături, fie ca fiinţă, de aceea orice abordare sau nouă teorie este binevenită.

3. O teorie/ paradigmă ontologic-umanistă a personalităţii

Din chiar primele zile în care m-am angajat într-o instituţie de asistenţă socială am rămas neplăcut surprins de preocuparea excesivă şi accentul care se pune pe latura instrumental-comportamentală a personalităţii şi problemelor pe care le au clienţii şi de interesul minor pentru sufletul, latura spirituală, empatică, subiectivă, afectivă a acestora. Observând că de fapt adevăratele probleme ale copiilor din sistemul de protecţie, cu care lucram mai mult, sunt de ordin afectiv, sufletesc aş spune, am început căutările pentru identificarea unor teorii şi paradigme, în literatura română şi străină, care să-mi confere cadrul teoretic şi metodologic pentru un alt tip de abordare a relaţiei cu copilul, în care accentul să cadă nu atât pe latura comportamentală şi direct experimentabilă ci pe resorturi şi funcţii intime, originare, sufleteşti, autentice, afective ale copilului. M-a interesat în special găsirea unui model de formare, creştere şi dezvoltare a acestuia astfel încât să pot cunoaşte copiii, în funcţie de vârstă, şi din aceste puncte de vedere, care cred eu, sunt foarte importante şi relevante pentru specificul problemelor pe care le are această categorie de copii.

Am rămas profund dezamăgit, paradigmele şi teoriile pe care le cunoşteam şi pe care le-am identificat nu s-au apropiat deloc de scopul căutărilor. De fapt neajunsurile vin, probabil, dintr-o concepţie/abordare destul de restrictivă cu privire la definiţia psihicului, care în accepţiunea academică consacrată exclude sufletul, fiinţa, Eul endemic, descriind funcţionarea psihică şi personalitatea mai degrabă în termeni cibernetici (neuro-psihologie), explicând dezvoltarea şi existenţa psihicului uman aproape exclusiv în temeni (legi) fizici sau cognitivi-operaţionali, eventuali biologici (vezi neuro-psihologia emoţiei), lăsând la o parte un termen folosit de toată lumea, de toate civilizaţii şi culturile, în toate timpurile, pe care îl simte ca făcând parte din fiinţa sau orice om, dar pe care, iată, ştiinţa îl neglijează sau marginalizează: *sufletul.*

Această stare de lucruri are efecte nefaste asupra activităţii lucrătorilor din domeniul asistenţei sociale şi altor domenii conexe, în special asupra activităţii de protecţie şi educaţie a copilului instituţionalizat. Marea lor problemă nu o constituie nici retardul de dezvoltare cognitivă, nici experienţele sexuale reprimate din debutul copilăriei ci *sufletul lor distrus de circumstanţe sociale şi instituţionale nefavorabile, inclusiv cele din sistemul de protecţie instituţionalizat, precum şi hiper-dezvoltarea formaţiunilor fobic-depresive, instituirii nefericirii ca stare dominantă - surse ale dezvoltărilor carenţiale de personalitate, a eşecului social.* În condiţiile date am început să lucrez la un model ontogenetic propriu plecând de la următoarele principii şi obiective:

- folosirea tuturor teoriilor şi paradigmelor psihologice deja existente şi validate în practica şi literatură;
- deschiderea şi spre modelele filozofice, antropologice, sociologice, biologice, teologice, estetice, sociologice şi mistice;
- ţinta dezvoltării ontogenetice nu o constituie doar formarea intelectului şi personalităţii ci şi a sufletului şi persoanei ca unitate, întreg, existent şi funcţional;
- construirea unui model de creştere şi dezvoltare coerent, funcţional şi aplicabil concentrat însă pe latura umană, empatică, ontică, sufletească a persoanei;
- ontosul personal înlocuieşte organismul ca fundament al personalităţii şi ansamblului personal, iar experienţele subiective asimilate în formaţiuni specifice înlocuieşte mediul (fără a le diminua din rolul specific în ontogeneză);
- introducerea, cu toate riscurile previzibile, a unor noi termeni, sintagme, încă neconsacrate în literatură şi a unor noi principii de formare şi dezvoltare ontogenetică (transmergenţa, telegenţa, conmergenţa, promergenţa, dismergenţa, ontos personal, onto-formaţiune etc).

Teza fundamentală a acestei teorii este aceea că scopul ontogenezei îl reprezintă constituirea persoanei şi nu doar a personalităţii, nu vom vorbi de o psihologie genetică ci, în consecinţă, de *personologie genetică*, scopul acestui proces nu îl reprezintă doar dezvoltarea psihică/intelectuală şi formarea personalităţii ci şi a sufletului şi altor onto-formaţiuni personale.

Constituirea onto-persoanei şi personalităţii este produsul unor *formatizări* succesive şi concomitente, adică de formare/instituire de onto-formaţiuni holistice personale. Cele mai importante dintre aceste formaţiuni sunt, nu neapărat în ordinea apariţiei: *formaţiunea onto-hedonică, formaţiunea onto-fobică, formaţiunea onto-noetică, formaţiunea onto-afectivă (sufletul) şi formaţiunea onto-proiectivă (formaţiunea fericirii/depresivă, formaţiunea ludică, formaţiunea spirituală, formaţiunea estetică, formaţiunea mistică).* Numărul lor poate fi nelimitat, pe orizontală şi verticală. Acestea sunt componente a ceea ce, am putea denumi, *bază psihologic-ontică a persoanei.* Pe suportul şi în contextul acestor formaţiuni se vor forma, ulterior sau concomitent: personalitatea, conştiinţa şi, în final, persoana (ansamblul personal) ca macro-formaţiune integratoare/adaptativă şi scop al ontogenezei umane individuale.

Fiecare formaţiune trece, până la constituire, prin următoarele stadii: *de contact, achiziţie, structurare şi constituire.* După constituire urmează *instituire*a onto-formaţiunii în ansamblul ontic-personal şi în final *endemizarea/ ontificarea* sa, adică înscrierea definitivă în constituţia psihologic-ontică a persoanei. Procesele pot depăşi uneori legile şi principiile „naturale", fizice cunoscute. Nu negăm rolul acestora, sunt necesare fenomenelor fizice, biologice şi psihice elementare dar considerăm că „spaţiul" uman subiectiv se formează, dezvoltă, funcţionează şi după principiile *emergenţei* şi altora subiacente acestuia: principiile *transmergenţei, telegenţei,i conmergenţei sau imergenţei.* Acestea răspund în primul rând nevoii fundamentale a omului pur şi simplu de *a fi* şi nu atât de a acţiona, după care se defineşte personalitatea în accepţiunile consacrate.

Transmergenţa reprezintă însuşirea şi capacitatea proceselor şi fenomenelor onto-subiective personale de a se desfăşura simultan, în „spaţiu", fără limitări şi bariere fizice, spaţiale şi de organizare. Concomitent în acelaşi spaţiu subiectiv-personal se pot constitui şi manifesta mai multe formaţiuni, indiferent de natura, stadiul sau nivelul la care se găsesc. Constituirea şi funcţionarea onto-formaţiunilor transced organizările şi formaţiunile deja constitute, le atrag şi antrenează în procesele de constituire şi instituire a noilor formaţiuni, fără să le altereze. Gradul de liberate este foarte mare, numărul combinaţiilor şi facilităţilor de structurare şi „formatizare" este aproape nelimitat.

Telegenţa înseamnă cam acelaşi lucru, însă priveşte latura temporală a proceselor şi fenomenelor. În universul onto-personal experienţele şi trăirile nu au totdeauna un reper temporal determinat. Constituirea şi funcţionarea formaţiunilor se realizează fără bariere temporale, o experienţă de cu zece ani în urmă se poate actualiza şi integra uşor întro formaţiune în constituire, după cum o experienţă actuală poate redimensiona formaţiuni de mult înscrise în arhitectura psihologică a persoanei.

Telegenţa reprezintă şi calitatea proceselor onto-personale de a decurge în raport de un proiect şi nu de o necesitate contingentă. Omul este ceea ce doreşte şi tinde să fie nu numai ceea ce este în prezent. Prezentul este negat ca o insuficienţă sau neîmplinire. Procesele reflectă mai degrabă caracteristici ale proiectului decât ale situaţiei „obiective". *Imergenţa* reprezintă proprietatea personalităţii/ sufletului de a se auto-dezvolta din resurse şi cu mecanisme/ resorturi exclusiv proprii.

În concluzie, transmergenţa facilitează „formatizarea", experienţa şi trăirea liberă contingentă, logistică iar telegenţa pe cea istoric-proiectivă. *Conmergenţa* antrenează transmergenţa, telegenţa, imergenţa şi promergenţa şi reprezintă tendinţa formaţiunilor şi proceselor de a se organiza şi concentra „tematic" în formaţiuni, reflectând inerenţa unor funcţii, dincolo de orice limitări de ordin „logistic" sau temporal. Este proprietatea subiectiv-personală determinantă în procesul de onto-formatizare.

Precizăm faptul că în pofida terminologiei, în unele cazuri, cu accente filozofice/ metafizice sau mistice teoria noastră este concepută doar în cadrele ştiinţei, cu apel la filozofia, terminologia, cultura ştiinţifică şi psihologică consacrate, se bazează şi pe experienţa psiho-logică şi profesională personală. Nu contestă forma, orientarea actuală a psihologiei (psihologiei genetice), îi foloseşte limbajul, teoriile şi paradigmele, dar caută şi să adauge o nouă latură, adică suportul ontic-psihologic personal, subiectiv-individual, id-ul psihologic, ontosul personal, constituit ontogenetic, "FIINŢA", care credem noi lipseşte în momentul de faţă paradigmei de bază a psihologiei ca ştiinţă, chiar dacă prim ramuri precum psihologia pozitivă, umanistă, logoterapia, psihologia ecologică etc se fac progrese consemnabile în „reabilitarea" ei.

Modesta noastră ipoteză este şi o propunere de completare, o continuare a căutărilor temerare (ştiinţific-speculative), necesare în această ştiinţă, care este totuşi (în opinia noastră) încă la începuturile ei şi are nevoie de multe ipoteze. Această paradigmă (onto-personologie genetică, umanistă) poate fi sursă a multor reconsiderări şi inovaţii paradigmatice psihologice, psihogenetice, personologice şi aplicative.

Printre posibilele teme enumerăm: personologie genetică; dezvoltarea personală în perspectivă ontic-psihologică şi ontic-formativă; conceptul de onto-formaţiune personală; onto-formatizarea personală; teoria dezvoltării umane individuale - de la psiho-geneză la onto-geneză şi perso-geneză; personalitatea ca ansamblu structurat şi cronicizat de onto-balanţe şi ca mega-balanţă integrativă; sinele şi eul în abordare onto-personologică; structura şi dinamica personalităţii între teza psihanalitică şi ipoteza onto-personologică; psihologia personalităţii între teza inconştientului şi ipoteza ontosului psiho-personal; psihologia generală în abordare onto-psihologică şi perso-genetică; conceptul de ontos (onto-formaţiune) psiho-personal; ontosul endemic; ontosul hedonic; onto-formaţiunea fobică; subiectul onto-personal; sinele onto-psihologic; ontosul afectiv; ontosul noetic; ontosul proiectiv; psihologia sufletului; geneza onto-proiectivă a personalităţii; onto-personologie socială; psihologia fericirii autentice; aplicaţii ale paradigmei în ştiinţă şi viaţa socială, cu deosebire în psihoterapie, psihiatrie, şi asistenţă socială.

3.1. Funcția crucială, generativă a trăirii ontice

Constituirea personalității nu este posibilă fără existența unui fenomen/proces psihic/ontic miraculos: trăirea. Dar ce este trăirea? În primul rând este o modalitate de existență superioară subiectivă emergentă, cu atributul continuității dar și al discontinuității, care încorporează simultan viețuirea (continuitatea) și manifestările biologic-psihologice circumstanțiale (discontinuitatea) dar se exprimă psihic, în natura sa specifică, prin semnificarea, valorizarea viețuirii, simțirii, stării ca ansamblu de senzații relative la realitatea internă și externă a subiectului. Esențiale nu sunt caracteristicile „obiective" ale mediului social ci doar modul în care acesta este resimțit ca nișă în percepția experiențială a subiectului. Literatura de specialitate definește trăirea psihică ca „stare subiectivă resimțită și (sau) conștientă, fenomen elementar al vieții subiective, mod de a fi al psihismului ce reprezintă o formă superioară a vieții și păstrează ceva din caracterul ei procesual" (P.P. Neveanu, 1978, p. 460).

Copilul se naște cu capacitatea naturală de a resimți caracteristicile mediului prin senzații, unele de durere, disconfort și altele care reinstaurează starea de echilibru. Capacitatea organismului și creierului de a reține aceste experiențe va determina conduitele de căutare sau de evitare a unor experiențe similare. Efortul de căutare va dezvolta capacitățile mentale și de stocare/asimilare a experiențelor. Experiențele repetate vor lăsa urme, constituindu-se în sub-formațiuni specifice. Activarea acestora, în prezența sau lipsa stimulului (evocat sau anticipat) prin semnificare subiectivă reprezintă, de fapt, primele trăiri, este adevărat, rudimentare. Am cădea în formalism și idealism steril dacă nu am preciza că toate aceste procese și manifestări se desfășoară, cel puțin în fazele inițiale, prin structuri și mecanisme preponderent biologice. Concursul formațiunilor și mecanismelor mintale este, de asemenea, necesar. Formațiunile realizate ca efect al internalizării unor experiențe repetate, au drept suport montaje, scheme, cristalizări ale unor relații și structuri funcționale și reactive înnăscute sau dobândite. O dată instalate aceste montaje bio-psihice, operează ca servo-mecanisme însă cu o tendință accentuată de autonomizare, autoreglaj și auto-funcționare. Angrenarea și coagularea acestora în montaje mai complexe și mai cuprinzătoare, după cum și reorganizarea lor, constituie cadrele biologice ale apariției sufletului și personalității.

Literatura de specialitate prezintă suficiente modele explicative cu privire la neuro-psihologia trăirilor afective. Credem că cititorii noștri au cunoștințele referitoare la acestea. Am dori doar să subliniem faptul că nu intenționăm să descriem acest domeniu, atât de important al psihologiei persoanei, afectivitatea, prin explicații de tip metafizic, speculativ ci dimpotrivă considerăm că, de exemplu, sufletul, ca expresie psihologică superioară a internalizării trăirilor socio-afective, este o formațiune trans-fenomenală, holistică și emergentă dar structurată cu concursul tuturor etajelor persoanei, de la chimia celulară până la zonele sublime ale conștiinței și imaginației creatoare. Pentru că sufletul ca formațiune constituită, funcțională și „ontificată" este rezultatul unui proces ontogenetic îndelungat și privește, în fazele inițiale, constituirea formațiunilor afective primare, legate de manifestările biologice, hedonice și fobice, cu care debutează inerent procesul ancestral și sublim de personalizare.

Un salt esențial, în ontogeneza trăirii socio-afective, îl constituie trecerea de la organizarea afectivă senzorial-obiectuală, de natură biologică și hedonică la organizarea experiențelor relative la persoane. Abia de la acest nivel se poate vorbi de trăire afectivă autentică în ordinea persoanei. Celălalt este perceput în funcție de experiențe anterioare, stare de moment, interese sau alți factori, răufăcători sau bine-făcători. Dar repetarea acestor experiențe de contact și relaționare, așa cum am precizat, va determina o instalare a celuilalt în ordinea sinelui, nu ca persoană reală, în sine, ci ca o reprezentare ontică a dorinței, lipsei, care în timp va reprezenta temeiul constituirii sufletului ca formațiune. Celălalt este însă în unele cazuri concurent sau dușman, potențial ostil sau periculos, afectând homeostazia subiectului, stimulând formațiunea fobică.

O dată cu avansarea procesului de apariție a celor două formațiuni, pe care le vom prezenta mai încolo, sufletul și formațiunea fobic-depresivă, precum și a personalității sau conștiinței se accentuează tendințele de polarizare a trăirilor, dar și de specializare, semnificare, valorizare. Acestea nu vor mai fi simple manifestări neuro-vegetative, organice, endocrine, fiziologice ci vor angaja funcții psihice superioare. Ele (trăirile) exprimă, de această dată, sentimente, pasiuni sau atitudini relative la celălalt nu ca subiect individual, ființă în sine sau situație determinată ci, prin facilitatea abstractizării, generalizării și simbolizării, ca entități reprezentative pentru categorii de persoane, situații, obiecte, valori. Sfera trăirilor se va lărgi și redimensiona, depășind individualul, personalul, celălalt determinat, raportându-le, de această dată, la zone existențiale abstracte, universale sau simbolice ca grupul social, arta, societatea, istoria, filozofia, religia etc.

O dată cu înaintarea în vârstă, maturizarea bio-psihologică și structurarea onto-formativă a persoanei în ordinea relativ proiectată (superioară) se observă tendința de a-temporalizare. Existența internă a subiectului tinde să se rupă de contingent, de realitate, de situație. Se constituie un fond, o stare, o structură „trăiristă" relativ constantă, puțin influențată/influențabilă de dinamica relațiilor cu mediul. Aceasta este compusă de conținuturile asimilate în formațiuni, dar nu se identifică cu ele. Ca trăiri holistice transced formațiunile și se înscriu în cadrul mai lard de existență ca persoană unitară, reactivă și unică. O dată cu impunerea conștiinței și dezvoltarea funcției voinței subiectul capătă capacitatea relativă de a-și controla, ghida și manipula trăirile. Este debutul unor procese de superizare care va putea duce și la o dihotomizare nevrotică prim mecanismele inhibiției și refulării ori de sublimare prin integrarea trăirilor în constructe de personalitate „creative".

Trăirile sunt mini-formațiuni temporale interconectate limitate la relațiile și raporturile contingente cu mediul intern sau extern, spre deosebire de formațiunile sufletești și de personalitate de care ne vom ocupa mai încolo, care sunt entități. Dacă formațiunile propriu-zise, în urma instituirii, sunt permanente, fundamente ale persoanei, structuri relativ constante și cristalizate trăirile sunt efemere, conținut al primelor, manifestări, exteriorizări existențiale, le alimentează și determină. În lipsa trăirilor sufletul și personalitatea și, în general, edificiul personal, s-ar surpa din interior, putându-se ajunge la entropie, dezorganizare. Efemeritatea lor este o necesitate deoarece natura și menirea lor reflectă variațiile raporturilor cu mediul și cu celălalt și variațiile raporturilor și schimburilor inter-personale, precum și dinamicile interne.

Trăirile pot fi descrise prin durată, intensitate, semnificație, sens sau alte caracteristici, dar nota esențială o reprezintă dinamismul și adaptabilitatea. Ceea ce însemnă că viața noastră subiectivă este o succesiune de trăiri doar prezența subiectului psihologic, sufletului și conștiinței, ne oferă senzația continuității, permanenței, eternității, indestructibilității, unității. În acest context vom denumi trăiri socio-afective acele procese interne subiective, neurovegetative, psihice sau spirituale aferente experiențelor de relaționarea specifică cu mediul socio-uman, cu personalele, cu grupurile.

3.2. Premisele ontologice ale ființei/ sufletului: organismul, mintea, subiectul, celălalt

Ființa persoanei, sufletul, nu este un dat ci se construiește ontogenetic individual în contextul unor „daturi". Credem că acestea sunt organismul, mintea, subiectul și mediul/celălalt.

Organismul omenesc este „setat" filogenetic pentru formarea sufletului. Prin morfologie sau fiziologie sunt favorizate două mari procese constituționale: *hedonismul și frica.* Aferente acestora funcționează aparate și sisteme organice foarte complexe, în primul rând sistemele: cardiovascular, respirator, endocrin și nervos. Paralel cu formarea ontogenetică a sufletului subsisteme sau elemente ale acestora se combină în cele mai sofisticate moduri. Desigur, sufletul este un edificiu mai mult spiritual decât biologic, personalitatea și conștiința nu decurg mecanic din activitatea cerebrală. Esențiale nu sunt procesele biologice care au loc consecutiv manifestărilor personale ci semnificația subiectivă a conținuturilor și trăirilor. Organizarea acestora pe matricea funcțională a organismului și în special a creierului uman este însă necesară - din această joncțiune se nasc formațiuni, structuri, sisteme situate la granița dintre fizic și metafizic, dintre materia amorfă și trăirea sublimă, într-o dinamică ontogenetică cu valențe ancestrale.

Memoria, fiind o însușire, capacitate care depășește cu mult cadrele ființei umane se impune ca un primat al (dezvoltării intelectuale și personale) în general deoarece numai capacitatea subiectului, organismului, creierului de a fixa, stoca și reactualiza informația sau trăirea poate asigura formarea și dezvoltarea celorlalte formațiuni inclusiv a sufletului. Retenția imaginii obiectului (a figurii materne, de exemplu), favorizează interiorizarea și asimilarea, constituirea primelor reprezentări, scheme senzorio-motorii formațiuni noetice, afective sau spirituale. Produsele superioare ale activității mnezice, să le spunem conținuturi *noetice,* care au depășit fazele de procesare, semnificare și interpretare, fiind asimilate ca adevăruri intră în ansambluri de conținuturi grupate după criterii de semnificație subiectivă sau obiectivă care se organizează în micro-formațiuni cu dinamici autonome. Aceste micro-formațiuni noetice sunt niște mici lumi, reprezentări mult deformate, personalizate, similare, oarecum cu constructele personale ale lui G. Kelly, cu deosebirea că ele sunt entități profunde mintale/spirituale și nu condiționate de activismul social al persoanei. Aceste entități intră în conexiune, formând ansambluri și formațiuni tot mai complexe.

Universul noetic constituit se poate disocia, în parte, de activitățile mintale și personale curente, intrând în procese autonome de organizare, structurare, evoluție, după legități sau principii de genul emergenței sau imergenței. Conținuturile acestor formațiuni, dorim să întărim această precizare, nu îl formează reprezentările senzoriale, noțiunile, conceptele, ideile, teoriile ci „universurile" ontice noetic-subiective, adică semnificațiile ontice asimilate de către subiect ca trăiri epistemice sau afective sublime. Aceste conținuturi nu depind de legitățile obiective ale entităților similare din realitate decât parțial, gradul de obiectivitate fiind determinat de nivelul de informare și de realismul gnostic al subiectului.

Interacțiunea ontică dintre funcțiile organismului și funcțiile mintale (noetice) determină apariția ontogenetică a *subiectului ontic*. Formarea și instituirea subiectului ontic este un proces stadial, complex și multidimensional. Acesta permanentizează relația dintre nevoie și obiectul care o satisface. Odată cu instituirea și funcționarea subiectului scade rolul instinctelor în determinarea conduitelor; necesitatea, stringența existențială, absolută a acestora este preluată/atenuată de subiect. Rolul acestuia nu mai este doar acela de a căuta plăcere pentru a alimenta *ontosul hedonic* ci și conservarea, supraviețuirea, sentimentul continuității..

Construcția celei mai mari părți a subiectului în câmpul mintal determină o sporită ipostaziere a acestuia în imaginar. Tendința de a se disloca de mecanismele interne ale organismului și de procurare a siguranței sau plăcerii determină orientarea spre reprezentări, simboluri, fantezii, ficțiuni, obiecte ipotetice care pot oferi satisfacerea acestor obiective. Creșterea capacității de control al relațiilor cu aceste „obiecte" favorizează ruptura de obiectele reale, directe, nemijlocite, materiale dar și de senzațiile, trăirile pozitive sau negative. Această ruptură este de fapt o delimitare de contingent, de instinct, de organism și de mediu, o auto-instituire, o tendință (greu finalizabilă) de auto-ființare. Este sursa fundamentală a autonomiei personale, a delimitării și opoziție față de mediu și celălalt, a individualizării și în final, a constituirii sufletului sau al personalizării, ca proces ontogenetic. Se instituie astfel relația specială a subiectului cu celălalt. Prin simbolizare organismul, corpul devin instrumente care produc conduite în funcție de dinamicile interne și instinctuale subiective. Nu mediul fizic este obiectul de interes al subiectului ci evenimentul ca dis-temporalitate (temporalitatea este condiția instinctului) sau ca ansamblu de întâmplări cu semnificație onto-subiectivă (hedonică, fobică sau epistemică).

Doar prin autonomizarea și individualizarea impusă de instituirea subiectului ontic este posibilă recunoașterea semnificației ontice (singulare) a *celuilalt, celuilalt semnificativ*. În funcția și procesul constituirii sufletului celălalt semnificativ (persoane, obiecte, locuri, habitus-uri, valori) are o semnificație constituțională. Celălalt, cel mai important, este propria ființă, propriul eu auto-perceput cognitiv sau senzitiv. Asimilarea experiențială a sinelui auto-perceput ontogenetic determină constituirea *sufletului endemic*, asimilarea ontic-subiectivă a experiențelor relative la persoanele, locurile sau situațiile semnificative pentru subiect, prin interacțiune directă determină constituirea *sufletului afectiv*, în timp ce asimilarea experiențelor relative la valori și entități ideale, proiective conduce la formarea și instituirea *sufletului proiectiv-spiritual*.

3.3. Personalitatea (sfera) onto-endemică

Procesul de constituire a personalității, în paradigma noastră, ontologic-umanistă, debutează cu constituirea unei onto-formațiuni bazale, pe care în mod convențional o vom numi personalitate onto-endemică.

Orice element face sau tinde să facă parte dintr-un sistem, după cum orice trăire este aferentă sau tinde să contribuie la constituirea unei formațiuni organice sau ontic-spirituale. Tendința de organizare ontică în formațiuni a trăirilor este legică și obiectivă. Toate lucrurile sau procesele din natură, societate sau spirit sunt aferente unor sisteme, ori tind să conducă la apariția unora. Asta este și explicația științifică a formării personalității ontice (sufletului). Personalitatea endemică (sufletul endemic) se constituie prin asimilarea și organizarea în onto-formațiuni a trăirilor și experiențelor senzitive, afective sau cognitive relative la sine.

Desigur, vor fi reținute cu prioritate cele semnificative în ontologia subiectului. Cele pozitive, reconfortante, funcționale, detensionante, euforice se organizează în formațiunea hedonică, iar cele care provin din stările de frică, teamă, angoasă, disconfort în formațiunea fobică. Cele două formațiuni nu sunt aprioric opuse, fiind aferente unor funcții distincte, dar nici nu se constituie sau funcționează autonom ci ca un mecanism/resort existențial fundamental al persoanei, cu rol crucial în adaptarea și dezvoltarea psihică/personală, în formarea sufletului și personalității.

Constituirea onto-formațiunii hedonice este fundamental legată de fenomenul bio-psihic numit trebuință. Trebuința, care reflectă lipsa, este resimțită ca o tensiune disconfortantă de către organism sau subiect cu atât mai mult cu cât momentul până la care este satisfăcută este mai îndepărtat. După repetarea multor asemenea experiențe disconfortante, are loc un proces de interiorizare, permanentizare, generalizare, „ontificare" a stării de trebuință și tensiune. Starea de anxietate, durere, tensiune dispare aproape instantaneu odată cu satisfacerea trebuinței. Repetarea experienței determină sistemul psihic să rețină condițiile care au favorizat-o și să generalizeze caracteristicile. Starea în sine de confort creată de detensionare este și ea localizată, reținută, asimilată. Dezvoltarea mintală ontogenetică stimulează procesul de retenție și valorizare, identificare, caracterizare a stării de confort determinată de satisfacerea trebuinței.

Intervin procese psihice complexe, memoria, gândirea, limbajul, imaginația dar și procesele subiectivității, emoția, chiar voința. În concluzie, pentru supraviețuirea și funcționarea organismului, subiectului, identificarea condițiilor exterioare favorizante, dar mai ales localizarea, izolarea, identificarea internă a caracteristicilor „stării de bine" sunt procese absolut necesare. Starea de bine, libidoul, juisanța au tendința legică de a se auto-organiza. Rezultatul acestor procese se va concretiza în formarea și instituirea onto-formațiunii hedonice.

Funcția onto-fobică endemică a sufletului și personalității este asigurată de către onto-formațiunea fobică. Este produsul și reflectarea, în organizarea ontogenetică, a luptei subiectului pentru „a fi". Asta însemnă dreptul la timp, la cât mai mult timp, la resurse energetice interne, la controlul comportamentului, a mediului. Fiecare dintre aceste drepturi se obține printr-o dispută acerbă și se menține prin constituirea unui complex sistem de securitate.

Procesul se încheie în momentul în care subiectul controlează toate nivelurile organice, anorganice și personale. Dar este doar o tendință, deoarece acest lucru nu este niciodată cu putință; boala, de pildă, poate provoca moartea organismului, dar și a subiectului. De unde și angoasa paroxistică în fața morții (iminente, probabile, ipotetice, posibile). Soluția disperată, profitând și de atributul imaginației, este iluzia, nemurirea, eternizarea sau negarea, nerecunoașterea posibilității morții.

Fiecare ființă vie are încrustată în structura și resorturile profunde, ale organizării interne teama endemică de dezagregare, de pierdere a unității care tinde să anihileze ființa, eul, existența – entități onto-dependente, emergente. Însă pericolul nu este atribuit în totalitate imperfecțiunilor organizării interne ci și mediului, în limbajul psihologiei sociale sau psihanalizei, celuilalt. Aici este cazul să vorbim despre conceptul de agresiune.

Constituirea formațiunii fobice este un răspuns la virtuale sau reale agresiuni, și este un proces logic, necesar. În schimb, dezvoltarea ei excesivă este expresia unei stări de insecuritate acută sau generalizată. În general, de la cele mai elementare forme de viață, micro-celulare, până la mamifere, organismele sunt predestinate agresiunii mediului fizico-chimic dar și a celui socio-uman. Unele elemente ale mediului, de fapt cea mai mare parte, sunt percepute ca indiferente și deci neglijate. Altele ca binefăcătoare care demobilizează. Foarte multe, însă, sunt percepute ca agresiuni declanșând instinctual sau rațional (în cazul omului) reacții de răspuns, îndepărtare, agresiune sau reorganizare internă.

Modalitatea cea mai simplă de răspuns a organismului la agresiune este iritabilitatea, care se manifestă comportamental prin îndepărtarea mecanică de sursa agresivă. Dar organismele mai complexe și personalitatea funcționează cu mecanisme mai complexe de răspuns, prin organizări internalizate ale mecanismului stimul-răspuns, structuri bio-neuro-psihice care susțin afectele iar în cazul persoanei emoția, sentimentele, atitudinile, aptitudinile, concepțiile sau strategiile inteligente (conștiente), precum și prin organizări specifice, de pildă formațiunea fobică.

Dacă inițial această formațiune instituie stările de angoasă și nesiguranță permanentizând conduitele subiective de evitare a surselor de agresiune și evitare a conflictului, în procesul de formare a personalității funcția socio-fobică capătă un rol proactiv, necesitând organizare superioară specifică, adaptativă. Funcția internă esențială a formațiunii fobice este aceea de a determina formarea de gestalturi personale și tipare comportamentale care să evite alienarea, de-realizarea.

Rolul acestei nu se limitează la semnificarea situațională și reacția actuală la stimuli potențiali traumatizanți ci, fiind o componentă a personalității afective, devine un fundament al organizării generale ontogenetice a persoanei în scopul unei bune integrări, adaptări la mediu și împlinirii destinului personal. De aceea formațiunea fobică acționează ca un agent critic intern, un reglator al proceselor de organizare și structurare personală, îndeosebi în constituirea personalității psihologice.

Însă capacitatea subiectului de a-și construi mecanisme de securitate cu forțe proprii este limitată. Atât securitatea fizică cât și cea personală nu sunt depline niciodată. Familia, comunitatea, grupul preiau o parte din această sarcină. Mediul social oferă securitate atât direct, prin reguli, valori morale, legi, norme, protecţie etc dar şi prin educaţie. Procesul de construire a personalităţii stă, după cum vom vedea, sub semnul acumulărilor culturale, determinărilor sociale, etice, influenţelor şi practicilor educative. Securitatea personală este o dimensiune şi un atribut al organizării în grupuri, comunităţi a indivizilor umani. Acestea oferă modele, situaţii, status-uri, dar pentru care indivizii trebuie să se confrunte pentru a le obţine şi menţine. Dacă în primii ani de viaţă copilul beneficiază, de regulă, de securitate aproape deplină datorită grijii părinţilor cu timpul, treptat, este nevoit, prin voinţă, cunoaştere, educaţie şi conştiinţă să-şi sporească contribuţia proprie.

3.4. Personalitatea (sfera) onto-afectivă (socio-empatică)

Celălalt, mediul, habitatul domestic reprezintă sursele constituţionale ale formării personalităţii afective, însă constituirea acestei onto-formaţiuni este precedată de instituirea unor micro-formaţiuni afective centrate pe obiecte, circumstanţe sau persoane concrete. Odată instituite, acestea operează ca formaţiuni ontic-personale relativ autonome, fiind condiţionate de relaţii determinate, incidentale. Vor persista doar atâta timp cât persoanele sau obiectele respectiv se vor impune prin prezenţă sau importanţă pentru subiect. Unele dintre acestea, îndeosebi persoanele, capătă o semnificaţie existenţială, cum este mama, sau, după caz, alte persoane din micro-mediul originar al copilului. Aceste persoane au rol de „pivot" în travaliul de constituire a sufletului. Fizionomia, comportamentul, gestica etc vor reprezenta treptat surse de identificare şi dezvoltare. Însă nu acţiunea directă a lor ca obiecte sau reprezentări, entităţi cognitiv-senzoriale, operează ca factori formativi ci trăirile şi experienţele interne pe care le determină. Sursa de formare ontic-personală o reprezintă trăirile.

În procesul de formare ontogenetică sunt atrase şi cele două onto-formaţiuni constituţionale endemice: formaţiunea hedonică şi formaţiunea fobică. Acestea operează ca mecanism, „infrastructură", sau în balanţă. Chiar dacă formaţiunile afective sunt mult influenţate de constanţa relaţiilor cu mediul instituirea sufletului afectiv presupune, aşadar, constituirea şi dezvoltarea unor montaje, scheme, structuri generice, cu importante componente conative, fiziologice, cognitive şi voluntare. Odată sufletul afectiv constituit va funcţiona ca toate celelalte formaţiuni dar va avea nevoie de trăiri afective, în principal socio-afective, ca sursă a existenţei şi dezvoltării. Este interesant de reflectat asupra modului în care trăirile sunt asimilate de către suflet ca sursă a existenţei sale, după cum, după constituire, prin funcţionarea specifică în cadrul ansamblului personal sufletul este el însuşi producător de trăiri.

Deosebirea este aceea că înainte de instituirea sufletului ca formaţiune trăirile se realizau cu preponderenţă din manifestările emoţionale primare – plăcere, durere, emoţie – pe când, după ce sufletul se impune ca formaţiune psihologic-personală, trăirile antrenează persoana ca ansamblu şi se descriu prin montaje holistice de tipul sentimentelor, empatiei, pasiunilor exprimate în stări de sublimare, suspendare, alienare. Aceste trăiri „superioare" vor reprezenta la rândul lor resursă în procesul de consolidare ontică dar şi de dezvoltare şi sublimare psihologic-comportamentală generală.

Credem că feed-back-ul este unul dintre mecanismele cibernetice principale care determină atât consolidarea cât și dezvoltarea sau funcționarea acestei formațiuni în procesele generale de dezvoltare personală. Astfel că, în cazul unor categorii profesionale, ocupaționale, confesionale, sufletul devine forța internă, resursa ontică și personală fundamentală. Este și cazul celor mai mulți dintre artiști, oameni ai bisericii, psihologi, profesioniști sociali. Totuși, până a ajunge aceștia să-și exprime vocația în activități sau produse specifice parcursul perso-genetic trece prin apariția și instituirea altor formațiuni ca personalitatea și conștiința.

Instituirea personalității (sufletului) afective ca formațiune ontic-psihologică autonomă și structură holistă este o etapă importantă deoarece presupune instalarea în ansamblul psihologic al persoanei și creșterea gradului de autonomie al formațiunii. La acest nivel începe procesul de desprindere accentuată de referințe, de autonomizare accelerată. Persoana (copilul) începe să devină receptivă la valori și critic în raport de conduitele și atitudinile persoanelor apropiate. Sufletul începe să contribuie esențial, de aici, la constituirea și a celorlalte formațiuni, integratoare, precum personalitatea. Trecerea de la dependență, care este o relație în care primează obiectivele subiectului endemic, la fază în care primează scopurile celuilalt se realizează tot în acest stadiu, este momentul în care celălalt este reprezentat ca subiect dezirant și tot mai puțin ca obiect dezirabil.

Practic de aici se instituie Celălalt (în cadrul personalității) ca entitate psihică relativ autonomă și nu ca obiect care satisface unele trebuințe. Celălalt ca subiect dezirant, cu trebuințe, temeri, scopuri se ancorează adânc în structura ontică a persoanei, poate controla, prin mecanisme și strategii, preponderent involuntare, personalitatea și chiar conștiința. Persoana acceptă această situație, nu neapărat intenționat sau conștient deoarece Celălalt oferă conținut vieții interioare, trăiri și chiar securitate emoțională.

Această formațiune se instituie și își atinge ținta ontogenetică la maturitate, atunci când persoana devine responsabilă/dependentă de destinul/situația altor persoane, de creșterea, integrarea și realizarea lor socială/individuală. Operează în contextul proceselor interne complexe după ce personalitatea s-a instituit iar conștiința s-a constituit. În acest stadiu sufletul are un rol determinant în formarea credințelor și convingerilor și un rol crucial în determinarea orientării caracterului, atitudinilor și chiar intereselor sociale și profesionale.

În cazuri limită ruptura de concret și individual poate deveni aproape totală, persoana este receptivă la obiecte „ideale", valori, chiar creator – ca expresie supremă a „abstractizării" afective, sufletești. Interesele celuilalt „operează" nu direct în mecanica relațiilor inter-personale ci mijlocite de construcțiile superioare ale persoanei. Nu trebuie totuși să facem unele confuzii. Sufletul, în natura sa generică, se impune și instalează ca expresie a dorinței Celuilalt instituit iar aproape toate dezvoltările ulterioare respectă acest ordine. Dar, după cum am mai precizat, celălalt nu se reduce la persoane sau obiecte determinate, casa părintească, mama, de pildă, ci poate fi orice entitate, valoare etc care s-a impus în mediul de viața al oamenilor - cultura, istoria, știința, religia, comunitatea, societatea, arta – receptate atât fenomenal cât și categorial.

În perspectiva constituirii personalității socio-afective a copilului din familia substitut ne interesează și relația dintre procesul de formare a sufletului și dezvoltarea personală echilibrată și eficientă, în special în perspectiva autonomizării sociale, dezvoltării capacității de adaptare.

Caracteristicile sufletești determină empatia, compasiunea, iubirea, gustul estetic, atașamentul, vocația profesională, concepția față de lume, credința religioasă. În procesul de constituire, prin apariția sufletului, are loc umanizarea organismului, însuflețirea prin celălalt. În lipsa acestuia organismul ar deveni ceea ce cibernetica se străduiește să construiască, cu intenția de imita și reconstrui ființa umană, adică robot. Formarea și instituirea sufletului face ca organismul să devină om și nu robot, de aceea este atât de importantă creșterea copiilor în familie, în medii bazate pe atașament, afecțiune, respect pentru celălalt. Celălalt este sursa propriei dezvoltări.

Rolul sufletului în economia persoanei este de a resimți disfuncția celuilalt și de a determina acțiuni și competențe care să re-instituie binele, normalitatea, echilibrul, fie că este vorba despre celălalt extern sau de propria persoană, auto-monitorizată. Se poate vorbi de o structură a acestuia și de o specializare a unor componente, pe persoane, obiecte, animale, sau valori, dar, probabil, fiecare este susținut de un mecanism comun de percepție și reacție afectivă, un aparat format pe aproape toate nivelurile și prin aproape toate formațiunile personale, structurat și orientat specific. Așadar putem vorbi de un fond sufletesc comun, care încrustează tiparul relațional-afectiv ale ființei umane, o structură de fond personală, dar și de specializare în funcție de particularitățile biologice, psihologice individuale, sau ale mediului social ori profesional.

Iubirea, atașamentul și empatia sunt principalele „produse", creații, tipuri de manifestări ale sufletului. Termenul de iubire este folosit pentru tipuri variate de stări, sentimente și situații. În ontogeneza personală putem vorbi de o adevărată metamorfoză a simțirii. Dacă iubirea față de mamă, caracteristică perioadei de dinaintea constituirii sufletului ca formațiune, o putem mai degrabă explica ca fiind expresia unei dependențe hedonice și fobice primare, după cu am precizat, după constituire, în perioada de instituire, celălalt este căutat ca expresie a nevoii de constituire a eului, personalității exprimată, printre altele, în forma adolescentină a îndrăgostirii. Celălalt, de această dată, întrunește caracteristicile genetice ale persoanei ideale, constituită gradual în travaliile imaginativ-afective infantile. Procesul devine delicat deoarece se asociază tendințelor de identificare sexuală și socială și de constituire a sinelui. După cum și impulsurile de începere a vieții sexuale au un rol semnificativ.

Toate acestea fac ca, în această perioadă, iubirea să fie un fenomen hipercomplex care se extinde în întreg arealul personal-subiectiv, de la procesele biologice elementare până la proiecțiile hedonic-euforice și de realizare personală imaginativă. Se împletește iubirea caracteristică copilăriei, definită mai degrabă ca dependență hedonică, după cum am văzut, cu elemente ale iubirii altruiste, care se va institui la vârste mai înaintate. De această formă de iubire putem vorbi mai degrabă după ce persoana se dovedește disponibilă de a așeza scopurile celuilalt înaintea scopurilor proprii, nu din interes sau raționament ci din considerente empatice.

Acum am putea vorbi de instituirea sau chiar de asimilarea celuilalt. De regulă este vorba despre progenituri dar am putea vorbi şi despre iubirea de patrie, dăruirea pentru artă, ştiinţă, umanismul, iubirea pentru animale, locurile natale. Iubirea adultă ia forma grijii, empatiei, protecţiei şi ataşamentului. În acest din urmă caz Celălalt este profund instalat în personalitate, existenţa celuilalt(obiect). Unele persoane sunt dispuse chiar să-şi sacrifice propria viaţă pentru a asigura protecţia şi securitatea celui drag. Acest exemplu demonstrează rolul şi forţa extraordinară a sufletului afectiv.

În această accepţie fiecare persoană este o sumă virtuală de persoane şi entităţi. Dar prin facilitatea comunicării, minţii, limbajului, comunităţii, convieţuirii şi prin contribuţia mijlocitoare a sufletului se constituie şi defineşte ca un ansamblu mai mult sau mai mult unificat. Unificarea se realizează sub semnul intelectului, conştiinţei şi personalităţii, eului, dar cum acestea nu trec, de regulă de stadiul constituirii rămâne să concluzionăm că nota fundamentală a existenţei individuale personale interioare o reprezintă interacţiunea afectivă dintre subiect şi celălalt, în pofida etichetelor consacrate de genul „omul este o fiinţă raţională".

Structurile realizate de către personalitate reuşesc să impună „compromisuri" prin care să se satisfacă „interesele" subiectului dar şi ale celuilalt. Instituirea acestor compromisuri stă, în parte, la baza constituirii caracterului. La acest nivel sufletul a trecut de faza de constituire şi nu reprezintă principala „preocupare" a travaliului ontogenetic; el intră în faza de instituire unde se impune ca factor reglator între cele două tendinţe, aparent opuse, care angoasează de regulă adolescenţa, de formarea a eului şi de socializare - Eul în ordinea subiectului şi socializarea în ordinea Celuilalt.

Din perspectiva sufletului esenţială este prezenţa, securitatea şi fericirea celuilalt drag. Nu este un altruism total dezinteresat. Deoarece Celălalt instalat operează ca o entitate proprio-existenţială, intrând practic în constituţia personalităţii. Persoana definită ca o asimilare a hedonismului celuilalt se îmbogăţeşte ea însăşi, deoarece în lipsa experienţei ontice a Celuilalt pierde prilejul de a se umaniza. La naştere, „fiinţa" e în celălalt, corpul în sine nu este suficient pentru personalizare. Aceasta este calea prin care omul accede la experienţă socială, la cultură, istorie, practic asimilează întreaga evoluţie a comunităţii, prin contactul cu celălalt, cu mediul, cu valorile. Procesul este complex deoarece se realizează pe mai multe planuri, fizic, cognitiv, afectiv, voluntar, axiologic.

3.5. *Personalitatea (sfera) proiectiv-spirituală (spiritual-empatică)*

Este o construcţie ontogenetică, care se constituie şi instituie stadial, pe fondul acumulărilor şi dezvoltării psihologice generale, a experienţei socio-culturale particulare a persoanei şi a setărilor axiologice succesive, inerente convieţuirii organizaţionale. Reprezintă o formă superioară de organizare a personalităţii (holistice) dar se constituie, fără excepţie, la toate categoriile de persoane, fiind consubstanţială condiţiilor de organism, psihic, intelect, conştiinţă, comportament şi viaţă socială. Presupune constituirea graduală a unor onto-fomaţiuni (noetică, estetică, mistică, morală, ludică etc). Se formează cu precădere în zona proiectivă a personalității holistice și debutează cu procesul de constituire a onto-formațiunii noetice. În rândurile care urmează vom puncta principalele etape și caracteristici ale formării acestor formațiuni și a personalității spirituale ca ansamblu.

Între diferitele formațiuni componente ale personalității (sufletului) proiectiv-spirituale credem că sufletul mistic, ca sub-formațiune, are, onto-genetic, rolul cel mai important, chiar dacă, ne ferim, de regulă, să facem ierarhii. Sufletul mistic este „epicentrul" ontic al spiritualității persoanei și se descrie ca o formațiune care ontogenetic a asimilat tot ceea ce percepe și trăiește ca magic, anormal, metafizic, supranatural subiectul. Această formațiune se constituie în strânsă legătură cu formațiunile fobice, cu ipoteza morții, cu neființa. Este latura sa malefică. Există și o latura benefică, care se descrie prin raportare la bine, dezirabil, ideal. Legătura este, desigur, cu onto-formațiunea fericirii. Aici vorbim despre supranatural, mistica binelui, iubirea, îndrăgostirea, sfântul ca model și aspirație, raiul, fericirea fantastică.

Prin sufletul mistic experiențele și cunoștințele paranormale și supranaturale, metafizice, neadevărurile devin adevăruri personale, trăirile și experiențele sunt resimțite ca parte a existenței ancestrale, cosmice, absolute, personale. Acestea tind să reconstruiască persoana, iar în unele cazuri acest lucru se întâmplă nu în sens patologic ci dimpotrivă, construiește un altfel de normalitate, mai apropiată de persoana universală, autentică, ideală, „proiectată", a-contingentă. Pentru că, în dimensiunea „pozitivă" a misticii personale se înscriu coordonatele existenței umane autentice, ancestrale, cu perspectivă multimilenară, atemporală, divină, teleologică.

Procesul psihologic de constituire a onto-formațiunii spirituale generează nevoi de altă natură și factură decât cele pe care le impun onto-formațiunile endemice. Este vorba despre nevoi și dorințe mistice, estetice, ludice și gnostice. Ele sunt expresia existenței unor formațiuni onto-proiective, reamintim, precum: sufletul ludic, sufletul estetic, sufletul mistic, chiar a sufletului etic sau gnostic. Această din urmă formațiune are multe asemănări și legături cu formațiunea noetică. Ceea ce le diferențiază este faptul că acesta din urmă este o organizare a ideilor în sine, o lume obiectivă, logică, intrinsecă, cognitivă, auto-suficientă în timp ce sufletul gnostic este impregnat subiectiv și afectiv și determină nevoia superioară a subiectului de căuta gnoze care produc satisfacție personală. În timp ce pentru formațiunea noetică nevoia fundamentală este de adevăr, în cazul sufletului gnostic se impune nevoia de cunoaștere propriu-zisă, de informație. Ambele tipuri de nevoi sunt foarte intense la oamenii de știință, filozofi etc, dar mai puțin semnificative la oamenii obișnuiți. Pare paradoxal, dar și aceste nevoi, „intelectuale", vor facilita, organizarea superioară ca suflet, cu trăsăturile caracteristice acestuia: generalitate, esențialitate, concentrare, intensitate, subiectivitate.

Între cei doi poli, sufletul mistic și cel gnostic, se descriu: sufletul ludic și cel estetic. Desigur fiecare dintre aceste formațiuni va trece prin fazele de acumulare și constituire; forma de suflet, pe care o capătă, este determinată de caracterul preponderent proactiv, dar dublat și de o latură semnificativă ontică și subiectivă. Este interacțiunea sublimă, superioară dintre organism și mediu, mediul uman – social, cultural, mistic, istoric, ancestral, spiritual. Aceste caracteristici impun constituirea unei entități existențiale/experiențiale detașate de contingent, atât temporal cât şi spaţial. Impune ruptura de endemic şi crearea unui univers interior liber, autosuficient într-o anumită măsură, constituirea unei lumi "virtuale" dar corespondentă cu realul, înţeles mai mult ca sursă şi mai puţin ca determinare.

Una dintre caracteristicile acestei noi ordini o constituie spiritul ludic, care impune nevoia persoanei de libertate, divertisment, ironie în faţa limitelor existenţei, contingenţei, detaşare. Personalitatea va reflecta, într-o dimensiune a ei, acest spirit, fiind condiţie a acţiunii sociale, culturale, morale dar şi a creativităţii, raportării libere la necesităţile, legităţile obiective. Mediul şi sursa sufletului ludic este o altă lume decât cea reală, configurată cu elemente şi legităţi ale acesteia dar aşezată într-o ordine inerent contestabilă. Spiritul ludic luminează şi fluidizează căile de comunicare internă şi cu mediul, dă persoanei confort şi senzaţia existenţei autentice, concordante cu sine, cu sinele liber, spiritual.

Din spiritul liber se alimentează şi procesul de formare a sufletului estetic. De fapt, este destul de greu de realizat distincţia clară dintre cele două formaţiuni onto-personale proiective. Totuşi sufletul estetic se raportează la valori consacrate istoric-cultural, impuse de către societate, asimilate subiectiv de către persoană.

Pe noi ne interesează, dincolo de aspectele sociale, culturale, istorice, axiologice organizarea individuală, deci ca suflet a acestor valori. Se poate afirma că prin impunerea valorilor, drept comandamente sociale, ontosul ludic se mai disciplinează, permiţând organizarea în structuri de personalitate şi conduite personale. Nevoia estetică astfel instituită emite dorinţe care caută armonia, echilibrul, ritmul dar şi conflictul, tragedia – totul sub semnul frumosului ca ideal estetic. Muzica, pictura, sculptura, arhitectura, poezia sunt medii şi surse ale sufletului estetic. Dar ar fi simplist să considerăm că sufletul estetic, frumosul ar fi nişte lumi în sine. Ele se relevă în contextul general al manifestării ataşamentului faţă de adevăr (cunoaştere), nemurire sau bine (se poate vorbi şi despre un suflet moral). Toate aceste formaţiuni, respectiv sufletul mistic, ludic, estetic, gnostic, moral şi altele, întregesc şi tind să definitiveze definiţia integrală a sufletului în perspectivă personal-ontică. Acesta, împreună cu formaţiunea fericirii constituie conţinutul personalităţii spirituale, care va tinde să se instituie ca fiind ceva mai mult decât însumarea dinamică a elementelor enumerate.

Trebuie să înţelegem rolul onto-formaţiunii spirituale în perspectiva genezei personale, ca tendinţă spre sublim şi umanizare. Deci, dincolo de aspectul structural, organizatoric se distinge latura dinamică, pro-activă şi funcţională, factor esenţial al dezvoltării personale. Se poate vorbi atât despre o funcţie mistică a acestuia, o funcţie estetică, ludică, gnostică şi morală, precum şi de una spirituală, ca emergenţă a acestora. Ajungem la legătura dintre funcţie şi fiinţă şi deducem faptul că în procesul de constituire şi instituire a personalităţii spirituale are loc şi constituirea "fiinţei" spirituale a persoanei.

În travaliul general de personalizare prin apariţia onto-formaţiunii spirituale, a sufletului spiritual, are loc şi un proces subtil, sublim şi complex de spiritualizare, cu influenţă esenţială prin feed-back, asupra self-personalităţii, personalităţii sociale şi vieţii sociale. Efectul este acela că, individul face saltul de la psihic şi personalitate la persoană şi de la animal la fiinţă umană, în definiţia consacrată antropologic şi cultural în multe zeci de mii de ani: preistorie, istorie şi civilizaţie. Spiritualizarea presupune desprinderea (relativă) de natură, materia brută şi tehnică şi ancorarea în magia ideilor, a metaforei ludice şi estetice. Presupune valorificarea inepuizabilelor resurse oferite de creaţia umană istorică, de cultură şi religie.

Conferă omului o capacitate unică: creativitatea Acestea aduc satisfacţii mult mai intense, autentice şi sublime, cu investiţii şi eforturi minime, în comparaţie cu investiţiile care trebuiesc făcute pentru obţinerea de satisfacţie şi fericire prin bunăstare materială. Sunt, în consecinţă resursă inepuizabilă şi în activitatea serviciilor de asistenţă socială

4. Funcţia adaptativă a personalităţii

4.1. Personalitatea empatică şi dezvoltarea personală /umană

Utilizăm în mod convenţional sintagma personalitate empatică pentru a desemna acea structură, organizare, gestalt-formaţiune a personalităţii care predispune persoana la „simţirea" şi înţelegerea Celuilalt. Celălalt reprezentând persoane, obiecte, situaţii, valori, sau toate împreună reunite în conceptul generic de umanitate sau valoare umană, spiritualitate. Prin asimilarea ontogenetică a Celuilalt organismul/subiectul devine Om şi dobândeşte competenţele necesare. Nu avem în vedere competenţele practice, inteligenţa sau deprinderile ci fondul ontic-cultural, încrustat în fiinţa persoanei. Acest fond ontic-cultural o abilitează pentru interacţiune personală/umană şi integrare şi adaptare socială.

Raportându-ne la teoria noastră a personalităţii, pe care am schiţat-o mai sus, vom putea caracteriza o persoană în funcţie de ponderea unei sau alteia dintre formaţiunile ontice constituite în ansamblul/ economia globală a personalităţii. Fără îndoială că o persoană la care domină personalitatea proiectiv-spirituală are o capacitate empatică mai mare decât o persoană la care domină personalitatea endemică. În acest sens vom lega procesul de formare şi dezvoltare personală/culturală/socială de nivelul pe care îl atinge în constituirea personalităţii empatice. În perspectivă umanist-ontologică acest aspect îl urmărim, chiar dacă conceptul de dezvoltare personală este mult mai complex, cuprinzând şi aspecte instrumental-comportamentale (J. Clemmer, 2006).

4.2. Unitatea şi congruenţa personalităţii. Fericirea şi adaptarea/ dezadaptarea socială

Conform principiului ontologic al *unităţii* fiinţă – existent – existenţă relaţia dintre sufletul (personalitatea) endemic, suflet afectiv şi suflet spiritual va tinde spre unitate chiar dacă sufletul endemic, cât şi cel afectiv sau cel spiritual sunt ele însele din punct de vedere ontologic unicităţi şi singularităţi existenţiale. La fel stau lucrurile în ceea ce priveşte relaţia dintre suflet, eu şi conştiinţă. De exemplu o abatere accentuată a unităţii dintre suflet şi conştiinţă (conţinut social al acesteia) determină în mod inevitabil anxietate şi tendinţe deviante.

Sufletul endemic, sufletul afectiv şi sufletul proiectiv-spiritual reprezintă, în opinia noastră, reunite şi abordate unitar în conceptul de *suflet,* fiinţa persoanei concrete, esenţa ei , raţiunea ei de a exista, explicaţia existenţei ei. Celelalte sfere ale persoane sunt părţi ale altor „lumi": natura, societatea, cultura etc. Sufletul nu aparţine nici unei lumi, nici unei ordini. Îşi aparţine doar sieşi. Este o entitate de drept existenţial. O lume, o lume unică, singulară, irepetabilă. Aceste aspecte implică caracterul de unicitate, unitate dar şi de congruenţă. Conferă aceste trăsături personalităţii ca întreg şi persoanei ca fiinţă umană.

Unicitatea este o proprietate crucială a sufletului, aspect care ne interesează în mod deosebit în perspectiva înţelegerii unor probleme sociale precum tulburarea de ataşament, abandonul, plasamentul în medii substitut a persoanelor separate de familia de origine. Chiar dacă factorii care contribuie la apariţia şi formarea sufletului sunt aferenţi unor structuri sau stereotipuri, sunt multiplicabili, ceea ce ei determină se caracterizează, aşadar prin unicitate. Motivul: sufletul se constituie din caracteristicile de contingenţă şi temporalitate a acestora. Conţinutul sufletului afectiv nu este reprezentat de conceptul sau rolul social de mamă ci de figura concretă şi gesturile unice ale acesteia. Chiar şi copilul care a fost crescut în primii ani în familii substitut şi este integrat în familia naturală va avea dificultăţi de adaptare, pentru că consangvinitatea (similaritatea biologică) nu va facilita acest proces.

Fericirea, echilibrul interior, bunăstarea psihică sunt condiţionate de gradul de unitate şi congruenţă onto-personală (C. Rogers, 2008). Tulburarea, afectarea gravă a congruenţei, coerenţei interne, unităţii şi unicităţii (alienare) predispune la nefericire şi opţiunea pentru soluţii deviante ori dezadaptative, la apariţia/ formarea unei personalităţi dezadapte social/cultural/moral. Prin conceptul de personalitate dezadaptată nu ne referim neapărat la o tulburare sau afectare psihică ci mai degrabă la o nedezvoltare umană, o dezvoltare a personalităţii cu precădere pe zona endemică, adică cu o slabă formare a personalităţii afectiv-empatice sau empatic-spirituale (culturale).

O astfel de persoană este inaptă în a se integra sau adapta social pentru că nu are constituite formaţiunile ontic-personale superioare (umane) care să faciliteze adaptarea, congruenţa, "similarizarea", unitatea cu mediul. Cu cât mediul este mai complex şi presupune valori sau relaţii interumane mai complexe cu atât personalitatea empatică a membrilor acestora este mai solicitată. Marginalizarea, devianţa, sărăcia are şi această explicaţie (umanistă), pe lângă explicaţiile mai consacrate de tip sociologic (teoria subculturilor deviante, teoria anomiei etc). Aşadar, una dinte explicaţiile inadaptării sociale ori devianţei este reprezentată de nedezvoltarea sau dezvoltare inadecvată a personalităţii empatice, mai simplu spus a sufletului.

Secţiunea IV
Problema socială şi situaţia de risc
în explicaţie umanist-ontologică
şi în asistenţa socială (umanistă)

În perspectiva unei teorii a asistenţe sociale umaniste, pe lângă paradigma personalităţii (clientului) dezadaptate, problema socială şi sistemul client sunt alte concepte cruciale care necesită explicate. Dacă personalitatea am explicat-o printr-o paradigmă de tip ontologic-umanist, şi realitatea socială, problema socială şi sistemul client vor fi explicate prin această paradigmă (extrapolată). Asistenţa socială umanistă este o asistenţă socială a personalităţii, sufletului şi proceselor empatice (inter-empatice) dezadaptate, tulburate, dar şi a relaţiilor socio-umane, comunitare tulburate, anomice, dez-umanizate. Sursa multor probleme sociale şi situaţii de dificultate se află aici şi aici se află şi resursele de reabilitare şi normalizare.

1. Realitatea socială

1.1. Interacţiunea socială empatică

În perspectivă umanistă o situaţie/ realitate socială este de fapt o interacţiune socială empatică. Este o interacţiune între personalităţile empatice ale membrilor. Se pot întâlni mii şi milioane de combinaţii. Pot exista situaţii/ grupuri sociale în care predomină persoane cu personalitate endemică, sau în care pot domina persoane cu personalitate spirituală, dar de regulă, în funcţie de numărul de persoane şi natura grupului pot exista tot felul de combinaţii. În plus nici o persoană nu poate fi strict caracterizată printr-un anumit tip de onto-personalitate (endemică, afectivă, spirituală). Fiecare dintre noi este o combinaţie unică, cu atât mai mult cu cât vom lua în considerare şi celelalte laturi sau sfere ale personalităţii (biologice, cognitive, voliţionale etc).

Această ascunsă interacţiune determină apariţia unor procese şi situaţii de grup mai subtile, de regulă neglijate de paradigma sociologică clasică. Ele au o importanţă foarte mare în ceea ce priveşte congruenţa, coerenţa, unitatea şi funcţionalitatea grupului social. Cu cât grupul este mai mic cu atât probabilitatea ca empatia să aibă un rol mai important, cu cât grupul este mai mare, desigur, rolul empatiei scade, funcţionalitatea fiind asigurată de reguli, legi, valori etc.

Însă şi la acest nivel, acţionează empatia, ca trăsătură de personalitate a membrilor, contribuind la impunerea unor valori organizaţionale, dacă avem în vedere empatia „spirituală". Ea contribuie la instituirea unei culturi organizaţionale bazate pe valori general umane şi pe interesele instituţionalizate ale membrilor. În grupurile mici, cu precădere în familie, predomină empatia „afectivă", proces apropiat mai mult de ataşament, coeziunea grupului este mai mare dar se bazează mai puţin pe o cultură organizaţională şi valori şi mai mult pe instincte.

Interacţiunea socială empatică are roluri şi funcţii multiple, însă, din punct de vedere social funcţia crucială este cea de liant şi forţă internă de menţinere a unităţii grupului şi constanţei situaţiei sociale/culturale. Nici interesele, nici valorile, nici regulile şi nici legile nu ar fi suficiente pentru a evita entropia socială. Inter-empatia personală uneşte între ele persoane de vârste, categorii sociale sau profesionale dintre cele mai diverse tocmai pentru că personalitatea tuturor acestora conţine, în sufletul spiritual sau afectiv, aceleaşi valori sau reprezentări ontificate. Totodată funcţia de liant şi factor de unitate este dată şi de calitatea inter-emaptiei de a lega persoana de grup, organizaţie, situaţie.

Acestea se vor configura inter-empatic prin interacţiunea sufletelor membrilor devenind autonome, cu funcţie de reglaj şi control al membrilor. Spre deosebire de empatie, inter-empatia este o forţă mult mai puternică. Empatia este un proces interpersonal, o capacitate a unei persoane de a simţi şi gândi ceea ce simte celălalt (Carl Rogers, 2005), inter-epatia este un fenomen de grup, de organizaţie, transpersonal. Eu „exist" în personalitatea Celuilalt, iar Celălalt există în personalitatea mea. Existenţa mea este condiţionată de existenţa Celuilalt. Organizaţia este o ţesătură infinită de astfel de inter-empatii. Ea însăşi depinde de membrii ei, iar membrii depind empatic de aceasta. Este procesul crucial în asigurarea coeziunii ontic-psihologice a organizaţiei.

1.2. Unicitatea şi originalitatea grupului social / situaţiei sociale

Acţiunea proceselor inter-empatice, corelare cu celelalte procese de grup vor configura situaţii sociale absolut unice chiar dacă o analiză statistică ori sociologică formală o vor cataloga cu multă uşurinţă. Aceste configuraţii vor fi caracterizate de *unicitate, singularitate şi originalitate*. Sublinierea este necesară în analiza situaţiilor sociale problemă ori sistemului client. Această unicitate este determinată şi de alţi factori generatori ai realităţii psihosociale şi fizice precum proximitatea, logistica şi temporalitatea lui unice (Zajonc, R. B., 1980). Vom enumera mai jos câţiva factori şi aspecte care contribuie la unicitatea şi singularitatea unei situaţii sociale, avem în vedere atât factori sociali, umani sau psihologici cât şi materiali:

- caracteristici unice personale - vârste, aspect fizic, personalitate etc;
- relaţii interpersonale senzorial-cognitive şi afective unice;
- locaţie de un anumit fel – stil, mărime, locaţie naturală, număr camere;
- obiecte, decor, curte, vedere;
- litere de amor propriu;
- sistem comun/specific de valori, sensibilităţi, gusturi, obiceiuri, reguli, cutume etc;
- ataşamentul unic între membri, relaţii unice ca/ între suflete,

- consangvinitatea (dacă este cazul);
- modul comun de utilizare a timpului și activităților pe parcursul unei;
- nivelul cultural, de educație al membrilor;
- modul unic de distracție și divertisment;
- modul specific de participare la unele evenimente, sărbători, aniversări;
- comportamente, gesturi, activități specifice;
- memorie socială și afectivă comună, unică;
- aceleași cunoștințe și aceiași vecini;
- ecologie unică;
- fiecare membru este unic, "cineva" în colectivitate;
- relații preferențiale unice;
- interese, aspirații comune, unice;
- proiecte comune, viitor comun.

Pentru copilul abandonat, de exemplu, nu are nici o importanță faptul că și alt copil, din altă familie, are mamă ca și el și că aceasta ar putea deveni, dacă este nevoie și mama lui. Nici din punct de vedere psihic sau social, nici cultural „nu există nici națiune și nici părinți de schimb" (S. Moscovici, 1998, p. 66).

2. Problema socială și situația de dificultate

2.1. Problema socială

W. Kornblum, J. Julian și C.D. Smith (1995) definesc problema socială, în volumul cu același titlu ("Social Problems") ca o situație indezirabilă care este considerată de opinia publică ca fiind suficient de serioasă pentru a necesita sprijin din partea comunității/instituțiilor în vederea rezolvării, înlăturării ei sau obținerii unei ameliorări semnificative. Pentru ca o situație să fie etichetată ca problemă socială una dintre condiții este aceea de a fi considerată indezirabilă, alta este aceea de a reprezenta un pericol pentru comunitate și o situație de risc pentru persoanele sau grupurile sociale implicate. Factori importanți în reprezentarea problemei sociale sunt și percepția publică sau reacția instituțiilor publice ori private R.K. Merton, R.A. Nisbet, 1961). Opinia generalizată este totuși aceea că problema socială este efectul unor neconcordanțe între ceea ce ar trebui să fie oamenii și ceea ce sunt în realitate, neconcordanțe între situația socială existentă și normele sociale, valorile sau așteptările oamenilor.cauzele apariției și menținerii problemelor sociale sunt, după cum relevă literatura de specialitate, de ordin social/ societal, cultural, economic și moral. După majoritatea autorilor problema socială derivă derivă în principal din procesele de dezorganizare socială, criză, schimbare sau dezvoltare, fiind generate de proporția mare de indivizi devianți sau grupuri problemă prezenți într-o anumită societate. Pot apare și ca urmare a existenței valorilor conflictuale, în ultimă instanță dezirabile, și care, în anumite condiții, obțin adeziunea unor mase mari de oameni (R. Dynes, A. Clark, S. Dinitz și I. Ishino, 1964).

Maltratarea copilului, Marginalizarea, abandonul familial, sărăcia, excluderea socială, discriminarea, neșcolarizarea și abandonul școlar, consumul de droguri, sinuciderile, abuzurile și neglijarea copilului, prostituția, delincvența sunt printre cele mai frecvente probleme sociale cu care se confruntă societatea contemporană, precum și serviciile de asistență socială. Desigur, lista acestora este mult mai lungă, încadrarea ca problemă socială depinde de multe criterii, literatura de specialitate abordează fenomenul din toate unghiurile și concepțiile posibile. Se detașează însă abordările de tip sociologic, cele de tip etic/ moral, de tip cultural, precum și cele de tip psihologic sau bio-constituțional.

Dintre teoriile de tip sociologic se remarcă teoria anomiei care îl are ca fondator pe E. Durkheim. Acesta explică existența problemei sociale, devianței sau infracționalității ca abatere de la normele, legile și valorile sociale consacrate, recunoscute și adoptate de majoritatea populației (E. Durkheim, 1970). Din zona celorlalte tipuri de abordări să amintim teoriile subculturilor deviante sau de teoriile personalității criminale.

În rândurile care urmează ne vom referi cu precădere la o mare problemă socială, cel puțin în opinia noastră, este vorba despre abandonul și neglijarea copilului. Fenomen destul de puțin teoretizat și studiat de către sociologie, asistenți sociali sau psihologi în raport de amploarea, efectele dez-umanizatoare și consecințele sociale. Noi în volumul de față vom acorda o mare importanță problemelor sociale legate de copil, atât pentru faptul că le cunoaștem mai bine, lucrând în domeniul protecției copilului, dar mai ales pentru semnificația umanistă a temei. Desigur, vom aborda tema cu precădere în contextul problemei mai vaste a familiei, sistemul de protecției, a serviciilor de asistență socială a copilului.

Familia contribuie nemijlocit la modelarea și dezvoltarea personalității copilului, mai ales a personalității ontic-empatice. Există însă suficiente cazuri când aceste scopuri generoase ale familiei nu mai sunt atinse, iar normalitatea vieții familiale apare alterată. Abandonul de familie, reprezintă din punct de vedere juridic, fapta celui care, având o obligație legală de întreținerea unei persoane, o părăsește, o alungă sau o lasă fără ajutor, expunând-o la suferințe fizice sau morale. "Nimic nu poate justifica un asemenea gest, deoarece în general în relațiile interumane, din cadrul familiei apar în prim plan aspecte de natură afectivă, care înglobează multe elemente: afecțiune, apropiere sufletească și fizică, grijă, sprijin, înțelegere" (M.Voinea, 2005, p. 185). Prin abandon se întrerupe practic procesul de formare a sufletului afectiv al copilului, cunoscându-se rolul esențial al membrilor familiei, mai ales al mamei în acest proces. Am explicat acest proces într-o secțiune anterioară, nu vom mai insista asupra sa. Abandonul temporar reprezintă o particularitate a fenomenului general de abandon, copilul simțind lipsa părintelui pentru o anumită perioadă de timp, fără a avea contact fizic cu acesta, dar ținând legătura prin diferite căi de comunicare. Acest fenomen reprezintă o *formă gravă de neglijare afectivă* , deoarece prin lipsa afecțiunii parentale, copilului nu-i sunt satisfăcute toate nevoile necesare unei dezvoltări armonioase. Abandonul temporar al copilului presupune:

- expulzarea din cămin pe timpul zilei sau al nopții;
- dezinteresul față de lipsa de acasă a copilului;

- plecare de acasă a părinților pentru o perioadă îndelungată de timp;
- lăsarea copilului timp îndelungat nesupravegheat (Șerban Ionescu, 2001).

Literatura de specialitate subliniază aspectul că dezvoltarea psiho-socială și formarea personalității copilului este în ultimă analiză expresia unui lung proces de *influență și învățare socială*. Agenții acestor procese sunt în cele mai multe cazuri părinții sau cadrele didactice. Între copil și agentul de influență și învățare socială se stabilesc atât relații sociale formale cât și informale, afective. Aceste relații capătă consistență ontic-empatică și continuitate fiind întărite de de valorile grupului familial, de scopurile comune. După ce copilul este abandonat agenții de influență nu vor mai fi aceiași iar, valorile, atitudinile și normele „transmise" de asemenea vor fi altele. Acest fapt conduce la distorsiuni și retarduri severe în formarea sufletului spiritual.

Iată după I. Mitrofan și D. Buzducea (2003) fazele prin care trec acești copii:

1. *Faza de șoc*: presupune o reacție de negare a realității. Este o stare tampon, o protecție naturală folosită de psihic pentru a face față șocului. Copiii pot nega realitatea și ajung să se bucure de amintirile pe care le au, să privească pozele cu familia, fiind capabili de orice compromis pentru a-și vedea părintele sau, cel puțin, pentru a-i auzi vocea la telefon.
2. *Faza de suferință și dezorganizare*: este perioada în care se resimte impactul pierderii relației cu cel drag. Durerea este intensă și caracterizată prin suferință emoțională acută, depresie, gânduri suicidale, tulburări de somn, anxietate, sentiment de abandon, vinovăție, furie, afectarea imaginii de sine.
3. *Faza de reorganizare*: reprezintă trecerea de la o stare de mâhnire intensă la cea de tristețe moderată.
4. *Faza de acceptare*: este etapa în care copiii acceptă situația și realitatea, încercând să-și gestioneze propria viață, cu mici susțineri din partea îngrijitorilor de moment.

O altă problemă legată de creșterea și educația copilului, foarte gravă, în opinia noastră, o reprezintă neglijarea emoțională a copilului. Reprezintă situația în care nu sunt asigurate condițiile psihologice, sociale și culturale minimale a formării personalității afectiv-spirituale a copilului, dezvoltării normale, echilibrate și adaptabile a copilului, incapacitatea, refuzul adultului de a comunica adecvat cu copilul, de a-i asigura satisfacerea nevoilor biologice, emoționale, de dezvoltare fizică și psihică, precum și limitarea accesului său la educație (Șerban Ionescu, 2001). Această neglijare poate lua două forme: neglijare episodică sau cronică. Neglijarea episodică sau contextuală este mai puțin gravă pentru că dispare atunci când factorii de risc care au adus la apariția neglijării dispar (de exemplu, contextual separării parentale). Neglijarea cronică este mai dramatică, pentru că afectează familiile defavorizate care duc lipsă de resurse (afective, intelectuale,educaționale, financiare).

Neglijarea afectivă presupune, printre altele, discontinuitatea sau lipsa pe perioade foarte mare a persoanelor semnificative ontologic pentru copil, substimulare afectivă şi culturală, instabilitatea sistemului de pedepse şi recompense, lipsa cuvintelor de apreciere, a sprijinului, lipsa atenţiei, a contactelor fizice, a semnelor de afecţiune, lipsa sprijinului şi suportului moral în momente de dificultate, neglijarea nevoilor de comunicare şi confesiune. Neglijarea copilului atrage asupra acestuia consecinţe negative atât în plan social, cât şi emoţional. Astfel, un copil neglijat poate manifesta o atitudine de indiferenţă sau timiditate faţă de lucruri, situaţii sau persoane care în mod obişnuit i-ar stârni curiozitatea, interesul şi implicarea. Mai poate prezenta tulburări ale stimei de sine manifestate fie prin supraapreciere, fie prin subapreciere, nu are aspiraţii pe termen lung (nu se poate proiecta în viitor) sau are aspiraţii nerealiste

După majoritatea psihologilor neglijarea este cea mai gravă formă de maltratare, pentru că este o afectare sistematică şi durabilă a procesului formării şi dezvoltării psihice, prin deteriorări în aria condiţiilor sociale, fizice şi morale ale factorului crucial: mediul. Pus în situaţia de a se descurca singur sau un ajutor insuficient din partea părinţilor, copilul prezintă o *reacţie clinică de adaptare.*

Aceasta este definită în DSM IV ca *o stare de suferinţă şi de perturbare emoţională care tulbură în mod obişnuit funcţionarea şi performanţele sociale, apărând în cursul unei perioade de adaptare la o schimbare existenţială importantă sau la un eveniment stresant.* Dificultatea de adaptare la noua situaţie, şi anume la situaţia în care grija, sprijinul şi afecţiunea părintească nu mai sunt prezente sub nici o formă concretă şi imediată, face ca copilul să se confrunte cu o nouă situaţie şi anume cu situaţia de *neglijare acută.* Confruntat cu situaţia de neglijare cronică personalitatea copilului dezvoltă serii de reacţii de adaptare la criză, de constituire a unor onto-formaţiuni reactive, malformaţiuni, conduite, de regulă, cu abateri grave de la valori şi norme consacrate.

2.2. Situaţia de risc şi dificultate

În abordare ontologic-umanistă vom reprezenta situaţia de risc sau de dificultate pentru o anumită persoană, grup sau categorie ca efect al unor tulburări în planul relaţiilor interumane, în special în ceea ce priveşte relaţiile empatice, prin tulburări ale proceselor inter-empatice. Aceste tulburări/ disfuncţii vor determina incongruenţe între diferite onto-sisteme personale sau de grup care se vor conduce, în consecinţa, la apariţia unor procese psihosociale, interpersonale şi de grup, disfuncţionale şi a unor eventuale situaţii de neglijare emoţională, abuz, marginalizare sau devianţă. Această stare de anomie generalizată, deci pe toate nivelurile, ontic-empatic, psihologic, social, cultural este, de regulă, o situaţie gravă de risc, în special pentru copii. Tulburarea proceselor inter-empatice are explicaţii multiple şi complexe, însă una dintre cauzele principale priveşte incongruenţa dintre personalităţile (sufletele) membrilor grupului social.

Un grup social cu o foarte mare varietate în ceea ce priveşte nivelul de dezvoltare onto-personală (endemic, afectiv, spiritual) este aprioric predispus incongruenţelor. Medii, cu risc ridicat pot fi acelea în care predomină persoane cu suflet endemic, nedezvoltat, impulsiv. Un copil care este crescut şi educat într-un astfel de mediu este predispus la nedezvoltare personală, impulsivitate şi devianţă, lipsa unei culturi organizaţionale care să-i susţină educaţia şi culturalizarea constituie în sine factori de risc. Lucrurile por fi la fel de grave în cazul în care copilului creşte fără afecţiune, empatie, de către persoane cu suflet endemic, ori în extremă, de către persoane cu suflet spiritual, dar de tip moral ori religios dogmatic/ inflexibil.

Aşadar, dacă de exemplu, în abordare sociologică situaţia de risc sau dificultate este reprezentată ca o abatere de la normalitatea socială, morală sau legală, în abordare umanistă explicaţia, sursa, dar şi resursa de reabilitare, se află în în personalitatea membrilor organizaţiei sau în procese empatice de grup (S. Marcus, 1987). Desigur, nu desconsiderăm explicaţia sociologică sau economică, însă o situaţie care antrenează oameni ca individualităţi, cu personalitate, cu suflet nu poate fi desconsiderat nici factorul uman subiectiv, ontologic, empatic. Astfel, situaţia de risc nu se reduce la un context social defavorabil, care odată înlăturat dispare şi situaţia de risc, aceasta este puternic ancorată în ontologia empatică a personalităţii membrilor organizaţiei, are etiologie de regulă socială, culturală dar odată „ontificată" în sufletul acestora devine sursă în sine de situaţie de risc şi dificultate, atât prin acţiune din interiorul acestora cât şi prin instituirea unor *onto-sisteme*.

Aceste onto-sisteme au slabe legături cu raporturile social de tip rol/status, cu cele de putere sau profesionale, au însă legătură puternică şi sunt determinate de legăturile ontic-endemice şi empatice dintre membri şi cu procese de inter-empatie, sunt în consecinţă sisteme ontic-umane. Au o foarte mare consistenţă şi durabilitate, „cimentând" nişte realităţii, structuri, situaţii sociale. În cazul în care aceste onto-sisteme consacră unele realităţii, relaţii situaţii sociale improprii unei vieţi normale, fericite, echilibrate, civilizate ci dimpotrivă „ontifică" conflictul, promiscuitatea, impulsivitatea, sărăcia, discriminarea, devianţa, anomia pot fi considerate nu doar efecte ale unor contexte sociale, culturale sau economice defavorabile ci factori în sine de risc atât pentru membrii organizaţiilor respective cât şi pentru alte categorii, grupuri sau comunităţii. Persistenţa situaţiei este accentuată şi de instituirea socio-culturală a unor valori ale acestora ori prin instituţionalizare unor servicii sociale ori economice care le recunoaşte, chiar dacă cu intenţia declarată de a le combate.

Situaţia de risc tinde să fie tolerată cu atât mai mult cu cât personalitatea psihologică a membrilor, relaţiile psihosociale, comportamentul, statutul persoanelor antrenate reflectă caracteristicile onto-sistemelor, funcţionând şi dezvoltându-se împreună prin feed-back şi feed-before. Procesul este de fapt o spirală vicioasă care conduce spre degradare umană/spirituală, anomie socială, primitivism cultural, inadaptare socială autentică, marginalitate, devianţă. Măsurile sociale şi economice nu doar că nu rezolvă sau elimină situaţia problemă ci o alimentează, acestea fiind asimilate gradul în onto-sistemele vicioase, lucrând cu spor la proliferarea situaţiilor de risc şi dificultate.

Organizația, contextul social, situația problemă va funcționa printr-o serie de distorsiuni, care în ontologia endemică ar putea fi interpretate ca firești însă pentru unele persoane, precum copiii, femeile, bătrânii se constituie în situație de risc. Vorbim de distorsiuni precum:

- distorsiuni în relațiile și raporturile psihosociale;
- distorsiuni în procesele de influență și învățare socială;
- distorsiuni în reprezentarea realității sociale (familiale) și în construcția conceptului de familie;.
- erorile de atribuire, distorsiuni în procesul de asimilare a valorilor și formare a caracterului;
- condiții vicioase de constituire a eului, imaginii de sine și a identității sociale;
- devieri în dezvoltarea ontologică a personalității/sufletului etc.

Fără îndoială, lista acestor distorsiuni este mult mai lungă, ele constituie în fapt un mediu socio-uman în care distrug destinele și caracterele nobile, se formează caractere precare, personalități inadaptabile, în care neglijarea copiilor și bătrânilor devine regulă și „valoare", abuzurile, violența, tulburările de comportament sunt modalități consacrate de adaptare pentru cei „puternici". Ceilalți sunt victime. Și unii și alții intră în atenția serviciilor de asistență socială.

Secţiunea V
Asistenţa Socială Umanistă –
cadrul teoretic-epistemologic
şi conceptual-axiologic

1. Asistenţa socială umanistă – necesitate, misiune, principii, valori

1.1. Necesitate şi misiune

Chiar dacă, după cum putem remarca şi din secţiunile de mai sus ale lucrării, conceptele, valorile şi ideile umaniste sunt prezente în teoria şi practica asistenţei sociale, în momentul de faţă noi considerăm că, orientarea umanistă, ca teorie sistematizată şi unitară, nu s-a consacrat suficient nici în literatura specifică, nici în serviciile sau activităţile de asistenţă socială. Se regăseşte, aşadar, atât în definirea, abordarea clientului cât şi în metodologiile de evaluare sau intervenţie însă, fără nici o îndoială, plecând de la starea sistemului de asistenţă socială, a tipurilor de probleme cu care se confruntă societatea, există un mare potenţial de creştere a ponderii acesteia, inclusiv prin formula conceptuală şi metodologică de *asistenţă socială umanistă*.

Asistenţa socială din ţara noastră, instituită în forma modernă abia după 1989, chiar dacă a „ars" nişte etape, a trebuit să parcurgă şi parcurge în continuare stadiile „necesare" instituirii specifice, în condiţiile în care în ţările occidentale aceste stadii au fost parcurse „la timpul lor". Au fost şi există multe experimentări, greşeli dar şi rezultate. Abordarea a fost însă preponderent instituţională, administrativă, legislativă, preocuparea concentrându-se pe construirea instituţiilor şi mecanismelor minimale de suport a categoriilor sociale defavorizate, sărace. Multe modele fiind translatate mecanic din alte sisteme sau preluate/adaptate din alte sfere ori domenii sociale, în unele cazuri necritic.

În acest context credem că este momentul pentru un nou concept, pentru un nou stadiu, de această dată, calitativ, dar mai ales pentru un alt model /paradigmă de asistenţă socială. Unul dintre obiectivele acestuia ar trebui să fie reconsiderarea opticii şi atitudinii faţă de client, o nouă definiţie şi abordare, umanistă şi în principal valorificarea resurselor imense pe care le are personalitatea umană (a clientului şi profesionistului) în procesul de reabilitare umană, de integrare socială autonomă a clientului şi orientarea lui spre viaţa socială şi economică prin valorificare propriilor resurse ontic-empatice, ontic-psihologice, inter-empatice.

Psihologia (umanistă, pozitivă) a luat-o mult în față, construind practic un sistem teoretic-metodologic și terapeutic solid. Este unul dintre domeniile din care se poate „inspira", chiar dacă multe teme, fundamentale în existența sau personalitatea umană nu au fost suficient studiate nici în acest domeniu (Elena Zamfir, 1998). Un rol important îl poate juca în acest proces și religia, filozofia, antropologia culturală sau psihoterapia, și fără a neglija rolul sociologiei sau celorlalte discipline socio-umane. Un efort multidisciplinar concertat este recomandabil, în condițiile în care în joc se află destinele a milioane de oameni, care așteaptă de la instituțiile de asistență socială soluții eficiente, adaptate, umaniste nu doar, pur și simplu, „servicii" sau „prestații".

Dacă acest nou stadiu ar trebui să poarte un nume atunci i-am putea spune *umanist*, iar conceptului teoretic corespunzător, pur și simplu, *asistență socială umanistă*, chiar dacă asocierea pare redundantă. Misiunea fundamentală a acestei doctrine „social-umaniste" fiind aceea de a *reafirma primordialitatea personalității clientului și profesionistului, a importanței calității relațiilor umane, a reabilitării umane și integrării sociale, a fericirii și împlinirii umane a clientului în obiectivele și activitatea serviciilor/ instituțiilor de asistență socială, punând în plan secundar supraviețuirea, îngrijirea, sprijinul material, chiar dacă obiectivele nu trebuie să-și piardă din semnificație.*

1.2. Principii și valori ale asistenței sociale umaniste

Este dificil de detașat din inventarul de valori și principii ale asistenței sociale, așa cum s-a consacrat pe parcursul timpului, valorile și principiile asistenței sociale umaniste pentru că la nivel declarativ asistența socială, cel puțin în teorie, este prin misiune și natură, umanistă. Totuși se remarcă, și prin faptul că majoritatea secțiilor de asistență socială funcționează în facultăți de sociologie sau împreună cu acestea, o dominație a paradigmei sociologice, a metodelor sociologie și un limbaj preponderent sociologic.

Fără a desconsidera rolul factorului „sociologic" în teoria și practica asistenței sociale, noi propunem, o deplasare, o contrapondere, prin focalizarea pe teoria ontologică, empatetică și umanistă, desigur, cu importante accente psihologice. Principiile și valorile asistenței sociale umaniste nu se consacră, însă, doar în raport de paradigma sociologică ci și în raport de instrumentalismul birocratic, foarte prezent în activitatea practică de asistență, precum și în raport de lipsa de profesionalism, de mercantilism, sau ignoranță (asistența socială umanistă este și o promovare a cunoașterii autentice a omului și contextului social).

Chiar dacă nu explicit, cele mai multe dintre valorile și principiile asistenței sociale umaniste au fost revelate în subsecțiunile de mai sus, prin intermediul teoriilor prezentate ca fundamente teoretice ale acesteia. *Reabilitarea umană și integrarea socială, personalitatea, sufletul, empatia, fericirea, familia, dezvoltarea personală și a relațiilor umane* sunt, fără îndoială printre valorile fundamentale.

Cum orientarea umanistă aduce în prim-planul cunoașterii fenomenului uman concepte și idei precum: personalitatea, relațiile umane, libertatea, speranța, auto-actualizarea, creativitatea, trăirea autentică, impasul existențial, fericirea, unicitatea persoanei, auto-determinarea, focalizarea pe aspectele deosebite ale existenţei umane (creativitatea, toleranţa, iubirea), valorizarea experienţei subiective agreabile a persoanei, „dezvoltarea omului în conformitate cu particularităţile şi alegerile sale, respectul pentru valorile intrinseci ale persoanei" (I. Mitrofan, 2001, p. 390) vom considera acestea valori ale clientului în asistenţa socială umanistă.

Întrucât fiecare individ sănătos deţine capacitatea potenţială individuală de a se ridica din punct de vedere uman, social şi spiritual, totul depinzând de activismul său intern şi voinţa de schimbare sau împlinire, auto-împlinire (Rod Plotnik, Haig Kouyoumdjian, 2007) vom considera ca valoare crucială şi autodeterminarea, activismul clientului (ca metodă de autonomizare personală şi socială).

Dezvoltarea/ reabilitarea relaţiilor umane, dezvoltarea socială şi organizaţională prin optimizarea şi eficientizarea relaţiilor inter-personale, de grup, şi de comunicare, prin dezvoltare umană, culturală şi morală este o altă valoare, pe care noi îi acordăm prioritate tocmai prin faptul este este o resursă de regulă desconsiderată.

Nu în ultimul rând fericirea, bunăstarea psihologică a clienţilor şi comunităţilor reprezintă, fără îndoială un mijloc, un obiectiv şi o valoare a asistenţei sociale umaniste. Concentrarea pe satisfacerea nevoilor de la baza piramidei trebuinţelor este în perspectivă umanistă o mar eroare. Se îngrijeşte trupul şi nu sufletul. Numai că resursa autentică de recuperare umană şi socială a clientului este în sufletul, personalitatea, voinţa clientului.

Asistenţa socială umanistă este ca teorie, o teorie a clientului, a personalităţii acestuia şi micro-contextului ontologic-uman în care trăieşte. Aceasta este obiectivul şi resursa de autonomizare. De aceea majoritatea principiilor fac referire la acesta. Vom enumera câteva:

- Principala resursă de rezolvare a problemei sociale se află în personalitatea actorilor angajaţi în procesul de intervenţie şi reintegrare socială, clientul şi profesionistul formează o unitate ontologică în procesul de reabilitare şi integrare socială;

- Clientul „social" este o personalitate, o individualitate existenţială concretă, un suflet nu un simplu element al unei entităţi sociale sau un nume într-un dosar. Acesta, ca persoană, trăieşte într-un context socio-uman particular, în organizaţii şi comunităţi cu caracteristici determinate, dincolo de tiparele şi legităţile de organizare sau funcţionare socială obiectivă, de reflectările sociologic-ştiinţifice abstracte, generalizatoare. De către serviciile de asistenţă socială el trebuie perceput, evaluat şi abordat ca unicitate psihologică, socială, culturală, ca problemă socială şi situaţie de dificultate diferenţiată, concretă şi particulară. Strategiile şi tehnicile de evaluare/intervenţie nu neglijează componenta teoretic-generalizatoare, plasarea clientului în context social global, dar vor desprinde din acestea acele caracteristici care conferă reprezentării clientului relief, unicitate şi specificitate;

- Respingerea tendinţelor de abordare unidimensională a problemei şi situaţiei de dificultate - chiar dacă tehnologia de evaluare şi intervenţie presupun inevitabil şi aceste abordări este recomandat a nu se pierde în nici un moment perspectiva ansamblului, unităţii şi unicităţii sistemului client;

- Clientul este un ansamblu unitar, unic dar şi aflat într-un proces continuu de schimbare, de unificare a experienţei şi reflectare a ei în voinţă, conştiinţă şi ansamblul personalităţii. Abordarea umanistă solicită activismul epistemologic şi axiologic al clientului, dezvoltarea conştiinţei de sine, creşterea încrederii în forţele şi abilităţile proprii de părăsire a sistemului de asistenţă socială;

- În perspectiva valorilor asistenţei sociale umaniste clientul reprezintă o resursă în sine de dezvoltare personală şi integrare socială prin însăşi condiţia şi funcţia personalităţii. În activitatea de educaţie şi îngrijire a copilului instituţionalizat, a copilului crescut în familii substitut, a persoanelor cu dizabilităţi, în asistenţa socială a vârstnicilor, bolnavilor, dependenţilor de substanţe halucinogene etc asistentul social, psihologul sau medicul trebuie să-l perceapă şi reprezinte în primul rând ca resursă şi actor principal al propriei recuperări sociale, psihologice sau morale şi deloc ca „inapţi", „incapabili", „nedotaţi", „neadaptaţi". Aplicarea principiilor asistenţei sociale umaniste conduce la definiţia unui client activ, determinat, orientat conştient şi voluntar către propria reabilitare şi intenţiei de părăsire a sistemului de asistenţă socială;

- Orientările umaniste percep şi definesc clientul nu ca pe un asistat, pacient sau învăţăcel, ci ca pe o persoană demnă, cu toate drepturile/ valenţele sociale, morale şi psihologic-acţionale, cu abilitatea naturală de a se ridica din situaţia în care se află temporar. Rolul serviciilor de asistenţă socială este acela de conferi acestuia cadrul şi prilejul şi a-şi valoriza în mod demn potenţialităţile. Nici asistentul social, nici educatorul, nici psihologul nu au vreun fel de ascendenţă faţă de client. Cele două părţi se situează pe poziţii de egalitate în ceea ce priveşte demnitatea şi drepturile fundamentale. Clientul este, aprioric, o fiinţă umană cu toate drepturile ancestrale, istorice şi morale recunoscute, la fel ca toţi ceilalţi oameni. Profesionistul din asistenţa socială îl va percepe şi aborda aşa, sau va face tot posibilul pentru a ajunge să beneficieze de aceste drepturi (Ştefăroi, 2009a).

Noi propunem principiul totalităţii/integralităţii personale şi de abordare a clientului în asistenţa socială. Acest aspect impune luarea în considerare şi a *sferei psihologic-spirituale,* trebuinţelor estetice, ludice, epistemologice şi mistice ale clientului. Adică a trebuinţelor „umane". Scopul este de a de a *valorifica din sistemul client (personalitate, relaţii umane) resursele de umanism şi spiritualitate* cu scop de recuperare, fericire, autonomizare şi reintegrare socială, folosind atât inteligenţă emoţională, ludică, mistică, estetică, noetică proprie a profesionistului social cât şi a clientului.

În ceea ce priveşte principiile asistentului social umanist credem că acestea sunt aproape identice cu cele enumerate în statutul asistentului social al (www.fnasr.ro/codetic.htm) al Federaţie Naţionale a Asistenţilor Sociali din Romania. Vom selecta principiile mai reprezentative:

- *Principiul respectării demnităţii umane*: în procesul de asigurare şi furnizare a serviciilor sociale fiecărei persoane îi este respectată demnitatea, prin evitarea atitudinilor şi comportamentelor umilitoare sau degradante;

- *Principiul egalității de șanse și nediscriminării*: asigurarea de șanse egale și a accesului nediscriminatoriu pentru toate persoanele la servicii sociale și furnizarea acestora fără nici un fel de discriminare de rasă, sex, limbă, religie, opinie politică sau altă opinie, de origine națională, etnică sau socială, de situația materială;

- *Principiul participării beneficiarilor*: în procesul de limitare sau depășire a situațiilor de vulnerabilitate socială, atât comunitatea, cât și persoanele vulnerabile - beneficiari ai sistemului de asistență socială - trebuie să fie implicate pentru depășirea situației, iar statul trebuie să ofere cadrul legal în acest scop.

- *Principiul subsidiarității*: administrația publică locală intervine atunci când resursele personale și ale comunității nu au satisfăcut sau au satisfăcut insuficient nevoile sociale ale persoanelor.

- *Principiul solidarității sociale*: întreaga comunitate participă la sprijinirea persoanelor care nu își pot asigura singure nevoile sociale, la menținerea și întărirea coeziunii sociale.

Atât valorile sau principiile care stau la baza teoriei asistenței sociale umaniste, a practicii, sau care ghidează activitatea în asistența socială au o rațiune crucială: aceea de a se regăsi ca finalitate în situația clientului sau comunității. Teoria, valorile, principiile pot fi foarte ușor de enumerat, ele sunt valori universale, accesabile cu ușurință din tezaurului cultural-teoretic al omenirii, însă dificultatea și problema adevărată este cea a operaționalizării lor, a transformării lor în realități umane și sociale. Rolul fundamental în acest scop îl au metodele, strategiile și tehnicile utilizate, precum și modul concret de operaționalizare a lor.

2. Teoria empatiei

Am mai făcut referire în secțiunile anterioare la rolul empatiei și proceselor sociale empatetice în relațiile sociale și procesele de grup, în activitatea profesioniștilor sociali, a serviciilor de asistență socială. În această secțiune le vom încadra într-o teorie unitară, pe care o vom raporta la paradigma noastră, asistența socială umanistă. Acordăm teorie empatiei un rol crucial în fundamentarea teoretic-conceptuală și metodologică a acestei paradigme. Considerăm că este o resursă științifică și operațională insuficient folosită, de aceea o aducem în dezbatere și o ipostaziem ca teorie emblematică a asistenței sociale umaniste.

2.1. Empatia. Accepțiuni, abordări, funcții

Empatia reprezintă în prezent, în domeniul științelor socio-umane, cu precădere în psihologia socială, unul dintre conceptele cele mai misterioase, controversate, interesante dar și mai puțin studiate prin paradigma științifică experimentală clasică.

Totuşi, mai mult euristic, asupra conceptului şi fenomenului psihosocial pe care îl reprezintă sau aplecat mai gânditori precum Th. Lipps (a se simţi pe sine în ceva), G. Allport (înţelegerea şi simţirea celuilalt), E. Titchener (capacitatea de a gândi şi simţi ceea ce gândeşte şi simte o altă persoană), C. Rogers (al patrulea stadiu în procesul de dezvoltare afectiv-personală; capacitatea de a te pune cu adevărat în locul altuia, de a vedea lumea aşa cum o vede el), D. Batson (dispoziţie/motivaţie personală orientată spre altul).

Martin Hoffman (2000) interpretează dispoziţia empatică a unei persoane ca efect al acţiunii cognitiv-afective a celuilalt determinând astfel un răspuns afectiv mai apropiat de interesele acestuia decât ale sinelui, în timp ce V. Pavelcu (1972) atribuie conceptului de empatie, făcând un inventar critic al situaţiilor în care este folosit, următoarele sensuri: proiecţie simpatetică a Eului; fuziune afectivă, intuiţie simpatică, comuniune afectivă, cunoaştere prin întrepătrundere, introecţiune, tranzitivism, intropatie, simpatie, transpunere în starea de moment a celuilalt, identificare cu altul, transfer, proiecţie simpatetică.

S. Marcus, (1987, 110 p.) descrie condiţiile de bază necesare ale proceselor empatice:

- condiţii externe – existenţa unor împrejurări externe, adică raportarea celui ce empatizează la un model extern de comportament pe care fie că îl percepe nemijlocit, fie că îl evocă, fie şi-l imaginează;
- condiţii interne – predispoziţii psihice precum o mare sensibilitate pentru trăiri emoţionale, o viaţă afectivă bogată, experienţă emoţională, posibilităţi evocatoare şi imaginative care asigură o mare posibilitate de integrare a stărilor altora, dorinţa de a stabili un contact emoţional şi de a comunica, un contact viu cu propria viaţă emoţională care înseamnă un proces intensiv de autocunoaştere.

După acelaşi autor empatia are următoarele principale funcţii: cognitivă, de comunicare, anticipativă, de contagiune afectivă şi performanţială. În prezent se vorbeşte tot mai mult despre funcţia de solidaritate - comportamentul altruist (R. Feldman, 1985, p. 68), despre comportamentul prosocial - oamenii care au un nivel înalt al empatiei sunt mai apţi să ajute decât cei cu nivel redus. Capacitatea empatică este asociată cu comportamentul prosocial (S. Marcus, 1971), în timp ce nivelul redus al acesteia coreleze negativ cu comportamentul prosocial (**C.D.** Batson, 2009).

Concluzionând, vom sublinia câteva aspecte, credem noi, definitorii: empatia este o formă de cunoaştere a mediului, deci un proces cognitiv, este o formă de simţire şi reflectare emoţională a celuilalt/mediului, aşadar, un proces afectiv, şi, în sfârşit fiind o capacitate crucială interpersonală a personalităţii umane, un proces social. Operând, astfel, sinergent, prin cele trei mai procese ale personalităţii, cognitiv, afectiv şi social, şi în dinamica complexă a interacţiunii umane, empatia se constituie pentru asistenţa socială într-o pârghie şi resursă foarte importantă în eforturile de dezvoltare umană, reabilitare şi integrare socială a clientului. Este, totodată, absolut necesară şi lucrătorului din domeniul asistenţei sociale, fie că ne referim la asistentul social, la psiholog, fie ne referim la educatorul sau îngrijitorul din centrul de plasament.

2.2. Personalitatea empatetică - concept crucial al asistenței sociale umaniste

Asistența socială clasică tinde să se concentreze pe ajutor, îngrijire, sprijin material și optimizarea climatului social al clientului astfel încât prin aceste servicii să beneficieze de un minimum de condiții decente de trai sau să-i înlesnească efortul de autonomizare socială și economică. Are așadar ca obiect predilect al intervenției corpul omenesc și persoana în accepțiunea preponderent socială a termenului. Dacă vizează și personalitatea atunci are în vedere laturile ei instrumentale legate de eficiență și comportamentul adaptativ.

Asistența socială umanistă nu desconsideră obiectivele și metodele asistenței sociale clasice dar consideră personalitatea empatetică principalul obiect de intervenție, precum și principala resursă de reabilitare umană și integrare socială a clientului. Prin personalitate empatetică nu înțelegem doar capacitatea acesteia de a-l reflecta, cognitiv și afectiv, pe celălalt, ci mult mai mult, reprezintă conținutul ontic-uman al persoanei. Se constituie, cum am văzut într-o secțiune anterioară, prin internalizarea ontogenetică a trăirior relative la celălalt, la persoane, valori etc. Are două mari niveluri, personalitatea afectivă și personalitatea proiectiv-spirirtuală.

Personalitatea afectivă este produsul internalizării trăirilor relative la persoane, situații și obiecte concrete în timp ce personalitatea proiectiv-spirituală se constituie prin internalizarea experiențelor relative la valori, principii, cunoștințe, norme etc. Odată constituite și instituite aceste onto-formațiuni personale vor conduce la constituirea și a ceea ce am numit în această sub-secțiune: personalitatea empatică. Personalitatea este atât o însușire, o capacitate, însă ne interesează și calitatea acestei de ființă. Celălalt (persoane, mediu, valori etc) se internalizează în constituția ontică a persoanei și operează ca ființă interactivă, inter-empatică, fiind un resort de legătură crucial în relația cu celălalt determinat, cu care formează în plan simbolic o unitate.

Conținuturile, formațiunile, structurile personalității empatetice (spirituale) au o anumită soliditate, ele nu se schimbă cu ușurință la variațiile mediului real sau imaginar. Căpătându-și un grad de autonomie devin autonome și funcționează în virtutea structurilor și mecanismelor existente, dar rezistența construcției nu se compară cu cea a personalității endemice, care, pe parcursul vieții individului, după endemizare, nu mai poate suporta aproape nici o modificare. Concluzia este aceea că personalitatea empatetică reprezintă latura personalității ontice asupra cărei se poate interveni, cu șanse reale de reușită în tentativa de modificare/dezvoltare. Această proprietate este benefică, facilitează adaptarea la mediu și imprimă o caracteristică de plasticitate.

Ar fi simplist să considerăm că această entitate ontică funcționează prin formațiunile sale precum funcționează un aparat al organismului prin organele sale. Comparația o folosim dar cu scop strict didactic. Formațiunile personalității ontic-empatetice (personalitatea afectivă, personalitatea proiectiv-spirituală) nu pot fi nicidecum localizate în vreun fel. Pe de altă parte, transmergent existenței și funcționării acestora se impun formațiuni noi, ideografice, într-o dinamică imprevizibilă și continuă.

Dinamica transformărilor este impusă de dinamica relaţiilor cu mediul şi de caracteristicile evoluţiei/dezvoltării individuale personale. Aceste caracteristici, precum plasticitatea, adaptarea, dinamismul, imprevizibilitatea, permit construcţia şi dinamica sentimentelor, pasiunilor, iubirii, aspiraţiei, credinţei, euforiei, fericirii – desfăşurate de regulă dihotomic, bine – rău, promergent – dismergent etc, dar şi printr-o varietate infinită de manifestări. Acestea reprezintă de fapt conţinutul vieţii personale, iar lipsa lor este un indiciu de nedezvoltare personală autentică. Prin ele subiectul percepe mediul, care, de fapt, nu este decât o lume a obiectelor, ca pe o lume umană, spirituală, personală. Cultura, arta, religia nu există în mediu ci în persoane, prin onto-proiecţie, atribuire şi identificare. Ipotetica dispariţie a persoanelor ar determina dispariţia civilizaţiei umane, chiar dacă restul ar rămâne intact. Miliardele de cărţi, teatrele, universităţile, academiile, bisericile, cinematografele s-ar reduce la statutul lor obiectual şi, în scurt timp, s-ar degrada chiar fizic.

Acest ontos proiectiv are şi o capacitate extraordinară de regenerare, multiplicare, autodeterminare şi autoalimentare, tinzând se devină o lume subiectivă în sine. Dacă persoana asimilează experienţe şi cunoştinţe limitate temporal şi fizic acestea sunt procesate şi integrate în dinamici interne foarte sofisticate. În fazele de maturitate ale personalităţii empatetice funcţionarea nu mai are nici o legătură cu imput-urile sau inshigt-urile ambientale, auto-alimentându-se şi auto-determinându-se.

Credem că funcţionează bucle, „motoare", mecanisme de procesare inimaginabile ca şi complexitate, în raport de paradigmele funcţionale cunoscute. Pentru a le înţelege ar trebui să mai abandonăm nişte „tabuuri" ştiinţifice şi să considerăm că, precum există legi ale fizicii aşa ar putea exista şi legi ale spiritului, fără a intra în misticism sau abordări de tip metafizic/paranormal. Complexitatea acestor fenomene/procese este determinată şi de diversitatea elementelor care le compun. Imput-rile/ insight-urile proiective (empatetice) provin nu numai din circumstanţele vitale ambientale ale individului ci şi din, ceea ce Yung a denumit, inconştient colectiv, arhetip sau pattern of behavior.

Practic universul onto-proiectiv transmerge şi emerge individul, subiectul plasând discursul „trăirist" în istorie, preistorie, viitor, niciodată sau oricând, într-o tendinţă de abstractizare şi universalizare genetică nesfârşită. Procesele se regularizează odată cu apariţia unor entităţi transpersonale, empatetice autonome, un fel de constructe, pattern-uri ontos-proiective, fundamente, principii ale credinţelor şi convingerilor religioase, artistice, morale şi factori determinanţi ai formării şi dezvoltării superioare, umane. Una dintre consecinţele acestor impresionante procese şi fenomene o reprezintă apariţia a, ceea ce am putea denumi, dorinţe fără trebuinţe.

Legile psihologice, consacrate până în prezent de către ştiinţă, nu ar recunoaşte această posibilitate dar perspectiva onto-proiectivă ne permite să utilizăm această formulă. De fapt aici este miezul, esenţa, cheia înţelegerii fenomenului empatetic-proiectiv personal. Apariţia dorinţei fără trebuinţă este un salt de la psihic la persoană, de la fiinţa biologică la cea umană, spirituală. Mai mult decât atât, dorinţa onto-proiectivă (empatetică) nu are nici obiect, sau nu are obiect determinat. Acesta este totuşi determinabil prin feed-back-uri sau feed-before-uri complexe, a căror descrieri este dificil să o realizăm, lăsăm şi imaginația cititorului să ne ajute. Oferim, totuși, ca stimul ideea că ontosul proiectiv se alimentează cu iluzii și că pertinența sa este cu atât mai mare cu cât obiectul nu este identificat și asimilat.

Constituirea personalității empatetice reprezintă o necesitate în vederea constituirii personalității globale. Dar morfologia și ponderea acestora diferă de la individ la individ, atât în funcție de unele caracteristici endogene cât și exogene. Varietatea factorilor determină constituții empatetice dintre cele mai diverse. Totuși, dincolo de varietatea condițiilor ceea ce particularizează individualizarea empatetică este compoziția, intensitatea și bogăția trăirilor proiective, care sunt ireductibile la determinanți și inexplicabile rațional., impunându-se prin varietate, dar mai ales prin imprevizibilitate. Aceste aspecte fac persoanele foarte diferite, unice, intrinseci, dincolo de aparența unor contingențe sau coincidențe. Este o sursă importantă a definirii și construirii eului, identității, sentimentului de sine, sentimentului pozitiv sau negativ al existenței, optimismului sau pesimismului.

Abordarea diferențială se pune în două perspective. Una este aceea a necesității construirii formațiunilor de bază și a individualizării/ particularizării acestora, cealaltă este aceea că, pe lângă formațiunile de bază, se constituie o infinitate de alte formațiuni care fac ca personalitatea empatetică să devină o onto-formațiune cu dinamici continue, imprevizibile dar și cu fenomenologii personale foarte variate ori fluide, de la individ la individ, precum și în interiorul evoluției aceluiași individ. Putem vorbi și despre o treia perspectivă. Este impusă de multitudinea de combinații, morfologii și ponderi a formațiunilor de bază și a ideo-formațiunilor. Aceste trei perspective, împreună cu posibile altele ne conduc la concluzia că personalitatea ontic-empatetică este, prin natura sa, diferențială și individualizează persoana dându-i un conținut unic, o trăire specifică, un anumit mod de a simți, de a trăi, de a iubi, îi dă, mai mult decât toate acestea, sens, sens existențial, conținut uman al vieții, sentimentul, simțul de sine, sentimentul vieții, unicității și relativității sinelui, justificarea prezenței în sine, pentru sine și, mai ales, în afară de sine, dar prin sine și și pentru sine, precum și pentru alții, în mod implicit.

Rolul, statusul social, poziția nu sunt doar atribute ale mediului aplicate individului ci, mai curând, efecte ale proiecțiilor subiectivizate ale acestora, reportate în mediu, care astfel închide bucla onto-proiectivă, ce determină persoana nu doar ca entitate în sine ci și ca parte a spiritului (mediului) social, uman, organizațional. Sentimentul existenței pozitive de sine cuprinde automat și sentimentul comun, organizațional, ambiental – prin raportare și identificare. Prin voință persoana se detașează de ambientul proiectiv și se individualizează, în efortul de identificare cu proiectul construit din același ambient.

Preluarea de către instanțele conștiinței a inițiativei personale conduce la „atrofierea" multor proiecte, impune raționalizarea comportamentului și deciziei, facilitează dezvoltarea personală adaptativă, având ca efect, asupra personalității ontic-empatetice, în principal, integrarea lui parțială în perso-proiect – definit ca structură personală, sintetică, holistică, pan-pesonală, cu rol de catalizator și reper teleologic al evoluției și dezvoltării umane individuale, care prin compoziția și funcția sa va reprezenta atât nevoia de realizare/împlinire a speciei umane, a colectivității, cât și a persoanei ca atare.

Observăm, așadar, complexitatea și profunzimea acestei entități ontic-personale numită personalitate empatetică. Totuși pe cât este de complexă și de greu de abordat pe atât de utilă este cunoașterea acesteia de către profesionistul social și utilizarea pârghiilor pe care le oferă în în activitatea serviciilor de asistență socială. Personalitatea ontic-empatetică este resortul pe care profesionistul social îl poate folosi pentru a socializa clientul sau pentru a umaniza un grup social. Presupune așadar, lucrul nu atât cu persoane sau corpuri ci cu suflete, cu personalitatea empatetică a acestora.

În literatură sintagma personalitatea empatetică este puțin utilizată însă conceptul s-a impus, fiind teoretizat în contextul cercetărilor referitoare la empatie și a relației acesteia cu comportamentul prosocial, cu creativitatea sau agresivitatea. După E. Stein (1989) prin internalizarea empatiei și transformarea acesteia în trăsătură de personalitate tinde să devină mai mult decât o simplă trăsătură, generalizându-se și extinzându-se în toată sfera personalității, influențând gândirea, motivația, atitudinea, conduita cotidiană.

Ana Catina și S. Marcus (1980) vorbesc chiar despre un stil apreciativ, care se profilează în condițiile dezvoltării peste medie a abilităților empatice ale persoanei, tinzând să devină atitudine. În aceste condiții empatia poate fi considerată un vector important al personalității, susținând latura relațional-valorică, conturând însuși caracterul. Personalitatea (caracterul) astfel constituit îndeplinește un rol adaptativ important în eforturile persoanei de integrare socială și afirmare (R. Schafer, 1959).

Structura personalității empatetice nu este cum s-ar crede la o analiză superficială o simplă organizare a dispozitivului afectiv-relațional al persoanei ci o construcție multi-nivelară și multidimensională cuprinzând atât sfera fiziologică, organică cât și pe cea cognitivă, pe cea motivațională și pe cea emoțională, pe cea proiectivă cât și pe cea aptitudinală, funcționând nu atât prin elementele sale constituite cât prin unele funcții de tip holistic-emergent reflectate în atitudinea față de celălalt, față de mediul în caer trăiește, față de sistemul de valori din societate, față de sine. Stilul personalității empatice este de multe ori răspunzător de situația socială, morală și economică a unei persoane.

Fără îndoială o persoană cu o personalitate simpatetică puternică are o mare capacitate de conviețuire în grupuri sociale și profesionale, sau are o mare capacitate de a se reabilita/integra social în cazul în care se află într-o situație de risc sau dificultate. La fel se poate spune și despre societate. O societate în predomină persoane cu personalitate empatetică puternică are puține probleme sociale, în primul rând pentru că nu le va provoca, în al doilea rând, dacă vor apare, climatul com-patetic existent va favoriza rezolvarea lor cu ușurință.

2.3. Societatea compatetică – idealul de societate în teoria asistenței sociale umaniste

Studiul științific al societății, sistemului social, realității sociale, al proceselor sociale a consacrat, în majoritate, abordări care tind să neglijeze o serie de procese, realități, sfere mai greu observabile și conceptualizabile științific-experimental, printre acestea se află și procesele empatetice.

Definițiile dominante reprezintă societatea ca totalitate a oamenilor care trăiesc împreună într-un spațiu comun, fiind legați între ei prin anumite raporturi instituționale, economice, culturale etc. Se vorbește despre procese sociale, economice, politice etc. Foarte puține referiri la relațiile și procesele empatetice, la sfera socială pe care aceste procese o formează, la rolul acestei sfere în determinarea comportamentelor individuale și proceselor sociale.

Abordarea (empatetică) există cu precădere în studiul grupurilor mici, în psihologia socială, dar procesele sunt analizate mai mult în contextual relațiilor interpersonale, desconsiderând procesele empatetice holistice. Fără îndoială aceste procese se bazează pe capacitățile empatetice ale personalității membrilor și pe procesele empatetice interpersonale însă acestea sunt, în opinia noastră, totodată parte a unor procese și entități empatetice societale, le vom numi, în mod convențional, procese compatetice, iar sferei societale în care se desfășoară societate compatetică.

Această sferă societală compatetică antrenează persoanele nu prin calitatea lor socială ori economică, prin rol-status-uri ci prin sufletele (personalitatea empatetică) acestora. Desigur, precizarea poate stârni nedumeriri, sufletul este o formațiune intimă a persoanei, aceasta interacționează cu celălalt, cu mediul, prin corp, limbaj, psihic, personalitate psihologică. Vom argumenta că sufletul, cu precădere cel proiectiv-spiritual, este un produs al interacțiunii cu mediul cultural, cu valorile estetice, religioase, morale, științifice, le reflectă, reprezintă și operaționalizează. Totodată societatea compatetică constituie mediul în care aceste suflete interacționează, se manifestă, se formează, se dezvoltă.

Nu este o lume paralelă ci pur și simplu conținutul uman, spiritual, ontologic-cultural al societății. Sfera în care se îmbină onticul personal, subiectivul cu sfera valorilor. Este un univers motivațional din care se confecționează, se profilează noile curente sociale și culturale, o zonă de creativitate socio-culturală, morală și estetică, un rezervor inepuizabil de spiritualitate și umanism. O sferă care se confruntă curent cu alte sfere sociale, cu civilizația economică, cu cibernetica și dezumanizarea, cu violența socială, cu involuția umană.

Chiar dacă are legături curente, indestructibile cu sufletele membrilor care compun o societate, sfera, societatea empatetică tinde să se autonomizeze și să opereze prin instanțe autonome, să impună instituții și procese proprii. Aceasta poate involua se poate degrada, poate constitui un pericol pentru om dacă evoluează în sensuri patologice sau dacă ponderea în arhitectura societății scade foarte mult. Societatea în care scade rolul sferei empatetice riscă să fie dominată de violență, de îngustare a libertății umane, de nedezvoltare umană, lipsă de respect pentru personalitatea și individualitatea umană, instituie discriminarea, polarizarea, sărăcia morală și culturală. Oamenii sunt nefericiți, ineficienți economic, conflictuali, ostili sau pasivi, fataliști, superstițioși. Dimpotrivă, atunci când societatea empatetică devine puternică contribuie la instituirea unor sisteme de valori bazate pe principii umaniste, impune pur și simplu valori empatetice, promovează personalitatea umană, demnitatea, libertatea, iubirea, solidaritatea.

Într-o societate în care sfera compatetică este dezvoltată predomină persoane cu suflet spiritual, dezvoltate moral, intelectual sau estetic, ori cu credință religioasă autentică. Instituțiile sunt deschise spre cetățean, relațiile sociale sunt bazate pe respect, altruism, întrajutorare. În schimb societățile slab dezvoltate compatetic sunt dominate de persoane cu suflet endemic ori afectiv-gregar, individualiste. Relațiile interpersonale sunt dominate de egoism, conflictualitate, ostilitate. Instituțiile sunt ostile, nefuncționale, inumane.

Societățile dominant compatetice asigură coeziunea socială, morală și culturală, au durabilitate, sunt ghidate de sisteme valorice și instituții solide, asigură protecție cetățenilor și predictibilitate în evoluția socială, culturală și economică, au structuri și instituții solide, probleme sociale puține, în schimb societățile slab compatetice au structuri și instituții slabe și fluctuante, cunosc frecvent tulburări sociale, revoluții, războaie, crize demografice, economice, culturale. Sunt un mediu în care problemele sociale precum abandonul familial, sărăcia, marginalitatea, devianța sunt fenomene curente.

Există deprinderea de a lega problemele sociale de nivelul de dezvoltare economică, de factori pur sociali, culturali, istorici ori strategici, însă pe lângă acestea, slaba dezvoltare a societății compatetice, a acestei lumi invizibile și subtile, calitatea umană/sufletească scăzută, sunt cauze la fel de importante. O societate în care empatia se manifestă cu precădere prin forma rudimentară a atașamentului consangvin ori de grup de interese, în care invidia și individualismul sunt dominante în raport de generozitate sau altruism este, indiferent de nivelul de dezvoltare economică, de factorii culturali ori istorici contextuali, condamnată la întârziere și la probleme grave.

În societatea compatetică persoana este altruistă, agreabilă, harnică, modestă, respectuoasă, dezvoltată spiritual, moral, cu interes pentru cunoaștere și adevăr, pentru frumos și bine social, se auto-perfecționează, este interesat de dezvoltarea sa personală, aptitudinală și morală, caută rezolvarea pașnică a problemelor, îl ajută pe celălalt să depășească situația de dificultate oferindu-i mijloacele de autodeterminare (S. Brehm, S.M. Kassin, 1990). Lucrătorul social, în societatea compatetică, este o personalitate complexă, empatetică, morală, spirituală, sociabilă, energică. Instituțiile de asistență socială oferă servicii ce urmăresc dezvoltarea umană a clienților, autonomizarea lor și nu oferă doar „servicii", ajutoare ocazionale care lezează pe fond demnitatea persoanei.

Resursa principală cu care operează aceste instituții nu este cea economică sau juridică ci cea empatic-spirituală. Chiar dacă se spune că resursele materiale, energetice ale omenirii sunt limitate, resursele spirituale/ culturale/ empatetice sunt inepuizabile și regenerabile, nu trebuie decât ca omul să le „extragă", atât din cultură, știință, filosofie, religie etc. cât și din propria ființă, din interior, din suflet, din propria personalitate. Istoria umanității, în travalii dramatice imposibil de imaginat și miliarde de suflete, destine umane sacrificate, prin suferință.tăcută, a generat cultura, religia, știința, spiritualitatea umană., „sedimentate" în multe straturi și ascunse în nesfârșite "rezervoare" spirituale; cele mai multe se află chiar în sufletul, personalitatea intrinsecă a fiecăruia dintre noi. Pentru a le descoperi nu este necesar să se lucreze cu sonda, excavatorul sau lopățica ci cu simțirea autentică, sentimentul, empatia, cunoașterea, credința, iubirea, altruismul, sentimentul estetic. Aceste „bogății" ar putea constitui rezerve și asigura supraviețuirea omenirii încă multe sute și mii de ani. Cu astfel de resurse s-ar putea face minuni și în asistența socială.

2.4. Empatia în asistența socială (umanistă)

În asistența socială umanistă operăm cu versiunea unei empatii de tip proactiv. Empatia este atât o relație cognitivă și afectivă de inter-cunoaștere și comuniune emoțională dar și in instrument formativ, utilizat de către profesionistul social în îndeplinirea scopurilor specifice, în principal în reabilitarea umană și autonomizarea socială a clientului. Avem în vedere instrumentele deja descrise mai sus precum inter-empatie, compatie sau personalitate empatetică sau pur și simplu empatie activă, ori proactivă. Prin acest instrument conceptual-metodologic ieșim puțin din definiția originară a empatiei, care se descrie de regulă printr-o extensiune de tip pasiv, respectiv capacitate sau trăsătură de personalitate.

Relația empatetică proactivă profesionist social – client este de fapt un cadru pentru transfer, un culoar subtil pe care primul îl folosește în mod voluntar și profesionist pentru a reabilita uman și social clientul, pentru a rezolva problema socială. Ce anume transferă profesionistul clientului? Fără îndoială, în primul rând personalitatea sa empatetică, personalitatea eficientă și adaptată social, echilibrul ei, dinamismul și eficiența personală/ socială/ profesională. Clientul dispune în mod inerent de o personalitate empatetică și, desigur, de personalitate în sensul general al termenului. Însă personalitatea acestuia, în contextul general al situației sale sociale este afectată, nu neapărat patologic, ci mai degrabă tinde să se dezadapteze sau este dezadaptată, în contextul pierderii speranței de reabilitare sau ca urmare a unor traume suferite.

Asistentul social nu-și propune să opereze precum un psiholog (chiar dacă ar fi o sarcină a lui aici) ci prin atribuțiile specifice să urmărească reconstrucția psiho-socială a acelui dispozitiv psiho-comportamental circumstanțial dezadaptativ determinat de situația socială în care se află. Mai nou, se vorbește și despre o implicare mai accentuată a asistentului social clinician în problema psihologică a clientului, fiind dificil să se disocieze problema socială de cea pur psihologică a clientului. Oricum, trebuie să precizăm faptul că, chiar dacă asistența socială umanistă se concentrează pe probleme la nivel microsocial și pe relația directă lucrător client, și clientul colectiv sau problemele sociale de mai mare amplitudine reprezintă zone de interes și intervenție. De fapt, dincolo de aspectele teoretico-metodologice concrete asistența socială umanistă este o filosofie, o antropologie, o atitudine față de tot ceea ce privește anormalitatea socială și umană. Serviciile de asistență socială din comunități, prin misiunea lor, urmăresc, în scop preventiv, instituirea unor relații umane de tip compatetic, dezvoltarea cultuală și umană a organizațiilor pe care le monitorizează. Dacă se limitează la o elementara intervenție de criză atunci cu siguranță problemele socială vor prolifera.

Metodele empatetice de evaluare și intervenție sunt foarte eficiente în centrele de plasament pentru copii, în activitatea asistenților maternali, în adăposturi, în centre de recuperare a persoanelor dependente, centre pentru vârstnici, în școli speciale, în centre de recuperare pentru persoana cu dizabilități, pentru reabilitarea persoanelor dependente de substanțe, copii, tineri și adulți cu tulburări de comportament, delincvenți, persoane victime ale violenței, sau au suferit altfel de traume, persoane cu tulburări de orice fel.

Metoda umanist-empatetică, este utilă în diagnosticul, cura şi prevenirea disfuncţiilor, dizabilităţilor, a tulburărilor psihosociale ale persoanelor, familiilor şi grupurilor de persoane. Aceasta are ca drept misiune bunăstarea sufletească, mintală, emoţională şi socială a indivizilor, familiilor si grupurilor. Ea situează în centrul preocupărilor sale îmbunătăţirea relaţiilor dintre indivizi şi mediul înconjurător, folosind instrumente de intervenţie din cele mai diferite şcoli.

Şi psihoterapia poate face şi ea parte din strategia de intervenţie umanist-empatetică folosită de asistenţii sociali dacă relaţia dintre asistent social şi client presupune ameliorarea sau de rezolvarea simptomatologiei psihosociale care îngreunează adaptarea socială. Intervenţia de tip umanist-empatetic poate fi folosită şi terapiile familiale, cele de grup, utilizând tehnicile cognitiv-comportamentale. centrarea pe sarcină, centrarea pe soluţii, rezolvarea de probleme, terapia tranzacţională, terapia sistemică, medierea, terapia raţional-emoţională etc.

Aşadar, capacitatea empatetică a clientului şi profesionistului, mediul competetic sunt facilităţi teoretico-metodologice de tip umanist utilizabile în majoritatea metodelor clasice ale asistenţei sociale şi psihoterapiei, după cum, cele mai multe dintre tehnicile consacrate pot fi utilizate în intervenţia de tip empatetic-umanist.

Personalitatea empatetică a clientului şi personalitatea empatetică a profesionistului sunt temenii cheie ai relaţiei curative, intervenţiei de reabilitare socială, profesionist-client (Odette Girlasu-Dimitriu, 2005). Este vorba de o confruntare empatetică între personalitatea celor doi actori. Profesionistul are însă obiective profesionale şi este preocupat de autonomizarea clientului însă de multe ori clientul poate avea scopuri contrarii. Transferul şi mesajul curativ poate întâmpina dificultăţi dacă există discrepanţe mari între stilurile empatetice al celor actori. Profesionistul cu suflet spiritual-intelectual comunică empatic destul de greu cu clientul cu suflet endemic, concentrat pe sine şi pe satisfacerea nevoilor de bază. Proiectul de autonomizare socială prin dezvoltare personală şi reabilitare umană se loveşte de obtuzitatea empatetică specifică personalităţii elementare.

Astfel de paradigme curative sunt foarte întâlnite în asistenţa socială, de aceea este recomandat ca profesionistul să utilizeze soluţii empatetice de compromis, prin care să opereze mai puţin cu personalitatea intelectuală şi mai mult cu cea afectivă, fără a abandona însă mijloacele intelectuale. Acest nivel ontic-empatic, afectiv, poate fi atins de către cei mai mulţi beneficiari ai serviciilor de asistenţă socială, iar pe acest teren afectiv, respectiv afectiv-ludic pot fi obţinute rezultate. Presupune aşadar o cedare din partea profesionistului şi o suprasolicitare a capacităţilor personal-empatetice ale clientului.

Modelul afectiv este recomandat şi în activitatea lucrătorilor din instituţiile rezidenţiale pentru copii, vârstnici, persoane cu dizabilităţi, bolnavi cronici. Nu avem în vedere o interacţiune afectivă de tipul ataşamentului, pentru că acesta determină dependenţă, iar fluctuaţia mare de personal poate conduce la apariţia multor drame, avem în vederea relaţii empatetice de tip afectiv-comportamental, caracteristice personalităţii agreabile, sincere, deschise, empatetice.

Acest aspect este, chiar dacă pare un detaliu, crucial în creşterea şi educaţia copilului instituţionalizat. În aceste instituţii există din păcate un climat destul de rece şi ostil, iar de multe ori explicaţia se găseşte în personalitatea şi conduita ori prea intelectuală, ori prea oficială, ori prea elementară a personalului. Modul în care interacţionează lucrătorul social cu aceşti copii în instituţii, în prezenţe comune de multe zeci de mii de ori va determina tipul de personalitate empatică a acestora, gradul de fericire, capacitatea de integrare socială autonomă. Agreabilitatea atitudinală şi comportamentală este stimulul formativ crucial în creşterea, educaţia şi dezvoltarea umană şi socială a copilului instituţionalizat. În toate cazurile, în perspectiva unei teorii a empatiei în asistenţa socială crucial este obiectivul reabilitării umane şi integrării sociale a clientului prin umanizarea acestuia, prin dezvoltarea sufletească, prin formarea personalităţii empatetice. Profesionistul social evaluează starea personalităţii ontice a clientului, stabileşte obiective şi intervine prin umanizare, spiritualizare, superizare. Empatia este un mijloc dar şi un scop, profesionistul se foloseşte sau crează mediul compatetic ca şi cadru psihosocial şi ontologic optim în reabilitarea umană şi fericirea clientului sau în scopul apariţiei problemei sociale, utilizează valenţa proactivă, formativă, educativă şi inductivă a empatiei pentru reconstrucţia onto-psihologică a sufletului clientului ca şi treaptă în dezvoltarea personală şi reabilitarea socială.

Prin situaţia problemă în care clientul se află are sufletul puternic afectat, chiar dacă personalitatea instrumental-comportamentală pare intactă. Problema acolo este, în adâncul sufletului. Este o rană. O rană în Eu, în eul ontic-social. Lucrătorul social îşi propune să alimenteze acest eu ontic, sufletul rănit, să-l reabiliteze. Acolo se află adevărata şi ascunsa resursă de realimentare a speranţei, de energizare şi reîncepere a luptei pentru integrarea socială, pentru normalizare. Acolo în sufletul clientul profesionistul găseşte cheia reabilitării şi fericirii sale, pentru că de fapt problema lui socială acolo s-a mutat. Clientului îi pot fi satisfăcute nevoile materiale curente, poate fi reabilitat, circumstanţial, material şi social, dar problema va rămâne în suflet şi în atitudinea sa. Dacă acolo nu se rezolvă problema va ajunge din nou, foarte curând, în situaţia de dificultate. Adevărata marginalizare şi dezadaptare, ori sărăcie, a clientului, de multe ori, nu stă în situaţia lui socială ci în marginalizarea, dezadaptarea, sărăcia sufletească, în instituirea unei personalităţi ontic-constituţionale dezadaptative. În perspectiva asistenţei sociale umaniste, pentru rezolvarea majorităţii problemelor sociale, aici se află adevărata cauză dar şi resursa de normalizare, reabilitare, reintegrare socială, fericire a clientului.

3. Teoria fericirii în asistenţa socială

Cu toate că teoria ataşamentului a venit cu multe soluţii, perspective noi şi a redimensionat filozofia asistenţială pentru personalele aflate în dificultate, îndeosebi pentru copii, ea nu este şi nici nu se doreşte o soluţia teoretică-metodologică miraculoasă, atotcuprinzătoare ci se descrie mai degrabă ca deschizătoare de drumuri spre noi abordări, în linia filozofiei şi psihologiei umaniste, pozitive, aplicabile domeniului asistenţei sociale, pedagogiei, sociologiei etc.

Ca orice teorie și aceasta are niște limite, niște ținte, niște zone de aplicație determinate. Ea se concentrează cu precădere pe latura consangvină a relației dintre copii și adulți, privește în special sfera afectiv-endemică a raporturilor familiale, punând pe plan secund valențele empatic-umaniste aferente unei culturi organizaționale non-consangvine, unei atitudini altruiste dezinteresate, cu aplicabilitate în sfera relației profesionale dintre client și lucrător în domeniul asistenței sociale.

De aceea putem conchide că teoria atașamentului are mai degrabă o funcție preventivă decât una aplicativă, privește conservarea unității familiale ca drept condiției a prevenirii apariției situației de dificultate și nu este în multe cazuri soluție pentru rezolvarea ei. Este foarte greu pentru personalului serviciilor de asistență socială să realizeze legături cu clienții bazate pe un atașament autentic/sigur, atât din motive psihologic-personale (legăturile autentice le realizează în mod natural cu membrii familiei proprii, consangvine) cât și administrativ-instituționale (fluctuația de personal).

Întrucât obiectivul reintegrării familiale, în scopul refacerii legăturii naturale, autentice dintre persoana abandonată și restul membrilor familiei, a refacerii și constituirii atașamentului sigur, se dovedește, în cele mai multe cazuri, nerealist credem că se impune reorientarea unor obiective asistențiale, o filozofie asistențială îmbunătățită și, în consecință, noi teorii, teoria fericiri și teoria atașamentului, prezentată mai sus, ar putea fi unele dintre acestea. Aceasta ar presupune deplasarea accentului de pe atașament pe *empatie* și de pe obiectivul reintegrare familială pe obiectivul *fericire*, dezvoltare personală și integrare socială în cadrul sistemului de protecție și asistență socială.

3.1. Fericirea. O teorie ontologic-umanistă a fericirii

Tema fericirii nu este nouă. Încă din antichitate Aristotel, Platon au abordat-o, desigur în contextul mai larg al preocupărilor enciclopedice și pe fondul dezbaterilor etice din societatea ateniană. Astăzi există o infinitate de teorii ale fericirii, abordată din toate perspectivele posibile: filozofice, psihologice, religioase, antropologice, estetice, sociologice etc. Ideea dominantă, care pare a se degaja, este că fericirea nu este direct condiționată de plăcerea și satisfacția curentă, superficială ci mai degrabă de un construct de personalitate profund, constituțional care predispune persoana la dezvoltare personală, eficiență socială, emoții și trăiri pozitive. În lucrarea *Authentic Happiness* Martin Seligman (2002) identifică fericirea cu așa-zisele emoții și sentimente pozitive generate de organizări personale optimale la toate nivelurile personalității.

Noi legăm direct fericirea autentică, profundă, durabilă de crearea unui dispozitiv onto-psihologic personal funcțional și cu o componenta empatică, interumană ca sursă a energetică, iar sufletul ca onto-formațiune psihologică suport (fundament). Acesta este sursa empatiei și capacității lucrătorilor din domeniul asistenței sociale de a „oferi" fericire clienților. În acest context și pe suportul acestor precizări aplicăm elementele teorie fericirii la domeniul asistenței sociale.

Una dintre ideile cardinale ale ipotezei este aceea a existenței, în cadrul ansamblului personal, unei *formațiuni psihologic-personale a fericirii*, suport psihologic-ontologic al ceea ce literatura de specialitate a consacrat ca fericirea autentică, adică fericirea nu atât ca stare psihologică ci ca achiziție durabilă, natură psihologică, constituțional-ontică.. Aceasta antrenează sufletul, dar se formează cu preponderență, în „spațiul" onto-proiectiv subiectiv al persoanei integrându-se treptat în structura de personalitate și *ansamblul psihologic-personal*. Rolul formațiunii fericirii fiind de a asigura orientarea pozitivă, creativă, activă, spre viitor și acțiune, de a tonifia și echilibra forțele interne prin deschidere proiectivă, de a întreține și susține onto-subiectiv persoana, de generator psihologic-ontic al persoanei.

Formațiunea fericirii operează atât în ariile intelectuale, în cele afective cât și în cele voluntare sau decizional-comportamentale. Este o formațiune emergentă, de aceea operează unificator în întreg arealul subiectiv-personal. Prin facilitatea principiilor emergenței proiective se dezvoltă *formațiunea onto-proiectivă* în „spațiul" căreia se va definitiva onto-formațiunea fericirii și se va impune cu rol crucial. Doar prin capacitatea onto-proiectivă a subiectului este posibilă constituirea formațiunii fericirii și definitiva procesul de constituire a sufletului, de redimensionare pe un nivel superior generând credința, cultura, iubirea, gustul și spiritul ludic, estetic sau mistic.. Aici un rol important îl au și sfera/capacitatea intelectuală, motivațională sau voluntară (Ștefăroi, 2008). Constituirea formațiunii fericirii este condiționată/ determinată în principal de două procese: evoluția, creșterea, dezvoltarea personală generală, care impune constituirea unor noi formațiuni cu funcții specifice și procesul de organizare, con-mergență, sinteză a puzderiei de formațiuni onto-proiective primare și secundare. Neconstituirea formațiunii fericirii ar curma procesul de formare personală, limitându-l la stadiul onto-endemic și onto-afectiv, achiziții insuficiente pentru definiția persoanei. Iar pe de altă parte, menținerea unui număr foarte mare de onto-formațiuni proiective primare și secundare, lipsite de organizare și coordonare ar susține trăiri și conduite haotice, dezadaptative, primitive.

Marea majoritate a oamenilor cunosc această etapă importantă, adică de organizare, relativ unitară, conmergentă și telegentă a ansamblului formațiunilor și achizițiilor onto-proiective. Procesul nu este deloc simplu, liniar, previzibil. Dimpotrivă, se poate vorbi de adevărate tensiuni între tendința de unificare și cea de menținere a autonomiei formațiunilor secundare, care, așa cum am precizat anterior, reprezintă fiecare un mic univers. Procesele sunt subsumate tendințelor generale de evoluție și formare a ansamblului personal, lupta se dă și între tendințele de superizare, impusă de mediu, necesitatea adaptării sociale, culturale, morale, profesionale și tendința endemică a subiectului endemic de confort și conservare. Cu toată opoziția și dificultatea procesele de organizare onto-proiectivă continuă, iar , în paradigma noastră, următoarea etapă o reprezintă constituirea onto-formațiunii proiective și a fericirii ca organizări integratoare, de sine stătătoare, autonomă cu rol și funcții proprii în cadrul ansamblului ontic și personal. Onto-formațiunea proiectivă tinde să se impună ca o formațiune, funcție în sine, cu resorturi proprii. Formațiunea fericirii decurgând din aceasta, reprezentând de fapt, nucleul și rațiunea ei ontologică principală de a fi .Așadar, ipoteza de la care plecăm este aceea că fericirea nu este doar o trăire sau o stare ci și o funcție, o „ființă" subiectiv-personală dar mai ales o formațiune.

Aceasta se construiește ontogenetic, rolul factorilor ambientali fiind, în consecință, important. O dată constituită se va integra în structura de ansamblu a personalității și va influența mult creșterea, dezvoltarea, eficiența socială, realizarea personală. Constituirea formațiunii fericirii se definitivează abia, așa cum am subliniat, la nivelul onto-proiectiv al personalității și se va impune ca resortul și indicatorul central al bunăstării psihice interne, al dezvoltării și împlinirii personale autentice. Constituirea sufletului este una dintre condițiile de bază a constituirii acestei formațiuni onto-proiective. Este caracteristică doar ființei umane - sociale, intelectuale, morale, spirituale, estetice, ludice. Sintetizează/asimilează dezvoltările și experiențele hedonice endemice și afective (sufletești) dar propulsează ființa interioară a persoanei într-o zonă superioară, spirituală, umană, antrenând proiecții, idealuri, aspirații, așteptări. În esență constituirea este condiționată de acumulările și sintezele proiective primare și secundare de o anumită factură. Adică cele care întrețin binele (proiectiv) al subiectului. Trăirile, reprezentările, ideile sunt asimilate/preluate din experiența personală, dar și din cultură, știință, comunitate.

Suntem înconjurați încă din primii ani de viață de stimuli, situații, informații cu privire la ceea ce este bine și ceea ce este rău pentru noi, pentru om în general. La foarte puține dintre referințele reale ale lor avem acces efectiv. Nerealizările asociate idealurilor de bine și fericire sunt interiorizate, dar ele rămân într-o zonă ipotetică, dezirabilă. Dacă inițial acestea au doar valoare de reprezentare, cu ușoare ancore subiective, prin re-prezentare mentală și re-activare intră în stările și trăirile curente ale subiectului, de cele mai multe ori, însă, fără perspectiva realizării. Repetarea experiențelor le proiectează în zone noetice și afective tot mai rupte de contingent. Tendința este de „abstractizare" și transformare a lor în entități proiective „pure". Se constituie o „lume" proiectivă „în sine" a binelui personal, mecanismele sunt aproape în totalitate inconștiente, fără să însemne aceasta că subiectul, eul, conștiința nu ar fi active.

Trebuie să precizăm și să întărim aspectul că formațiunea fericirii nu este o liniară prelungire proiectivă a formațiunii hedonice endemice sau afective (sufletului) ci tinde să se instituie ca ființă în sine, în plus mai are o caracteristică care o distinge în mod consistent. Spre deosebire de formațiunea hedonică endemică care caută starea de bine prin raportare la contingent, imediat și endemic, iar satisfacerea înlătură anxietatea, în cazul formațiunii fericirii alimentarea constă nu în satisfacere ci în perpetuarea și amplificarea iluziei, perspectivei de împlinire, satisfacere. Anxietatea proiectivă a fericirii nu se elimină odată cu împlinirea unei dorințe ci cu reactivarea și relansarea ei. Este unul dintre mecanismele care susțin trendul pozitiv al ontogenezei personale.

Acest proces este susținut de capacitatea imaginativă, creativă, productivă a minții, formațiunilor proiective. Subiectul nu se limitează să contabilizeze niște reprezentări proiective ci reconstruiește, confecționează idealuri hedonice, vise, aspirații. Sunt entități noi, care determină apariția altora, reconfigurări, formatizări emergente. Se ajunge până acolo încât universul proiectiv al persoanei să fie disociat aproape în totalitate de realitate și posibilitate. Este terenul propice de dezvoltare a valorilor personale intrinseci dar și morale, estetice, filozofice, științifice, erotice.

Toate acestea prefigurează apariţia unor structuri personale duale. Pe de o parte personalitatea reală, conştientă, contingentă, endemică, corporală, bio-psihică, necesară, suficientă, pe de altă parte persoana proiectivă, dezirabilă, ideală, suspendată, insuficientă, ireală, metafizică, spirituală, estetică. Desigur, construcţia ansamblului personal integrat de mai târziu, prin intermediul personalităţii, va impune soluţii pentru conectarea celor două arii. Totuşi pe perioade destul de îndelungate ruptura poate fi foarte consistentă. Unul dintre factorii unificatori esenţiali este, desigur, conştiinţa, îndeosebi conştiinţa de sine, care va încerca să coboare eul ideal-proiectiv „pe pământ", sub presiunea realului, socialului şi nevoii de adaptare a persoanei.

Dar, care sunt elementele constitutive, conţinutul/structura formaţiunii fericirii şi geneza acesteia ? De ce este importantă cunoaşterea ei în scopul îmbunătăţirii activităţii în domeniul asistenţei sociale, cu precăderea în asistenţa socială a copilului?

Copilul creşte printre stimuli dezirabili (benefici), ostili (malefici) şi neutri. Acei stimuli benefici dar neaccesibili, doar evocaţi, deduşi, ipotetici, identificaţi prin reprezentare imaginativă/proiectivă sau senzaţii constituie punctul de plecare în procesul de formare a formaţiunii fericirii. Este vorba despre „obiecte" inaccesibile sau pierdute, situaţii, persoane, personaje sociale şi culturale (eroi), modele, ipostaze, roluri, statusuri sociale, economice, afective, sexuale. Prin convieţuire, cultură, comunicare, mass-media subiectul intră în contact cu acestea, conştient sau inconştient, fiind interiorizate în registrul digital sau analog. Dimensiunea care se realizează intră în travaliul onto-hedonic endemic, iar cea nerealizată intră în procesul de formatizare onto-proiectivă.

Universul ontic-subiectiv al fericirii, subcomponentă a celui onto-proiectiv, fiind atât de superficial, adică disociat relativ de legile obiective va trebui să se organizeze cumva, în jurul unui vector catalizator, altfel am putea vorbi de paranoia ori schizofrenie. În condiţii de normalitate formaţiunea fericirii este oarecum limitată în conţinut şi arie şi se află sub un anumit control conştient. O mare parte a conţinuturilor se revarsă în scopuri şi obiective pragmatice, se regăsesc în sensibilitatea estetică, credinţe, idealuri şi contribuie la ideo-structurarea personalităţii. Chiar dacă, prin natura ei, această formaţiune este mult disociată de experienţele onto-endemice organice şi active totuşi procesele şi trăirile pozitive sunt dublate, într-o manieră mai sublimă, de activităţile organo-psihice bazale, emoţii, reacţii fiziologice, endocrine, manifestări nervoase şi neurovegetative, percepţii.

Un aspect care trebuie obligatoriu semnalat este faptul că o mare parte a energiei ontice endemic-subiective se proiectează în formaţiunea fericiri. Subiectul tinde să se identifice cu proiecţiile pozitive şi să acţioneze „ca şi cum ar fi", dispărând graniţa dintre real şi imaginar-ipotetic. Această identificare şi atribuire conferă conţinut trăirilor personale, pozitivând atitudinile, stările, comportamentul chiar dacă statutul şi situaţia personală reală nu-i conferă justificare pentru o asemenea identificare, cu atribuirile corespunzătoare. Rolul acestor identificări în definirea trăirilor personale este important. Prin acest proces subiectul se umanizează, proiecţiile determină auto-atribuiri formative importante.

În lipsa acestor procese persoana ar rămâne bidimensională, contingentă, in-umană, simplă, inadaptabilă. Identificările sunt generate de tendința subiectului de a căuta starea de bine personală, care este similară proiectului generic de realizare personală prin raportare la modelul personal generic, universal, realizabil, hedonic, atemporal, nemuritor, ființa supremă, Dumnezeu. La toate acestea cultura – mai ales cea populară - a așezat un numitor comun: *fericirea*.

În paradigma noastră fericirea trebuie înțeleasă ca o stare pe care subiectul în mod aprioric o caută, o trăire sublimă generică, atemporală, care însoțește sau este efect al experiențelor de alimentare și satisfacere. Formațiunea fericirii fiind deci o *ființă* care are nevoie de alimentare. Căutarea fericirii este consecutivă experiențelor pozitive erotice, estetice, sociale, familiale, dar pe cât este de prezentă pe atât diminuează forța formațiunii. La fel de adevărat este că și nefericirea permanentizată poate diminua ponderea formațiunii fericirii. Fiecare persoană își construiește o imagine și senzație proiectivă proprie a fericirii sentimentale, sexuale, sociale, economice. Raiul, puterea, extazul erotic, statutul, bogăția, iubirea, iubitul ideal dezirabil sunt produse (metafore) ale formațiunii fericirii, dar și semn al dezvoltării și funcționării ei (Text preluat din volumul *Teoria fericirii în asistența socială. De la managementul îngrijirii la managementul fericirii*, Iași: Editura Lumen, 2009).

3.2. De la teoria atașamentului la teoria fericirii în asistența socială

Deosebirea dintre teoria atașamentului și teoria fericirii în domeniul asistenței sociale este aceea că în relația client-lucrător atașamentul autentic, sigur, în cele mai multe cazuri nu este posibil, chiar nerecomandabil, empatia însă da. Atașamentul este strict legat de o persoană, pe când empatia este o calitate personală generală, consecință a unor trăsături și structuri de caracter, sufletești, constituționale, cultivabile și nu a unor dispozitive motivaționale interpersonale determinate. Atașamentul este o relație incidentală pe când empatia o resursă de interacțiune și comunicare universală. Acestea sunt câteva argumente care ar justifica necesitatea alăturării acestei noi teorii în asistența socială în efortul de soluționare așa-ziselor probleme sociale și a oferi noi servicii clienților. Este fundamentată pe teorii științifice consacrate, are ca temei drepturile fundamentale ale omului și se întemeiază pe următoarele principii:

- fiecare om, indiferent de vârstă, sex, naționalitate, statut social, profesiune are dreptul la o viață demnă, la fericire, la împlinire personală;
- indicatorul esențial al calității vieții omului este reprezentat de gradul de satisfacție internă, resimțită subiectiv, de fericire și mulțumire de sine a persoanei;
- obiectul investigației pentru determinarea nivelului de satisfacție, fericire, realizare personală și de îndeplinire a obiectivelor asistențiale îl reprezintă sufletul persoanei, nu corpul sau situația socio-economică, chiar dacă și acestea reprezintă sfere importante de interes;
- fericirea autentică este sursă de dezvoltare personală, eficiență socială/profesională și factor de dobândire a capacității de reintegrare socială autonomă;

- omul nu este doar un consumator de servicii, de bunuri materiale și sociale ci este și o ființă culturală, spirituală, estetică, ludică – are în consecință, nevoi afective, culturale, spirituale, estetice, ludice - înscrise endemic în constituția ontologică personală, nevoi care necesită satisfăcute necondiționat.

Reorientarea obiectivelor de asistență socială este susținută teoretic de unele curente și abordări filozofice sau psihologice dintre care se remarcă filozofia existențialistă, psihologia umanistă, psihologia pozitivă, psihologia transpersonală, teoriile dezvoltării personale și transpersonale etc. Repere și valori importante oferă și religia, al cărei rol ar fi indicat să crească în activitatea de asistență socială.

Satisfacția, speranța, optimismul, accent pe construirea personalității pozitive, active, cercetarea și valorificarea experienței pozitive sunt căi pe care le propune psihologia pozitivă pentru facilitarea accesului persoanei la fericire și mulțumire de sine. Dezvoltarea este condiționată de orientarea activă spre viitor, experiențele nefericite trebuie uitate, în schimb trebuiesc valorificate experiențele pozitive. Trăirea pozitivă, este sursă de energie, conferă confort și dinamism, determină productivitate profesională și îmbunătățește climatul social, interpersonal general. Individul primește feed-back-ul propriei stări de bine pe care o răspândește, se generalizează și recondiționează mediul de viață, ambianța, ce devine stimulativă, favorizantă prin contagiune socială și instituire organizațională.

Așa cum am mai precizat teoria fericirii se alătură celorlalte teorii din asistența socială, nicidecum nu le contestă sau substituie. Sistemul client este un complex de nevoi care necesită satisfăcute în diversitatea lor și cu mijloace foarte variate. Teoria fericirii răspunde unor nevoi și presupune soluții asistențiale și manageriale specifice. Pentru diferitele categorii de clienți problema fericirii se va pune ținând cont de o serie de variabile precum vârsta, scopul asistenței sau intervenției, condițiile și cadrul general în care își desfășoară activitatea serviciul.

Obiectivele serviciilor de asistență și protecție a copilului sunt mult diferite de cele care se referă la bătrâni sau persoane cu handicap, de exemplu. Scopul fundamental în protecția copilului abandonat este ca acesta să aibă o dezvoltare normală, echilibrată, o copilărie fericită și o integrare socială de succes în condițiile în care acest lucru trebuie asigurat de instituții sau familii substitut și nu în familia naturală așa cum ar fi normal și unde ar dispune de condițiile unei fericiri „naturale". Fericirea în perspectivă pentru acești clienți este strâns legată de condiția unei copilării fericite, obiectiv nerealist în cazul asistenței acordate bătrânilor de exemplu, pur și simplu pentru că se află în alt stadiu al vieții și au alte nevoi.

3.3. Fericire, eficiență personală și integrare socială

Concepem fericirea, în asistența socială, ca drept condiție fundamentală a dezvoltării armonioase, eficiente și adaptabile, în special a copiilor. Acesta este axul paradigmei pe care o propunem.

Actul asistențial/ curativ își găsește finalitatea doar în contextul în care se pune problema fericirii ca obiectiv principal, cu consecințele sale pozitive asupra vieții și dezvoltării normale. Desigur abordăm și problema necesității obiectivului fericire la bătrâni, persoane cu dizabilități, asistați în comunitate pe criterii de sărăcie. Ne interesează mai mult copiii pentru că sunt în formare, în construcție iar o investiție timpurie poate degreva serviciile de asistență sociale de multe cheltuieli în viitor, dacă avem în vedere și interesul economic.

Mai important este însă aspectul că, pe lângă faptul minorii trăiesc nefericirea ca pe o traumă uriașă, starea de bine, fericire, sentimentele pozitive sunt lianți și cadre psihice eficiente în perspectiva dezvoltării personalității și realizării umane individuale, aici avem în vedere perspectiva empatică, umanistă. Dar între cele două există corelații strânse. O persoană fericită are un moral pozitiv, ridicat și în condiții de normalitate mintală și fizică își va găsi un rost în societate, scutind serviciile de asistență socială de implicare și alocare de resurse. Iată cum obiectivul (hedonist) *fericire* în asistența socială, teribilist perceput de unii, costisitor și de unii și alții, fiindcă presupune alocare de resurse mari, umane și materiale, este aducător și de economii, devine sursă de eficiență.

Plecăm de la ipoteza că eficiența personală/ profesională/ organizațională este strâns legată de gradul de fericire și stimă de sine al persoanei. Studiile au arătat că în contextul grupului, eficiența personală este corelată cu gradul individual de satisfacție, echilibrul psihologic precum și cu fericirea și a fost conceputa la nivel individual, ca o predispoziție, credință psihologic-atitudinală pentru a îndeplini obligațiile în sarcină (S.M. Jex, D.M.Gudanowski, 1992). Desigur nu trebuie nici să cădem în greșeala de a crede, și proceda în consecință, că sufocarea clientului cu afecțiune și condiții deosebite este automat sursă de fericire autentică și eficiență/dezvoltare personală. În cazul copiilor literatura scoate în evidență faptul că și alimentarea necritică a ego-ului, supra-protejarea, alintarea, supra-motivarea   pot fi nefaste. Este recomandabilă deci moderația, un management inteligent al empatiei, atașamentului, al relațiilor sociale și strategiilor asistențiale.

Propunem, ca drept *obiectiv fundamental* al asistenței sociale *fericirea, satisfacția, starea de bine psihologică, sufletească a clientului* – condiție esențială a dezvoltării personale și integrării sociale autonome. Mijlocul, sfera de interes și acțiune principală ar trebui să o reprezinte sufletul, atât în cazul beneficiarilor cât și al personalului sau managerului. Totuși această terminologie, precum și aceste obiective ar putea părea idealiste, chiar fanteziste și puțin realizabile. Prejudecățile și automatismele instituționale, insuficiența resurselor, limitele psihologice ale persoanelor care lucrează în acest domeniu, precum și alți factori de natură culturală, politică sau istorică, așa cum am văzut, sunt factori frenatori. Asta nu ne împiedică să formulăm un număr de principii/obiective punctuale, în perspectiva unei teorii a fericirii, care ar putea fi atinse în acordarea serviciilor de asistență socială.

A. Fericirea individuală şi armonia colectivă, satisfacerea nevoilor umane autentice, subiective, dezvoltarea echilibrată, funcţionarea optimă a personalităţii pe un suport motivaţional- hedonic individual solid, pozitiv, cu indicatorul *gradul de satisfacţie personală resimţită* este *obiectivul principal* al serviciilor de asistenţă socială. În zadar serviciile de asistenţă socială alocă resurse materiale imense şi rezolvă problema socială/materială la clienţi dacă obiectivul *fericire* nu este îndeplinit. Pe de o parte lipsa satisfacţiei este un indicator al ineficienţei dar, mai mult decât atât, perpetuează, poate chiar amplifică, în perspectivă, problema. Întrucât condiţionăm fericirea de dezvoltarea unei personalităţi puternice şi echilibrate ţinta/obiectivul generic al acestor servicii ar viza un model ideal de structură personală, personalitate cu următoarele atribute:

- la *nivel ontic* se descrie o structură echilibrată în care formaţiunea fericirii şi formaţiunea spirituală au consistenţă şi pondere superioară în raport de formaţiunea fobică şi formaţiunea depresivă, cu tendinţe de marginalizare sau de limitare a rolului acestora din urmă;
- la *nivel eu – conştiinţă* subiectul are o percepţie realistă dar optimistă de sine, o stimă de sine relativ ridicată, încredere, aspiraţii, un ego consistent;
- la nivel *comportamental* persoana se descrie ca activă, adaptativă, cu relaţii interpersonale funcţionale şi mulţumită de rolul şi statutul său social.

B. Identificarea, evaluarea şi monitorizarea persoanelor aflate în situaţii de risc sau sunt beneficiare a unor servicii de asistenţă socială vizează nu doar latura materială şi socială ci şi *gradul de satisfacţie, fericire şi împlinire personală;*

C. Serviciile şi activităţile de asistenţă socială urmăresc să crească gradul de autonomie, satisfacţie, demnitatea persoanelor asistate - aceştia sunt factori esenţiali şi ai procesului de redobândire de către client a capacităţii proprii de integrare, adaptare socială, realizare personală şi dobândire a fericirii prin forţe proprii;

D. Serviciile de asistenţă socială urmăresc să construiască la nivelul conştiinţei clientului convingerea că nu este un asistat pasiv, un umil beneficiar îndatorat, că demnitatea nu îi este ştirbită;

E. Obiectivele privind bunăstarea privesc şi consistenţa, armonia vieţii psihice personale, calitatea relaţiilor interumane şi ataşamentului;

F. Domeniul monitorizării, asistenţei şi protecţiei copilului reprizntă în momentul de faţă principala preocupare a serviciilor de asistenţă socială. Fenomenul abandonului familial şi şcolar cunoaşte cote îngrijorătoare iar copii din instituţii se integrează foarte greu în comunitate după externare. Copiilor maltrataţi din comunitate şi multora din instituţiile rezidenţiale nu li recunosc şi satisfac nevoi fundamentale, constituţionale de creştere psihică şi personală, de formare în perspectiva adultizării. Aceştia dezvoltă astfel onto-formaţiuni fobice şi depresive hipertrofiate ca urmare a experienţelor traumatizante repetate, lipsei empatiei şi ataşamentului autentic, cu deturnări patologice de structură şi natură a formaţiunii hedonice (concentrare pe satisfacerea nevoilor fiziologice şi perversiunilor), insuficienta dezvoltare a formaţiunii fericirii şi a celei spirituale, constituirea de formaţiuni afective carenţiale. Persoanele de referință din instituții de care se leagă afectiv copiii se înlocuiesc frecvent, sau nici măcar nu există. Suferă grav procesul de structurare subiectivă a personalității, definirea identității din cauza ambiguității și fluctuațiilor relațiilor interpersonale cu angajații instituției rezidențiale sau alte categorii de persoane adulte sau minore, frecventelor schimbări logistice. Evitarea acestor derapaje de dezvoltare personală a copiilor este posibilă prin impunerea unor obiective care să vizeze *dezvoltarea laturii uman-spirituale, empatice a personalității, constituirea unei structuri onto-personale echilibrate, dinamice și funcționale, în care formațiunea afectivă să se dezvolte pe componenta empatică și spirituală, formațiunea hedonică și cea a fericirii să se fixeze pe atitudini și conduite adaptative, iar formațiunea fobică și cea depresivă să se dezvoltă atât cât este necesar pentru asigurarea condiției minimale de securitate internă și externă a copilului în perspectiva adultizării.*

G.Pentru persoanele de vârsta treia „alimentarea" formațiunii afective este o necesitate majoră. Vârstnicii sunt dominați de stări psihice preponderent melancolice, ei trăiesc mai mult în trecut decât în prezent, foarte importante sunt rudele apropiate, pe care le „monitorizează" empatic-imaginativ, trecutul propriu care este un celălalt obiect de amor propriu. Au totuși ca preocupare curentă: supraviețuirea. Sunt afectați psihologic de efectele extensiei inerente a formațiunii depresive. Stricta preocupare pentru satisfacerea nevoilor materiale nu răspunde nevoilor mai sus enumerate, de aceea este recomandat ca aspectele prezentate mai sus să fie incluse în obiectivele de asistență. La personale vârstnice formațiunea fobică, formațiunea depresivă sunt supraexcitate, este mai puțin activă formațiunea fericirii. Unii vârstnici, cu preocupări științifice, culturale sau religioase cunosc o dezvoltare accentuată a onto-formațiunii spirituale sau noetice, cu un tip de fericire specifică, superioară. Iată motive suficiente pentru o redimensionare a strategiilor/ obiectivelor și în asistența socială a vârstnicilor.

4. Pedagogia umanistă. Teoria fericirii și empatiei în educație

Poate părea surprinzător faptul că în contextul prezentării teoriilor care fundamentează asistența socială umanistă este inclusă și o teorie pedagogică, însă explicația este aceea că, cel puțin în opinia noastră, sursa primordială a majorității problemelor cu care se confruntă serviciile de asistență socială se află în domeniul educațional, ori în știința pedagogică clasică. Sistemul de învățământ, după multe încercări de reformare, de punere în acord cu valorile umaniste, a rămas, din păcate, încă tributar modelului intelectualist și perfecționist de educație, pune în continuare accent de asimilare de informație și educație instrumentală în dauna educație personalității, a obiectivelor de formare/dezvoltare personală și socială prin empatie și fericire. Altfel spus neglijează educația sufletului, pedagogia umanistă, concentrându-se pe educația intelectului și pe performanța în sarcină.

Aceste metode produc foarte multe victime, foarte mulți copii sunt rejectați de sistemul de învățământ, performanța intelectuală nefiind accesibilă, conform curbei lui Gauss decât unui procent limitat de copii. Ceilalți devin inapți, deficienți, inadaptați, inculți, întârziați, obraznici, devianți, iar în asociere cu unele riscuri sociale ori economice, la care pot fi expuşi, transformarea multora în clienţi ai serviciilor de asistenţă socială nu este decât o problemă de timp.

Teoria fericirii şi empatiei în asistenţa socială propune valorificarea fericirii, empatiei, valorilor umaniste în resurse educaţionale, aflate la dispoziţia tuturor, ieftine, în mijloace şi obiective de educaţie. Metoda poate conduce la o diminuare accentuală a clienţilor serviciilor de asistenţă socială.

4.1. Critica pedagogiei şi sistemului de învăţământ

Atât pedagogia ca ştiinţă cât şi educaţia ca sistem sau practică socială se află în prezent în faţa unor uriaşe provocări. Se vorbeşte chiar de o criză. Aproape nimeni nu contestă aceste afirmaţii. Schimbările accelerate şi imprevizibile din planul vieţii sociale, din tehnică sau economie, apariţia mediului cibernetic, a unei noi lumi, practic, virtuale, în care copii, tinerii tind tot mai mult să se integreze, interesul din ce în ce mai ridicat pentru bunăstarea materială şi statusul social, pe fondul unui proces general, aproape ireversibil de degradare culturală şi morală, de desconsiderare a valorilor fundamentale ale persoanei, familiei şi convieţuirii sociale – fenomene din cadrul sistemului social – ridică probleme tot mai complexe, greu rezolvabile ştiinţei pedagogice, strategiilor/ politicilor educaţionale, sistemului educaţional şi procesului de învăţământ, ca subsisteme ale sistemului social (Vico, 1993). Aceste radicale schimbări nu sunt doar la nivel de fenomen (social) ci tind să reconsidere unele paradigme şi valori antropologice cruciale privind esenţa, natura sau condiţia umană, sensul şi rostul omului ca specie şi ca individ în lume, raporturile dintre binele individual şi cel colectiv etc. Însăşi psihologia se află în situaţia de a reconsidera unele paradigme teoretice clasice privind sistemul psihic, stadiile dezvoltării, personalitatea, învăţarea, dezvoltarea psihică/ umană, evaluarea sau terapia.

Problemele cu care se confruntă pedagogia nu se limitează doar la provocările determinate de schimbările şi dinamice actuale ale sistemului social, ori a celui de învăţământ. Educaţia în esenţa ei este proiectivă, anticipativă; o conduită, trăsătură sau cunoştinţă asimilată astăzi de către un elev va fi valorificată, foarte probabil peste zece, douăzeci sau cincizeci de ani. Idealul de personalitate al actului educaţional nu se confecţionează doar din elemente ale timpurilor şi realităţilor prezente ci mai degrabă din estimări privind modelul personal dezirabil la vârsta matură, deci peste un număr de ani, când realităţile sociale, culturale şi economice, foarte probabil, vor fi mult schimbate. În acest sens se poate vorbi chiar de o adevărată presiune a viitorului asupra pedagogiei şi sistemului educaţional prezent.

Pe lângă aceste probleme, cu etiologie „societală" pedagogia are şi propriile probleme sau provocări, în principal de natură epistemologică şi metodologică. Marcată de obsesia de deveni o ştiinţă în adevăratul sens al cuvântul a tins să scape din vedere obiectul originar de studiu: formarea ontogenetică a fiinţei umane individuale. În mare parte a devenit o ştiinţă a procesului de învăţământ şi mai puţin o ştiinţă a omului. Educaţia, astfel, tinde tot mai mult să se descrie, prin procesul şi sistemul de învăţământ, ca un imens angrenaj social şi economic care oferă „servicii", de-personalizant şi dezumanizant. Nu este foarte important obiectivul final, teleologic al formării ontogenetice a ființei umane individuale, depline, fericite ci importantă este calitatea intrinsecă, tehnică, a serviciilor educaționale oferite (Hall și Hall, 1988; Vico, 1993). Astfel că, în timp, gradual, pedagogia, s-a îndepărtat de misiunea originară, de reflecția filosofică, științifică, ontologică și metafizică a rostului și naturii antropologice a educației, de idealuri/ obiective precum demnitatea umană, caracterul, fericire autentică, civismul, ideea de natură, esență umană, sens, valoare, concentrându-se obsesiv pe procesul și metodele de învățământ cu o tendință accentuată de autarhizare epistemologică și tehnicizare a actului comunicării didactice, impunând în acest sens conceptul crucial și practica numită *instruire*.

Acest concept tinde să excludă, în pofida unor intenții și declarații mai mult protocolare, aproape în totalitate obiectivul personalității în procesul educațional, urmărind dobândirea de deprinderi practice și informații, iar dacă există obiective în planul personalității ele nu privesc aproape deloc latura ontologic-spirituală, umanistă, morală sau culturală, focalizându-se pe categorii psihologic-personale comportamental-instrumentale precum *personalitate eficientă* (eficiență personală) sau *personalitate adaptativă* (eficiență socială/profesională). Laturile ontologică și axiologică sunt astfel desconsiderate aproape în totalitate. Desigur, în aceste condiții nu este destul de greu de dedus de ce se accentuează fenomenele socio-umane negative precum devianța comportamentală infantilă/juvenilă, ori creșterea ratei abandonului/ eșecului școlar.

4.2. Construirea personalității împlinite și fericite – teme cruciale ale pedagogiei umaniste

Chiar dacă propriu-zis fericirea ca și teorie, așa cum s-a consacrat ea de la Aristotel până astăzi, sau cum este reprezentată în viața de zi cu zi, nu constituie o preocupare pedagogică esențială unele elemente sau dimensiuni ale acestei sunt teme importante, precum rolul motivației în procesul și eficiența actului de învățare, condiționarea, funcția plăcerii și întăririi în fixarea cunoștințelor/deprinderilor. Pot fi identificate concepte cu sens apropiat precum satisfacția, bucuria de a învăța, entuziasm, voioșie (C. Narly, 1996). Dacă adăugăm alte teme precum fericirea ca ideal educațional, fericirea/satisfacția/plăcerea ca factor în eficiența actului de învățare dar și teme precum rolul *fericirii autentice* în educație, *principiul fericirii proiective* atunci considerăm că există temei epistemologic, științific pentru o *teorie a fericirii în pedagogie*.

Această teorie ar avea inițial funcția unor for epistemologic-pedagogic de dezbatere și analiză a rolului fericirii, plăcerii, motivației, expectanței în procesul de învățare. Necesitatea unei teorii a fericirii în pedagogie este impusă nu doar de nevoia eficientizării procesului de învățământ și actului învățării, dar și pentru că trăim într-o perioadă în care fericirea este tot mai mult asociată cu bunăstare materială, puterea și poziția socială, deci de „stimuli" externi, iar rolul unei asemenea teorii ar fi și acela de a cultiva și versiunea unei fericiri autentice, fundamentale, ontologice, intrinseci personalității umane individuale dar și ancestrale, valori cultivabile prin procesul educațional.

Această misiune nu ar putea fi îndeplinită cu succes însă cu mijloacele epistemologic-pedagogice consacrate, bazate cu preponderență pe psihologie și sociologie, ci necesită orientarea spre resursele epistemologice pe care le conferă ontologia, existențialismul sau psihologia umanistă. Teoria fericirii are o importantă dimensiune ontologică, iar ipoteza principală cu care operăm este aceea că *eficiența educației, procesului de învățământ este condiționată crucial de congruența pe care o realizează cu procesele ontic-subiectiv orientate spre fericire personală proiectivă ale copilului/elevului.*

Altfel spus oricât de avansate ar fi metodele de învățământ utilizate în educația unui copil, eficiența este condiționată de gradul de asumare subiectiv-ontică liberă a conținuturilor predate și de măsura în care acestea se integrează în proiectul ontic de fericire proiectiv-personală a copilului. În lipsa acestor congruențe și integrări subiectiv-ontice totul nu este decât un exercițiu didactic/academic gratuit, care dacă nu face bine poate însă să facă mult rău, determinând reacții interne dez-adaptative, fobii școlare, ostilitate, lipsă de interes, chiar eșec/abandon școlar. În abordarea noastră, ontologic-umanistă, o teorie a fericirii în pedagogie s-ar baza pe următoarele *idei forță*:

- Fericirea este o temă crucială în educație/pedagogie;
- Doar congruența dintre procesele ontic-subiectiv orientate spre fericire personală proiectivă ale copilului/elevului cu procesul de învățământ asigură eficiența învățării, asimilarea trainică și formarea unei personalități puternice, echilibrate, adaptative și fericite;
- Fericirea autentică, fundamentală este scopul ontologic al educației;
- Eficiența educației este condiționată de formarea personalității ontic-hedonice și ontic-proiective a copilului;
- Principiul fericirii proiective ca principiu de eficiență pedagogică;
- Idealul pedagogic al personalității este constituit de formarea sufletului și formațiunea fericirii, formarea intelectului și personalității instrumental-adaptative este un obiectiv derivat.

În perspectiva teorie ontologice a fericirii, pe care o promovăm, scopul hedonic al actului educațional, al tuturor strategiilor și metodelor de organizare sau predare utilizate îl constituie formarea unei personalități (ontice) care să confere în mod *aprioric* fericire, altfel spus fericirea nu rezultă din ocazii, bunăstare materială sau socială, din evenimente (fericite), din vești miraculoase, din euforii narcotice, sau extazuri sexuale ci din însăși constituția ontică a personalității, constituită ontogenetic din internalizarea trăirilor și experiențelor curente sau de învățare. Rezultatul acestor procese onto-genetice se concretizează în constituirea unor onto-formațiuni, instanțe subiectiv-personale fundamentale, ontologice, precum sufletul, onto-formațiunea fericirii și onto-formațiunea proiectiv-spirituală. Educația, atât cea din familie/comunitate cât și cea școlară are un rol crucial în procesele de constituire a acestora.

Prin educație, formală, informală sau non formală, și prin respectarea unor principii ale teoriei ontologice a fericirii, precum *principiul fericirii proiective*, educatorul (părintele, cadrul didactic, statul) poate cultiva nu doar calități comportamental-instrumentale, forma deprinderi și transmite cunoștințe ci mult mai mult de atât poate forma caractere, oameni suflet, cu simț civic, oameni cu gust și preocupări artistice, oameni intrinsec fericiți și prin aceasta eficienți și productivi. Aceste obiective impun o nouă atitudine în educație, pedagogie, o nouă atitudine în filosofia/antropologia educație, un nou ideal pedagogic, noi metode de organizare a învățământului sau de comunicare didactică, o deschidere mult mai mare spre ontologie, psihologia existențialistă sau psihologia educației dar și o *deplasare fundamentală, în planul practicii educaționale, de la educația intelectului și personalității eficiente spre educația sufletului și personalității autentice, plenare, empatetice, profunde, spirituale, fericite.* Desigur fără a desconsidera rolul obiectivelor clasice, de formare a deprinderilor și achiziție a cunoștințelor, de instruire a calităților instrumentale ale personalității. Pe lângă problema fericirii pedagogia umanistă s-a impus și cu alte teme și obiective precum: accentul pus pe *latura formativă,* pe *autodezvoltare și creativitate, umanizarea* curriculei, metodelor didactice, procesului/ sistemului de învățământ.

5. Teoriile dezvoltării personale și sociale/ organizaționale

Din ce în ce mai mult se asociază situația de dificultate a unora dintre clienți, a unor categorii sociale ori comunități, problemele sociale, cu aspecte precum dezvoltarea personală ori organizațională. Oricât s-ar lega apariția problemelor sociale de situația economică, conjuncturi istorice sau cauze structurale factorii psihologici și organizaționali nu pot fi neglijați. Fără îndoială, un client cu un nivel ridicat de dezvoltate personală, după ca ajuns într-o situație de dificultate ca urmare a unei crize economice sau sociale circumstanțiale, are o probabilitate mult mai ridicată de a depăși această situație. La fel se poate afirma și despre o organizație. O comunitate cu o cultură organizațională ridicată, afectată temporar de o calamitate, de exemplu, se va descurca chiar cu forțe proprii și depășește mai ușor dificultățile apărute decât o comunitate în care cultura organizațională aproape că lipsește. Este motivul pentru care tot mai multe voci propun, în scopul reducerii numărului problemelor sociale, a beneficiarilor serviciilor de asistență socială, soluții, le zicem noi, de tip umanist, în care problemele sociale să fie prevenite pe cât este posibil prin aceste soluții dezvoltare personală și umană, dezvoltare socială, dezvoltare organizațională, dezvoltare culturală. Desigur, aici rolul sistemului educațional este crucial.

5.1. Dezvoltarea personală

Conceptul de dezvoltare personală este asociat sau identificat cu o serie de alte concepte precum dezvoltare umană, dezvoltare psihică, creștere, adaptare etc. Este o categorie crucială a curentului umanist din științele sociale și privește următoarele aspecte:

- Creșterea gradului conștientizare, de cunoaștere de sine, stimă de sine (A. Maslaw);
- Maximizarea și valorificarea potențialului intern de dezvoltare, auto-actualizare, optimizare, eficientizare personală și socială (C. Rogers)
- Instituirea stării de bine psihologic-emoțional, satisfacție, fericire, stare de bine, hedonism (M. Seligman);

- Dezvoltare socio-emoţională, controlul emoţiilor, dezvoltarea inteligenţei emoţionale (E. Erikson);
- Auto-cunoaştere, realism şi echilibru;
- Dezvoltarea voinţei, rezistenţei la eşec şi frustrare;
- Speranţă, proiectivitate, orientare spre viitor;
- Atitudine pozitivă, optimism, gândire activă;
- Dezvoltare morală;
- Educaţie estetică;
- Valorificare maximală a aptitudinilor şi talentelor;
- Dezvoltare profesională;
- Autonomie personală şi socială;
- Dezvoltare interpersonală;
- Depăşirea crizelor, diminuarea neliniştilor existenţiale (V. Frankl);
- Maturizare a personalităţii, adaptabilitate.

După C. Rogers fiecare dintre noi are un potenţial unic de dezvoltare personală, psihologică şi socială, de creştere şi schimbare în bine. Acest potenţial ghidează toate conduitele noastre, autorul a numit această capacitate auto-actualizare. Rogers a lansat această teorie ca alternativă la teoriile pesimiste şi patologice ale psihanalizei. În general scrierile şi teoriile lui Rogers oferă o vedere optimistă a capacităţii omului de auto-dezvoltare şi schimbare. După acesta comportamentul este ghidat de tendinţa unică de auto-actualizare a fiecărei persoane. Personalitatea este guvernată de o înnăscută tendinţa de actualizare. Personalitatea nu tinde către nedezvoltare ci către dezvoltare şi auto-construire. Tendinţa de actualizare şi dezvoltare poate fi gândită ca având doua sensuri. Tendinţe care conduc la comportamente care ne menţin starea şi tendinţe care conduc la creşterea gradului de autonomie sau independenţă, la dezvoltare personală (C. Rogers, 2008).

Un alt mare teoretician al dezvoltării personale este Abraham Maslow. Cunoscut în principal prin teoria ierarhiei trebuinţelor, gânditorul american consideră nevoia de realizare personală, de împlinire şi integrare socială resortul fundamental al dezvoltării personale şi umane individuale, al accesului la fericirea autentică (A. Maslow, 2008)

O teorie interesantă în perspectiva temei asistenţei sociale umaniste o reprezintă şi teoria dezvoltării psihosociale a lui. E. Erikson. Autorul identifică opt stadii ale dezvoltării umane şi personale. Cunoaşterea acestora este importantă pentru explicare diferitelor cauze care au generat instalarea a unor tulburări afective ori de adaptare. Erikson consideră că fiecare etapă de dezvoltare este caracterizată prin evenimente şi conflicte, sarcini specifice de rezolvat pe care este obligată să le parcurgă. De fapt, personalitatea individului este un efect al modului cum au fost soluţionate aceste crizele specific fiecărui stadiu. De aceea aceste stadii de dezvoltare au mai fost numite şi crize de dezvoltare. Persoana ca nu va fi capabilă să depăşească în mod adaptativ crizele va avea probleme în parcurgerea următoarelor stadii şi dezvoltarea ulterioara va avea de suferit, chiar dacă experienţele nesoluţionate corespunzător dintr-un anumit stadiu pot fi compensate parţial ulterior (Erik H. Erikson, 1998).

Dezvoltare personală constituie unul dintre obiectivele esenţiale de reabilitare şi adaptare socială a clientului în asistenţa socială. Valorile acestor teorii sunt parte a teorie şi metodologie asistenţei sociale. Din păcate, în practica asistenţei sociale acestea tind în multe cazuri să fie desconsiderate, acţiunile şi intervenţiile se limitează de multe ori la elementarul sprijin, la îngrijire sau ajutor material. Teoria asistenţei sociale umaniste propune dezvoltarea personală ca unul dintre obiectivele fundamentale, fiind totodată şi o resursă inepuizabilă aflată la dispoziţia clientului şi a profesionistului. Conştiinţa ridicată, dezvoltarea socio-emoţională optimă, inteligenţa emoţională, auto-cunoaşterea, realismul şi echilibrul, rezistenţa la eşec şi frustrare, speranţa, proiectivitatea, atitudine pozitivă, optimismul, gândirea activă, dezvoltarea morală, educaţia estetică, dezvoltarea profesională, autonomia personală şi socială, dezvoltarea interpersonală, echilibrul existenţial, adaptabilitatea, personalitatea matură sunt calităţi care se constituie în predictori ai eficienţei profesionale. De asemenea, stabilirea ca drept obiective a acestor calităţi personale pentru clienţii serviciilor de asistenţă socială nu este o opţiune euristică ci o atribuţie profesională. Asistenţa socială este în natura ei originară umanistă iar adevăratul ei obiectiv este acela de a autonomiza clientul prin dezvoltare umană şi nu de a-l umili prin elementara îngrijire.

5.2. Dezvoltarea socială şi organizaţională

Majoritatea autorilor leagă conceptul de dezvoltare organizaţională de cel de cultură organizaţională (Ch. Handy, 1985). Există şi autori/ curente care consideră că dezvoltarea organizaţională şi socială este condiţionată de calitatea relaţiilor interpersonale şi a comunicării (H. Blumer, 1969; C. J. Larson, 1986). Ideea dominantă, totuşi, care pare să se degaje este aceea că dezvoltarea socială şi organizaţională solidă, trainică, benefică atât pentru organizaţie cât şi pentru individ, este direct proporţională cu nivelul culturii organizaţionale, al calităţii relaţiilor interpersonale şi de comunicare dar şi cu nivelul de dezvoltare personală şi socială al membrilor (D.L. Bradford şi W.W. Burke; C. Zamfir şi L. Stoica, 2006)

Vom extrapola remarca la domeniul asistenţei sociale, la grupurile, organizaţiile de asistenţă socială, fie că avem în vedere familia, comunitatea fie avem în vedere organizaţiile de funcţionari sau instituţiile de plasament şi vom afirma că multe situaţii sociale problematice se explică tocmai prin mari vicii în ceea ce priveşte calitatea culturii organizaţionale, relaţiilor interumane şi comunicării. Dacă alături de obiectivul dezvoltare personală şi umană a membrilor acestor organizaţii vom plasa şi obiectivul dezvoltare organizaţională cu siguranţă numărul şi gravitatea problemelor sociale va scădea. Dezvoltarea organizaţională, creşterea calităţii relaţiilor interumane reprezintă în opinia noastră o resursă încă puţin utilizată, de aceea o considerăm o categorie crucială a teoriei asistenţei sociale umaniste.

Secţiunea VI
Metode ale asistenţei sociale umaniste

Metodele umaniste de evaluare şi intervenţie, ori de monitorizare, s-au impus cu precădere în psihologie, însă din ce în ce mai mult sunt abordate şi de către asistenţii sociali sau de către alte categorii de profesionişti din domeniile practicilor şi activităţilor „sociale". Fără a desconsidera rolul celorlalte metode sau tipuri de abordări, consacrate, profesioniştii din aceste domenii apelează tot mai mult la ele, pe de o parte pentru că problematica socială capătă, din ce în ce mai mult, dimensiuni mai complexe şi mai profunde, solicitând abordări de tip ontologic-umanist, dar şi pentru că literatura şi practica de specialitate evidenţiază nevoia unor noi perspective şi paradigme în condiţiile în care metodele clasice au, în mod firesc, limitele lor. Prin metodele de tip umanist asistentul social antrenează în procesul de evaluare sau intervenţie socială laturi sau perspective neglijate în evaluările clasice, care au însă semnificaţie crucială în situaţia de dificultate a clientului social. Metodele psihoterapeutice umaniste consacrate pot fi foarte uşor adaptate modelelor de evaluare şi intervenţie de tip "social", cu atât mai mult cu cât multe dintre acestea conţin o componentă socio-*umană* intrinsecă importantă.

Fără îndoială, metodele umaniste, calitative, trebuie să se coreleze cu celelalte tipuri de abordări, sau să reprezinte componentă a metodologiei unitare de evaluare, intervenţie ori monitorizare (L.M. Tutty, M. A. Rothery, 2005). În aceste procese asistentul social umanist va reprezenta sfera, problema socio-existenţială a clientului, personalitatea ontică. În planul intervenţiei sau socio-terapiei scopul principal este reprezentat de obiectivul armonizării ontologice a relaţiilor din interiorul comunităţii/grupului, cu efecte asupra creşterii consistenţei ontologice a personalităţii şi diminuării riscului intrării în situaţie de risc.

1. Metode adoptate/ adaptate din psihoterapia umanistă

1.1. Terapia umanistă

Deoarece majoritatea ideilor psihoterapiei umaniste se regăsesc, într-o formă sau alta, în diferite secţiuni ale volumului, pe de altă parte, această orientare psihoterapeutică fiind bine cunoscută de către cititori, în secţiunea de faţă ne vom limita în a puncta doar principalele repere teoretice şi metodologice.

Psihoterapia umanistă, chiar dacă este încă de mare actualitate, şi este considerată o forţă nouă în domeniu, are deja o istorie, fiind deja împărţită în trei mari perioade, fiecare cu un anumit specific şi o anumită filosofie. Iolanda Mitrofan (2005) împarte psihoterapia umanistă în *clasică, modernă* şi *postmodernă*. Denumită şi „A treia forţă" psihoterapia umanistă se ocupă de contextul uman particular, unic, al dezvoltării individului, respingând determinismul mecanic şi preocupându-se de creşterea pozitivă prin antrenarea imenselor resurse interne spirituale ale persoanei. Unul din scopurile acestei psihoterapii este de a crea un mediu în care persoana să poată prospera.

Psihoterapiile umaniste îşi au, desigur, sursa teoretică în psihologia umanistă, iar originea filosofica în gândirea a lui Kierkegaard, Husserl, Heidegger sau Jaspers. Sunt terapii de tip experienţial, trăsătura esenţială este dată caracterul lor predominant fenomenologic. Principalele orientări psihoterapeutice umaniste sunt:

- psihoterapiile existenţiale, ai căror principali întemeietori sunt consideraţi a fi Frankl, Binswanger şi Boss;psihoterapiile rogersiene, (centrate pe client/ persoană) elaborate de Carl Rogers;
- psihoterapia gestaltistă, întemeiată de Frederick Perls;
- psihoterapiile pozitive, promovate de Nossrat Peseschkian.

Psihoterapia existenţială (Frankl, 2009) se fundamentează pe o serie de teze existenţialiste propunând identificarea angoaselor/ crizelor existenţiale şi reechilibrarea ontologică internă prin dezvoltare spirituală şi umană. *Terapia centrată pe sistemul client*, numită, după numele celui care a contribuit cel mai mult la consacrarea ei (Carl Rogers), şi terapie *rogersiană*, se fundamentează pe o serie de principii precum recuperarea/ reabilitarea prin valorizarea resurselor interne, reale ale personalităţii şi trăirii clientului, pe dezvoltare umană/ personală sau realizarea congruenţei intra-personale şi inter-personale (echilibrare, compatibilizare, dozare etc). Propune relaţia de egalitate dintre terapeut şi client şi sporirea rolului empatiei şi proceselor afective în relaţia terapeutică ideografică profesionist-client (Iolanda Mitrofan, 2005). *Psihoterapia gestaltistă* promovează şi utilizează metode de tipul „aici şi acum" (G. Wheeler, 1991) în timp ce *psihoterapia pozitivă* este bazată pe convingerea că toţi oamenii sunt buni şi au calităţi/ capacităţi fundamentale precum cea de a iubi necondiţionat si de a fi fericiţi (N. Pesechkian, 1977; M. E. P. Seligman, 2002). Unii terapeuţi şi autori consideră şi *psihoterapia transpersonală* ca parte a psihoterapiei umaniste.

Foarte mult utilizate de către psihoterapeuţii umanişti, preluate şi de către asistenţii sociali, sunt metodele şi tehnicile de grup, cele mai importante care s-au impus sunt:

- *T-Grupul* (grupul de învăţare - „*Training group*");
- grupul de întâlnire („*Encounter - Group*");
- grupul de formare şi educare a senzitivităţii („Sensitivity Group");
- grupul centrat tematic („*Theme-Centred-Group*");
- grupul de confruntare („Confrontation - Group").

Printre metodele şi tehnicile cele mai utilizate în această modalitate terapeutică (umanistă) se mai află: analiza tranzacţională; psihoterapia centrata pe emoţii; analiza existenţială; drama-terapia, dans-terapia şi terapia prin mişcare; art-terapia; focusing; psiho-drama etc. Şi acestea fiind preluate şi utilizate tot mai frecvent de către asistenţii sociali.

1.2. Terapia existenţială

În psiho-terapiile existenţialiste, *celălalt*, sau situaţia socială a clientului sunt categorii de bază. Chiar dacă teoria şi practica asistenţei sociale umaniste nu s-au impus într-o foarte mare măsură ea are o istorie destul de lungă. Însăşi Heiddeger i-a consacrat, într-o lumină filosofică, o atenţie importantă, iar în unele ţări occidentale asistenţa socială de tip existenţial-umanist s-a consacrat ca o preocupare metodologică importantă în domeniul asistenţei sociale clinice. Face parte din categoria metodelor/ abordărilor de tip calitativ/ comprehensiv şi este operabilă în toate zonele sau nivelurile de analiză ori intervenţie socială, psihosocială/ umană. În ceea ce priveşte asistenţa socială a copilului, de exemplu, metodologia asistentului social existenţialist-umanist ar presupune:

- evaluarea şi managementul cazului în paradigma existenţialist-umanistă, şi analiza existenţial-umanistă a situaţiei sociale copilului;
- analiza ontologică a impactului separării şi integrării;
- modelarea ontologică a situaţiei sociale a copilului;
- definirea în concepte existenţialiste a situaţiei de dificultate a copilului;
- identificarea surselor de alienare socială, depersonalizare;
- identificarea cauzalităţii ontologice ale tulburărilor de adaptare;
- modelarea onto-sistemelor care susţin situaţia socială de dificultate a copilului;
- modelarea ontologică a raporturilor dintre onto-tulburări şi tulburările de adaptare;
- identificarea şi definirea situaţiilor de impas social existenţial şi criză existenţială;
- identificarea şi aplicarea soluţiilor de tip existenţial-umanist sau integrarea acestora în metodologia generală a managementului cazului.

1.3. Terapia centrată pe sistemul client

Chiar dacă Carl Rogers nu a consacrat în teoria sau terapia sa o secţiune specială asistenţei sociale, astăzi o mare parte a teoriei şi metodologiei acesteia îşi are originea în sistemul teoretic şi metodologic al marelui gânditor umanist american. Foarte multe dintre valorile şi principiile terapeutice, consacrate de către acesta, au fost preluate, cu precădere prin intermediul psihologiei, de către teoria asistenţei sociale, devenind instrumente epistemologice şi metodologice cruciale, precum: centrare pe persoană, centrare pe client, non-directivitate, apreciere şi valorizare personală, dezvoltare personală, empatie în relaţia de intervenţie, inadaptare umană, incongruenţă personală, exteriorizarea sentimentelor şi emoţiilor, evaluare non-terapeutică, centrarea pe punctul de vedere al clientului nu al problemei, subiectivitate, actualizare de sine, terapia de grup, grup de întâlnire etc.

Desigur o mare parte a acestor concepte sau teorii are o istorie filosofică sau ştiinţifică anterioară, după cum, acestea au fost elaborate într-un context social sau cultural favorizant, unele au fost ajustate de către alţi mari gânditori de factură umanistă şi nu numai, contemporani cu Rogers sau succesori. Însă acesta a avut marele merit de le conceptualiza, integra într-un sistem teoretic unitar şi de a le operaţionaliza într-un sistem terapeutic emblematic pentru orientarea terapeutică umanistă.

Dacă ar fi să identificăm un principiu care să fie reprezentativ pentru sistemul teoretic-filosofic, sau psihologia rogersiană atunci acesta ar fi: *respect pentru valorile subiective ale persoanei.* În strânsă dependenţă de acesta vom enumera şi alte principii, valori, teorii sau concepte definitorii şi foarte importante în ştiinţele socio-umane, inclusiv în asistenţa socială:

- *conceptul, imaginea, aprecierea de sine subiectivă a persoanei* – fiecare persoană are propria percepţie de sine, ceea ce îi influenţează radical gândirea, caracterul, comportamentul, totul trece, într-un fel sau altul prin această auto-percepţie;

- *resursa fundamentală a dezvoltării personale se află în sinele profund*, definitorie este experienţa personală profundă autentică, unică, iar aceasta poate fi exteriorizată şi transformată în *dezvoltare personală* prin *actualizare*;

- *contextul şi factorii sociali sunt şi aceştia foarte importanţi* - în scopul dezvoltării plenare a personalităţii, echilibrate şi eficiente   sunt necesare unele *condiţii de valorizare*, în funcţie de care se formează stima de sine, eul şi proiectivitatea;

- *congruenţa diferitelor instanţe şi niveluri personale* – lipsa acestor congruenţe este sursă de regresie sau tulburare de dezvoltare personală, neadaptare socială, nefericire;

- *persoana pe deplin funcţională* – chiar dacă este o ţintă, un deziderat personal sau terapeutic, schimbarea/dezvoltarea trebuie să urmărească acest obiectiv, sau să fie ghidată de acest principiu, fără însă a aluneca în perfecţionism, obiectivul terapeutic interior esenţial este echilibrul şi fericirea - o persoană fericită şi împăcată cu sine este împlinită şi eficientă;

- *respect pentru valorile Celuilalt* – dezvoltare, creativitate şi fericire prin empatie, prin celălalt, prin comunitate, prin familie, prin credinţă, prin cunoaştere, artă, cultură, educaţie.

Principiile, teoriile sau valorile enumerate mai sus stau şi la baza terapiei rogersiene cunoscută mai ales cu titulatura de terapie *centrată pe client,* fundamentată pe aşa-zisa *teorie concisă.* Acest sistem terapeutic are o largă aplicabilitate, atât ca psihoterapie propriu-zisă, cât şi în domenii precum pedagogie, resurse umane sau asistenţă socială.

Conceptele terapeutice forte ale acesteia sunt, printre altele: recuperare/reabilitate prin dezvoltare umană/personală; realizarea congruenței intrapersonale (echilibrare, compatibilizare, dozare etc); relația de egalitate dintre terapeut și client, rolul empatiei și proceselor afective în relația terapeutică; sinceritatea și autenticitatea relației terapeutice, implicarea; desconsiderarea statutului social sau terapeutic al părților în procesul curativ, eliminarea „măștilor"; identificarea și valorificarea resurselor interne profunde autentice ale clientului; reabilitare prin dezvoltare personală și spirituală; orientarea clientul spre viitor, optimismul, centrarea pe resurse și nu pe deficiență/problemă; rolul important al *tranzacției* și personalității terapeutului; exteriorizarea sentimentelor pe o bază reală în relațiile de familie; grupul de întâlnire și cele 7 stadii ale proceselor de grup (Carl Rogers, 2008).

Fără îndoială, așa cum psihologia umanistă nu poate fi concepută fără Carl Rogers tot astfel nici asistența socială umanistă nu poate fi concepută fără marele gânditor. Teoria și metodologia terapeutică rogesiană este parte integrantă a asistenței sociale, atât ca teorie cât și ca practică. Nu avem în vedere doar aspectul legat de activitatea psihologilor sau psihoterapeuților din sistemul de asistență socială, sau de activitatea asistenților sociale clinicieni, ci ne referim cu precădere la fundamentele teoretice/ filosofice ale teoriei și metodei în acest domeniu, la modul în care principiile, valorile și metodele intervenției centrate pe client, realizarea congruențelor personale și interpersonale, atitudinea față de client, valorile empatiei și relației tranzacționale, identificarea resurselor autentice și profunde ale clientului pentru reabilitare umană și integrare socială, integrarea socială prin dezvoltare personală și spirituală, se regăsesc în asistența socială, în definirea sistemului client.

Metoda rogersiană aduce în asistența socială principiul reabilitării (integrării sociale) prin dezvoltare umană, focalizarea intervenției pe resursă și nu pe problemă – principii cardinale și ale asistenței sociale umaniste. Carl Rogers are meritul, astfel, de fi lucrat la temelia teoriei și metodei asistenței sociale modere prin valorile umaniste promovate, însă are un rol la fel de important și în apariția curentelor post-moderne și a noilor metode (apreciative, pozitive, subiective, ecologice, spirituale etc).

1.4. Metodele pozitive și apreciative

Psihologia și psihoterapia pozitivă, considerate de către mulți autori și clinicieni, versiunea postbelică a psihologiei umaniste, sau vârful ei de lance, aduc noi concepte umaniste sau le reîmprospătează pe cele clasice. Astfel că, de la auto-actualizarea și valorificare maximală a potențialului personalității din psihologia umanistă clasică, adepții acestora trec la o atitudine orientată cu precădere spre perspectivă, propun părăsirea modelului deficienței și identificarea în tabloul diagnostic al clientului resurse care pot constitui surse de dezvoltare și progres. Numesc această atitudine, gândire, sau metodă, pozitivă.

Psihoterapia pozitivă se concentrează aşadar pe viitor şi nu pe trecut, pe perspectiva fericirii şi a binelui şi nu suferinţei sau depresiei. Organismul şi personalitatea vor lua în devenirea lor drumul pe care îl deschide atitudinea şi gândirea clientului. O atitudine pozitivă determină constituirea unor spirale bio-psiho-spirituale virtuoase, determină secreţia de endorfină şi alte substanţe euforice. Substanţele vor determina în consecinţă o stare psihică pozitivă, fericire şi atitudine pozitivă. Atitudinea pozitivă va conduce la secreţia endorfinei şi aşa spirala se dezvoltă conducând organismul şi personalitatea într-un sens pozitiv, constructiv, eficient. Astfel se instituie o stare generală de optimism, favorabilă vindecări, dezvoltării personale sau adaptării sociale.

Personalitatea optimistă, pozitivă se fundamentează pe o serie de capacităţi. Cele primare privesc în principal capacitatea de a iubi, se dezvoltă în cadrul relaţiilor interpersonale. În acestea un rol important îl au relaţiile din perioada copilăriei, cu mama, tata, cu persoanele care au avut un rol important în creştere, îngrijire, educaţie. Alte capacităţi primare sunt răbdarea, încrederea în sine şi în celălalt, credinţa etc. Capacităţile secundare sunt conştiinciozitatea, hărnicia, punctualitatea, ordinea, politeţea, sinceritatea, fidelitatea, dreptatea etc. Dezvoltarea acestora are la bază capacităţile primare. Rolul fundamental al psihoterapiei pozitive este acela de a forma aceste calităţii care îi conferă dinamism, optimism şi eficienţă. Nossrat Peseschkian (1977) propune în acest scop cinci etape ale procesului terapeutic:

- *observarea/ distanţarea* – scopul acestei etape este o analiză a situaţiei persoanei care cere ajutorul; procesul este îngreunat în general de tendinţa acestuia de a vedea numai conflictul şi nimic altceva;
- *inventarierea* – pe baza unui inventar al capacităţilor actuale (Inventarul Analitico-Diferenţial) se stabileşte în ce sfere comportamentale posedă persoana însuşiri pozitive şi în care negative;
- *încurajarea situaţională* – scopul acestei etape este întărirea sentimentului valorii personale prin evidenţierea capacităţilor pozitive care trec în mod obişnuit neobservate şi mobilizarea resurselor proprii pentru ca persoana să se poate ajută singură, să poată deveni propriul său terapeut;
- *verbalizarea* - sunt abordate conţinuturi şi evenimente care au fost reprimate şi care se află în spatele propriilor atitudini şi motivaţii; sunt prelucrate formele şi consecinţele stilului de comunicare actual şi construite forme de comunicare alternative;
- *extinderea obiectivelor–persoană* dezvoltă capacitatea de a desfăşura singură activităţi şi de a se bucura de ele.

O altă temă crucial a psihologie pozitive o reprezintă fericirea. E.P. Seligman (2007), unul din adepţii ultimilor ani ai psihologiei pozitive propune un model al fericirii bazat nu atât pe acumulări materiale şi statusuri sociale ci o fericire simplă dar profundă, autentică, determinată de micile plăceri şi recompense tipice vieţii cotidiene. În asistenţa socială metodele pozitive au fost preluate cu precădere prin aşa-zisele tehnici sau metode apreciative. Acestea îşi propun, ca obiectiv dar şi ca strategie principală, rezolvarea problemelor sociale ale clienţilor, individuali sau colectivi, prin aprecierea, cunoaşterea şi amplificarea expectanţelor optimiste, pozitive. Operează cu instrumente clasice ale asistenţei sociale, precum ancheta, supervizarea, proiectul de intervenţie şi managementul de caz, însă sunt totuşi redimensionate prin categorii ale metodei *pozitive* şi preia paradigme cruciale ale psihologiei cogniţiei sau psihoterapiei. Un rol fundamental în aceste tehnici îl are *potenţialitatea limbajului* (Antonio Sandu, 2009). Limbajul, paradigma semantică, reprezintă un vehicul cu care se operează în scop de schimbare de atitudini, reabilitare umană şi integrare socială. În plan epistemologic-metodologic metoda propune renunţarea la paradigma deficienţei şi orientarea spre valorificarea capacităţilor reziduale şi proiective ale clientului sau situaţiei sociale, promovând valori umaniste, în special din zona gândirii "pozitive", propunând conceptual crucial de *management prin valori* (Ştefan Cojocaru, 2005).

Ancheta socială apreciativă respectă o serie de principii precum principiul construcţionist, al simultaneităţii, principiul poetic, principiul pozitiv sau al anticipării (Ştefan Cojocaru, 2005). Principiul construcţionist relevă caracterul relativ şi dinamic al organizaţiilor. Acestea nu sunt un dat ci construcţii ocazionate de interacţiunea unui cumul de factori sociali şi psihologici determinaţi. Principiul solicită de la asistentul social, în demersul de realizare anchetei sociale, multă imaginaţie şi viziune. Principiul anticipării pleacă de la afirmaţia că harta anticipă realitatea. Altfel spus, pentru asistentul social este foarte important să aibă proiecte de schimbare, situaţia clientului se va schimba în bine, sau şansa este mai mare, dacă există anticiparea, viziunea, optimismul.

2. Metoda balanţei

2.1. Conceptul de balanţă în asistenţa socială

Termenul cheie al metodei balanţei este, desigur, conceptul de *balanţă*. Folosirea acestuia este metaforică, însă are legătură ca proprietăţile instrumentului fizic de cântărire sau de comparare a greutăţii a două obiecte, cantităţi. Cuvântul balanţă este (la modul metaforic) relativ frecvent folosit în limbajul curent, cu sensul de punere în contrapondere a două forţe, entităţii, sau de raportare cantitativă a uneia la cealaltă. În abordări mai complexe este folosit şi pentru a desemna un raport sau un echilibru dinamic, aparent static. În lumea fiinţelor vii sau a organizaţiilor este corelat cu *homeostazia*, sau cu un al fenomen vital: *compensarea*. Se vorbeşte chiar despre o lege a compensaţiei. Alte concepte sau sensuri apropiate sau corelate: *mecanism, pârghie, resort.*

Conceptul crucial care este direct asociat celui de balanţă şi îi determină, în mare parte intensiunea; funcţia specifică ori sensul metaforic este cel de *echilibru*. În definirea cea mai simplă, în perspectiva balanţei, reprezintă un raport de egalitate, coliniaritate între cele două talere, este situaţia în care „gramajele" entităţilor situate în aceste talere sunt perfect egale. În psihologie se utilizează, printre altele, sintagma *echilibru emoţional* (egalitate între emoţiile pozitive şi cele negative, stabilitate), în sociologie sintagma *echilibru social* este folosită începând cu A. Comte, de către H. C. Carey, H. Spencer, V. Pareto şi alţii. Acesta din urmă îl prezintă ca tendinţa legică a sistemului social de a restabili starea iniţială după încetarea acţiunii unei forţe perturbatoare (Pareto, 1916).

Perspectiva balanţei activează şi antonimul *dezechilibru*, dar şi proprietatea *intervenţiei reglatoare*. Aici se află sursa metodei, metodei balanţei. În sistemele vii, în cele sociale, în sistemele spirituale, în organizaţii echilibrul perfect este un ideal utopic sau o imposibilitate. În activitatea de intervenţie reglatoare poate fi o ţintă, un obiectiv, însă fără perspectiva perfecţiunii. De altfel nici nu este recomandată. Starea de dezechilibru limitat, este, în perspectiva dezvoltării, optimizării, eficientizării chiar o necesitate. Ea reflectă natura constituţional *dinamică, duală, multiplă, relativitatea, plasticitatea şi complexitatea* sistemelor, atât a celor fizice cât şi celor sociale sau psihologic-spirituale. Cu cât sistemele (fizice, biologice, psihologice, sociale, spirituale) sunt mai complexe cu atât şi mecanismele, balanţele sau subsistemele care le compun sunt şi ele mai complexe.

În perspectivă „onto-socială" ne interesează aspectele ce privesc structura socială, dinamica şi funcţionarea socială. În toate există şi „lucrează" multitudini de balanţe ontice. Realitatea fiind astfel „victoria" ontică a uneia dintre forţe împotriva celeilalte. Avem în vedere atât abordarea istorică (dinamică) cât şi cea actuală (structura). Structura este, de fapt o instituire a unor balanţe anterior dinamice - prezentul ca victorie a unor forţe sau tendinţe împotriva altora, sau prezentul (structura) ca sistem de balanţe, ori balanţe de sisteme.

2.2. Câteva onto-balanţe în asistenţa socială

În activitatea de evaluare şi modelare a situaţiei sociale pot fi pot fi identificate o mulţime de balanţe. Prezentăm câteva:

* *Balanţa onto-sistemelor socio-cognitive.* Priveşte evaluarea prin contrapunere a elementelor mediilor (reprezentărilor) socio-cognitive din cele două medii: familia, de origine şi substitute, de exemplu. Vor fi urmărite aspecte cu privire la constituţia fizică, numărul şi structura pe roluri sau vârste a celor două familii, aspecte referitoare la referitoare la personalitate, caracter, interese ale membrilor celor două grupuri. Vom menţiona aici şi importanţa punerii în balanţă a aspectelor referitoare la habitat, obiecte sau fiinţe dragi. De exemplu, integrarea copilului în familia alternativă fi mult mai uşoară dacă ar avea acelaşi tip de jucării, sau aceiaşi rasă de câine, ori dacă e posibil, atât jucăriile cât şi căţelul din mediul familia de origine să fie preluaţi în familia de origine.

* *Balanţa onto-sistemelor conduitelor, competenţelor şi obiceiurilor.* Chiar dacă la o primă analiză balanţa nu pare a releva lucruri interesante, în realitate, în perspectiva managementului cazului şi succesului adaptării copilului importanţa ei este foarte mare. Modalităţile de reacţie şi acţiune a noilor parteneri de viaţă, temperamentele, altruismul, conduitele verbale, comunicarea nonverbală, abilităţile, aptitudinile, deprinderile, obiceiurile, hobyuri, modul în care este servită masa, cum sunt aniversate diferite sărători constituie conţinutul efectiv al unei zile şi elementele cele mai evidente cu care intră copilul în contact în noua familie. Dacă foarte multe dintre elementele enumerate, cu un anumit specific în mediul de provenienţă, nu se vor regăsi în modalităţi asemănătoare în mediul

alternativ atunci este foarte probabil ca procesul de construcţie a unei noi „ontologii" comune să întâmpine dificultăţi suplimentare. Aşadar, aceste asemănări „ecologice" au importanţa lor, chiar dacă, aşa cum am precizat mai sus, elementele noului mediu de viaţă nu vor căpăta niciodată semnificaţiile ontologic-afective pe care le-au avut corespondentele lor din mediul de provenienţă.

- *Balanţa onto-sistemelor socio-afective.* Este un instrument care poate fi folosit de către profesionistul social în procesul de integrare. Priveşte analiza în contrapondere a relaţiilor de ataşament pe care le-a avut copilul în grupul de origine şi cel substitut. Dacă după mult timp de la integrare se constată o slabă relaţie de ataşament cu membrii noii familii, în condiţiile în care în familia de origine a avut legături afective puternice, atunci situaţia este îngrijorătoare şi un indiciu clar de inadaptare, de apariţie a unor posibile tulburări emoţionale sau de comportament.

- *Balanţa onto-sistemelor relaţiilor şi raporturilor rol-status* poate fi realizată destul de uşor, iar echilibrul la fel. Este totuşi util să se evalueze după un timp de la plasament poziţia copilului în familie şi modul în care o percepe el prin raportare la situaţia pe care a avut-o în familia de origine.

- *Balanţa onto-sistemelor atitudinale, culturale şi spirituale.* De regulă în managementul de caz şi în hotărârea de plasament nu se acordă o importanţă foarte mare acestor aspecte. Noi credem că importanţa lor este foarte mare. Nu ne referim la nivelul sau standardul cultural/ moral al celor două familii ci la aspecte de sensibilitate, gusturi, orientări, sau estetică socială, de exemplu. Par mici detalii însă în sufletul copilului pot avea o semnificaţie specială.

Mai pot fi realizate balanţe între posibilele opţiuni de plasament al copilului. De exemplu, alegerea între două familii în care ar putea fi plasat copilul, una de tip „afectiv" şi cealaltă de tip „spiritual". Între cele două variante credem că opţiunea pentru familia de tip „spiritual" este preferabilă pentru că aceasta este mai deschisă spre exterior şi orientată spre viitor sau dezvoltare personală, respectă personalitatea şi particularităţile individuale ale copilului, asigură un mediu propice manifestării aptitudinilor copilului, este mai aptă să absoarbă noi membri. Spre deosebire de aceasta, familia de tip „afectiv" este, aprioric, mai puţin, predispusă să absoarbă membri noi, este orientată preponderent spre sine şi obiective pe termen scurt, primează interesul membrilor „consangvini" ai grupului.

În domeniul asistenţei sociale, noi credem, că metoda balanţei poate fi folosită pentru cazuistici şi problematici mult mai vaste decât cele la care ne-am referit în articolul de faţă. Totuşi asistenţa socială a copilului, a copilului abandonat, plasat în instituţii, familii substitut, adoptat sau alte alternative, reprezintă domeniul în care aplicabilitatea ei ar avea efecte pozitive sigure. Această metodă ne poate ajuta şi să punem în balanţă diferite soluţii sau măsuri, dar şi să promovăm valorile/abordările umaniste în protecţia şi educaţia copilului aflat în dificultate, atribuindu-i astfel şi semnificaţii teoretic-axiologice.

Atât ancheta existențial-umanistă cât și metoda balanței sau alte tehnici ori metode le reunim în ceea ce am putea numi *metoda existențial-umanistă în asistența socială.* Metoda, ca instrument epistemologic/evaluativ cât și curativ (de strategie sau intervenție) operează prin cele două componente ale sale, dar și prin asocierea/sinteza lor. Aduce, pe de o parte, în asistența socială paradigma existențialistă, categoriile acesteia (unicitatea clientului și grupului familial, limitele ființei umane, fragilitatea, anxietatea existențială a clientului etc) dar și categoriile orientării umaniste (gândirea pozitivă, optimismul, orientarea spre reabilitare, demnitatea clientului, respectarea individualității/ personalității, dreptul la fericire etc).

2.3. Balanța fericirii și evaluarea/ rezolvarea problemei clientului

Psihologii și asistenții sociali întimpină, de regulă, mari dificultăți în ceea privește găsirea sau alegerea instrumentelor și metodelor de evaluare sau intervenție adaptabile specificului problemelor clienților serviciilor de asistență socială, cu referire specială la categoria copiilor instituționalizați. Metodele și tehnicile consacrate, cunoscute și pe larg aplicate în alte domenii nu au întotdeauna eficiența necesară și în acest domeniu. Caracteristica psihologică fundamentală a copilului instituționalizat, de exemplu, este afectarea gravă, profundă iremediabilă, în multe situații a dezvoltării personalității socio-afective, a sufletului, așa cum am văzut, și cu replica sa nefericită: hiper-dezvoltarea formațiunilor fobic-depresive. Putem folosi pentru această stare a copiilor sintagma, improprie, *suflete sfărâmate.*

Găsirea unor metode, tehnici sau instrumente pentru investigarea acestei caracteristici este destul de dificilă. Este atât o problemă de obiect de investigație cât și de metodă. Noi propunem, în contextul temei lucrării de față, printre alte soluții posibile, metoda, sau tehnica *balanței fericirii,* sau în altă exprimare *balanței fericire-depresie.*

Așadar, după cum am văzut, stările, trăirile, reprezentările, experiențele tind să se coaguleze/organizeze în formațiuni onto-personale, procese care se derulează progresiv, stadial, cumulativ, nivelar, emergent   dar și holistic, organizându-se și instituindu-se specific în cadrul ansamblului personal. Ne interesează în special următoarele nivele: onto-hedonic bazal, onto-afectiv, onto-proiectiv și holistic-personal. La fiecare dintre aceste nivele se vor descrie scări și *balanțe hedonice* specifice, iar nivelul holistic-personal le integrează, valorizează și operaționalizează prin facilitatea conștiinței, personalității integratoare și comportamentului.

Dacă la nivel hedonic bazal și afectiv se constituie scări și balanțe regăsibile și la regnul animal *balanța hedonic-proiectivă* este specifică doar omului. Este aferentă aptitudinii și capacității   proiective, intelectuale și axiologice, imaginației, personalității și conștiinței. Doar la acest nivel se poate, în consecință, vorbi de fericire, fericire autentică, tocmai pentru că sunt specific umane, antrenează personalitatea, istoria și proiectul umanității și au caracteristica durabilități/universalității versus contingenței. La nivelele inferioare sunt caracteristice plăcerea detensionantă, starea de bine, echilibrul, fericirea circumstanțială. Ele sunt de regulă localizate, nu antrenează întregul, personalitatea, personala. Însă prin capacitatea și formațiunea onto-proiectivă, descrisă mai sus se face saltul crucial și în ceea ce privește latura hedonică regăsibilă în formațiunea fericirii și stărilor corespunzătoare acesteia.

Balanța se descrie și ca opoziție dinamică dintre formațiunea fericirii și formațiunea depresivă, operează ca un mecanism reactiv și reglator cu rol fundamental în dezvoltarea personală și funcționarea sistemului de personalitate. Analiza stării hedonic-proiective poate fi realizată și prin instrumente epistemologic-metodologice sau investigative precum scări, factori de personalitate, trăsături. O persoană cu o formațiune a fericirii dezvoltată mai mult decât formațiunea depresivă va fi descrisă prin trăsături pozitive de genul agreabilitate, stimă de sine ridicată, activitate, optimism. Dacă, în schimb balanța va trage spre formațiunea depresivă personalitatea se va descrie preponderent prin trăsături precum introversiunea, depresia, ostilitatea, apatia sau pesimismul. Formațiunea depresivă va acționa ca un factor disfuncțional, restrictiv, defensiv, chiar distructiv prin dominanța ontogenetică a experiențelor traumatizante și întipărirea lor în structura onto-hedonică a persoanei, regăsibile în gestalturi, montaje, mecanisme bio-psihice și comportamentale dominante.

Întrebarea care se pune este: ce anume reglează și determină orientarea și înclinarea balanței? Probabil „greutatea" respectivei formațiuni în ansamblul onto-hedonic personal dar și factori externi, educativi, evenimențiali sau factori interni precum temperamentul, tipul de sistem nervos, activitatea specifică a substanțelor endocrine precum serotonina, endorfinele, dopamina, adrenalina și altele. Balanța cu cei doi poli poate fi considerată și ea o onto-formațiune în sine, o formațiune duală sau dinamică în cadrul ansamblului onto-hedonic sau onto-proiectiv al persoanei.

Astfel de formațiuni (balanțe) probabil se întâlnesc la toate nivelele și în toate stadiile de dezvoltare, înclinarea într-o parte sau altul imprimând sensul de dezvoltare a diferitelor funcții sau a sistemului de personalitate, a ansamblului personal. Analiza se poate realiza și vertical vorbind despre balanțe între elemente ale unor nivele diferite, reglate local sau prin pârghiile personalității conștiinței sau conduitei. Sunt posibile balanțe instituite sau circumstanțiale chiar în interiorul formațiunii fericirii sau a celei depresive. Orice reprezentare privind persoane, situații, amintiri sau proiecții are încărcătură ontic-psihologică și funcționează ca o balanță sau un cumul de onto-psiho-balanțe.

Balanțele inter-nivelare și transpersonale pot fi surprinse cel mai bine la nivel holistic-personal, unde se exprimă în stări psihice, afecte, emoții, sentimente, comportament, activitate, creativitate. În acest plan personalitatea (ontică) se prezintă ca o construcție complexă din formațiuni și balanțe onto-hedonice biologice, afective și proiective. Starea psihică generală exprimă configurația, arhitectura și interacțiunea acestora în contextul activității factorilor contextuali externi dar și a unor instanțe psihice relativ autonome precum conștiința sau voința. Maturizarea și definitivarea proceselor de dezvoltare psihică și formare a personalității vor găsi toate aceste balanțe, în mare, în poziții definitivate însă cu marje mari de reglaj în continuare, în raport de experiențele concrete prin care va trece persoana, trăiri, relații sociale, sănătate etc .

Credem că la nivel holistic-personal se realizează marea balanță hedonic-fobică și ca sub-balanță și culme a acesteia balanța fericirii, cu cele două poziții extreme: *formațiunea holistic-personală a fericirii* și *formațiunea holistic-*

personală depresivă, conturând practic constituţia onto-hedonică proiectivă a persoanei. Sunt aferente *proiectului existenţial-hedonic personal*, înscris ontogenetic inconştient în constituţia persoanei, reflectă organizarea/formatizarea /integrarea tuturor formaţiunilor şi balanţelor ontichedonice, indiferent de nivel sau natură.

Imprimă condiţia hedonist-afectivă de fond a persoanei, firea, condiţionează fundamental formarea şi dezvoltarea celorlalte sfere ale personalităţii şi conduitei, tonusul, comunicarea, adaptarea socială, alegerea partenerului, profesiunea, credinţa.

Abordarea diferenţială ar pune problema dominantei hedonice a persoanei. Care dintre niveluri, formaţiuni sau balanţe este dominantă, cum se reglează raporturile dintre acestea în ontogeneză, structură şi funcţionare? Unele persoane s-ar descrie astfel prin dominanţa balanţei hedonice bazale, concentrate pe satisfacţii şi plăceri organice sau psihice circumstanţiale, altele s-ar încadra în categoria celor care îşi găsesc echilibrul şi fericirea prin celălalt, dominantă fiind în acest sens formaţiunea afectivă. Fericirea autentică, însă, consistentă, superioară, spirituală, durabilă o pot atinge mai ales acele persoane care au dezvoltate formaţiunile onto-proiective, spirituale, cu înclinarea balanţei spre formaţiunea fericirii.

Există persoane cu dezvoltări onto-hedonice pe toate nivelele sau cu un nivel de dezvoltare personală generală superioară care vor dispune de o constituţie onto-personală hedonică predispusă aprioric la optimism, fericire, succes, agreabilitate. Pentru această categorie de persoane fericirea nu este un scop sau un eveniment ci o caracteristică existenţială, un mod de a fi. În aceste persoane se împlineşte procesul de formare şi dezvoltare personală ontogenetică. Creativitatea, spiritualitatea, etica, profesionalismul, credinţa religioasă autentică presupun calităţi care se întâlnesc la această categorie de persoane. În acest context se verifică adevărata definiţie a fericirii, altceva decât ceea ce s-a consacrat în societatea de consum ca drept fericire relativă la bunăstarea materială, obţinerea de plăceri sexuale sau alimentare, ori iubirea endocrină.

Credem că şi în realizarea obiectivelor asistenţiale, de reabilitare şi integrare a clientului este eficientă operarea cu termenii unei fericiri autentice, empatice şi aferente unei personalităţi echilibrate, puternice şi „spirituale". Chiar dacă termenii par pretenţioşi, poate chiar extravaganţi, în realitate ei sunt reflectări epistemologice şi axiologice a ceea ce este de fapt natura umană obişnuită şi nu doar o zonă superioară de dezvoltare umană, culturală sau morală a individului.

Aşa cum în psihologia cognitivă şi socială se operează cu sintagma eroare de atribuire, expresie a unei percepţii eronate relative la o stare de lucruri obiectivă tot astfel în definiţia clientului serviciilor de asistenţă socială, se poate vorbi de o eroare de atribuire în ceea ce priveşte definiţia clientului şi a sistemului client, a surselor problemelor care-i determină situaţia de dificultate. Clientul şi problema lui fiind percepute, de regulă, ca fiind de ordin economic sau social când în realitate problema/sursa este de ordin axiologic, moral sau psihologic.

Aşadar, metoda *balanţei* pe care o propunem presupune investigarea resorturilor intime, profunde, autentice ale clientului, prin operarea, investigativă sau ameliorativă, asupra celor două onto-formaţiuni psihologic-personale constituite ontogentic, formaţiunea fericirii şi formaţiunea depresivă, prin atragerea în „ecuaţie", pe lângă aspecte „vizibile", curente, instrumentale, socio-ambientale şi a unor construcţii, formaţiuni onto-personale, profunde, constituţionale şi „spirituale". Astfel putem accede la resursele autentice de recuperare, cu perspective pe termen lung depăşind soluţiile paleative, circumstanţiale, economice care de fapt alimentează şi perpetuează problema.

Metoda onto-balanţei presupune o sondare a „adâncurilor" personalităţii, oferind şi oportunitatea unor intervenţii. Nu ne referim la posibile soluţii de ordin psihanalitic, nici măcar la psihoterapie în general ci pur la soluţii intuitive sau intelectuale aflate la îndemâna asistentului social sau educatorului. Comunicarea, documentarea, empatia, agreabilitatea, bunăvoinţa, toleranţa, înţelegerea, perceperea şi înţelegerea „durerilor" sufleteşti ale clientului sunt atitudini şi conduite care au „acces" la sensibilitatea şi resorturile onto-personale profunde ale clientului, la formaţiunea fericirii şi formaţiunea depresivă, la onto-balanţa fericirii. Acţiunea voluntară sau spontană asupra acestei balanţei se poate realiza şi prin aceste conduite. Prin această pârghie lucrătorul social poate opera curativ sau educativ, poate contribui la procesul de dezvoltare personală şi integrare socială a clientului (Ştefăroi, 2008, 2009).

3. Ancheta socială umanistă

Concepem ancheta socială umanistă în asistenţa socială în strânsă legătură cu ceea ce s-a consacrat în psihoterapie ca *analiza existenţială*, sau *existenţial-umanistă*. Analiza existenţial-umanistă ca teorie şi metodă terapeutică este legată o serie de nume precum: Rollo May, Ludwig Biswanger, Max Scheler sau Viktor Frankl, însă fundamentele teoretic-filosofice se regăsesc în filosofia existenţialistă (Heiddegerr, Kierkegaard, Buber, Sartre etc). Operează cu termeni/ categorii precum: *impas existenţial, criză existenţială, sens existenţial, anxietate existenţială, sistem axiologic, dialog existenţial, scenariul existenţial etc.* Analiza/ ancheta existenţial-umanistă nu abordează clientul ca pe un caz patologic, în această abordare „nu există boală psihică ci numai situaţii problematice şi impasuri existenţiale, ceea ce înseamnă *pierderea sensului existenţial*" (I. Mitrofan, D. Buzducea, 2005, p. 133). S-a impus ca replică la excesele din abordările psihologiste clasice, precum şi la psihanaliză. Pe lângă paradigma existenţialistă analiza existenţială a atras, cu precădere prin V. Hankl, şi dimensiunea spirituală/noetică. După Frank (2009), neglijarea dimensiunii sensului, a ontologiei persoanei sau a laturii spirituale poate conduce la apariţia unor tulburări psihice sau comportamentale.

Ancheta socială umanistă poate fi cu succes utilizată de către profesionistul social, în managementul situaţiilor sau problemelor sociale, în asistenţa socială a copilului, în procedurile specifice de management de caz (măsuri de protecţie), ori pur li simplu în activitatea concretă de intervenţie şi reabilitare socială ori psihologică. Prin analiză existenţială ideotetică asistentul social poate lucra la construcţia unui nou *modus vivendi*, a unei noi *realităţi sociale* cu instrumente *existenţiale* şi pe baza unui *scenariu social existenţial*. Scopul este acela de a redescoperi *sensul existenţei* şi plăcerea de trăi a clientului. Presupune:

- analiza existenţial-umanistă a situaţiei materiale, sociale, culturale şi psihosociale actuale;

- analiza onto-sistemelor sociale;

- analiza culturală/ axiologică;

- identificare, analiza şi descrierea situaţiilor concrete de impas existenţial, criză existenţială, pierderea sensului;

- analiza legăturilor dintre anxietatea existenţială, pierderea sensului existenţial şi situaţia problemă/ problema socială.

Fără îndoială lista posibilelor „analize" existenţiale este mult mai lungă. Această activitate are cu precădere rol de evaluare însă ancheta existenţială propune şi metode sau tehnici de intervenţie, în scop ameliorativ, precum: *stabilirea unui nou sistem axiologic, explorarea sensului vieţii, examinarea problemelor sociale, explorarea eului, reconstrucţia realităţii sociale, schimbarea sensului vieţii, analiza şi clarificarea valorilor etc.* Utilizarea acestora în activitatea asistentului social umanist trebuie realizată în strânsă legătură celelalte laturi ale situaţiei de dificultate, a sistemului client şi prin corelare cu metodele consacrate în asistenţa socială.

4. Managementul de caz şi proiectul de intervenţie

4.1. Managementul de caz umanist

Fără a desconsidera celelalte tipuri de abordări, managementul de caz umanist presupune focalizarea pe latura „umană", spirituală, ontologică şi subiectivă a clientului şi sistemului client, a vieţii şi situaţiei de dificultate a clientului. Adevărata problemă este reprezentă de dezangajarea psihosocială şi degradarea umană pe care a suferit-o clientul, degradarea relaţiilor interpersonale, a climatului compatetic din organizaţie. Managerul de caz umanist îşi va construi tabloul evaluativ cu precădere printr-o fenomenologie umanist-existenţială. Aspectele pur sociale, societale sau economice nu sunt preocupări evaluative semnificative, chiar dacă ele trebuiesc incluse în ecuaţia situaţiei problemă şi a proiectului de intervenţie.

Activitatea de coordonare, atribuţie esenţială a managerului de caz, presupune, fără îndoială, atragerea specialiştilor şi resurselor dintre cele mai variate, dar se supune principiilor şi obiectivelor umaniste. Se urmăreşte reabilitarea sufletească, reinstalarea gândirii/atitudinii pozitive, active şi schimbarea climatului organizaţional, instituirea şi generalizarea climatului. Este crucial ca subiectul schimbării, clientul să-şi reconstruiască dispozitivul sufletesc şi mental al nevoii de schimbare, de abilitare, reabilitare umană în scopul autonomizării sale sociale.

În fapt, minunea managerului de caz umanist nu este alta decât normalitatea. Îngrijirea şi sprijinul material este,pentru demnitatea şi fericirea autentică a clientului, o situație de anormalitate. În abordare umanistă normalitatea clientului ar presupune următoarele:

- persoanei îi sunt satisfăcute principalele nevoi psihologice (afective, epistemologice, relaționale, spirituale);
- persoana se simte utilă, valorizată, importantă, energică;
- copilului îi sunt satisfăcute pe lângă nevoile contingente și cele de dezvoltare optimă și funcțională, cu perspectivă efectivă de integrare și realizare socială la maturitate;
- persoana are o stimă de sine ridicată, are o perspectivă optimistă de realizare a obiectivelor personale;
- locuiește, muncește în locații și medii sociale care favorizază sentimentele pozitive, se simte împlinit personal și profesional, este fericit;
- în economia internă, subiectivă a trăirilor predomină emoțiile și evaluările pozitive cu privire la sine, mediu, persoane, viață, destin, viitor.

Serviciile de asistență socială nu-și propun de regulă obiective intime, relative la subiectivitatea și calitatea trăirilor clientului, totuși ele ar trebui să determine îmbunătățiri și în ceea ce privește viața psihologică, altfel eforturile pot fi considerate inutile. Rezolvarea problemei sociale fără preocupare față de sentimentele și trăirile persoanei, mai ales în cazul copiilor este o soluționare parțială. În instituțiile de plasament pentru copii, persoane cu dizabilități sau bătrâni problema socială este aparent rezolvată sau nerezolvabilă dar se poate face foarte mult în ceea ce privește componenta psihologică, umană, subiectiv-individuală.

Prin aceste considerațiuni nu intenționăm să contestăm nici teoria nici practica uzuală în domeniul asistenței sociale din prezent ci doar semnalăm tendința periculoasă a unor derapaje, neglijarea, îndeosebi în instituțiile rezidențiale, a laturii umane autentice, a ceea am putea numi aici motivație psihologic-subiectivă, a individualității ca unicitate, a personalității, a laturii spirituale a clientului, încălcarea demnității umane, tendința de uniformizare și standardizare metodologică, de orientare cu precădere spre satisfacerea nevoilor primare.

Trebuie să subliniem/ precizăm importanța și ponderea semnificativă pe le au emoția pozitivă, eul, stima de sine, personalitatea în viața socială și economică a persoanelor pentru a justifica necesitatea prioritizării acestora în ierarhia/inventarul nevoilor „sistemului client", și transformarea lor în resurse și obiective asistențiale. Pentru copiii din instituții, de exemplu, personalitatea nu este doar o formațiune psihologică care trebuie alimentată ci este chiar obiectiv de creștere și educație. Formarea sănătoasă și funcțională a acestei este corelată cu obiectivele care se stabilesc relativ la ierarhia nevoilor. Dacă pe prim plan se va așeza interesul de satisfacere a nevoilor de bază, neglijându-se nevoile socio-afective, spirituale, ontologic-personale atunci nu trebuie să ne mai mirăm că majoritatea copiilor instituționalizați nu se integrează social și sunt mereu triști, alienați (Ștefăroi, 2009).

4.2. Proiectul de intervenţie umanist. *De la modelul social-instrumentalist la modelul umanist*

Chiar dacă la prima vedere abordarea umanistă ar induce percepţia unei lipse de rigoare în managementul sau de caz, în realizarea şi aplicarea proiectului de intervenţie cu scop de schimbare personală şi socială în realitate atât activitatea evaluativă cât şi cea de intervenţie umanistă sunt caracterizate de rigoare ştiinţifică şi disciplină impecabilă. Asistentul social umanist este o persoană „cu suflet" mare dar şi cu o pregătire ştiinţifică şi profesională foarte riguroasă. Proiectul de intervenţie umanist reflectă aceste calităţi. Obiectivele acestuia, respectiv, reabilitarea umană, fericirea şi integrarea/ autonomizarea socială a persoanei sunt ţinte greu de atins şi presupun multă ştiinţă şi imaginaţie. Acesta trebuie să cunoască bine caracteristicile altor tipuri de abordări, nu pentru a le evita ci pentru a prelua elemente necesare în proiectul umanist. Vom descrie mai jos, comparativ şi critic-constructiv, caracteristicile acestor modele de intervenţie.

Modelul social de intervenţie. Se fundamentează pe modelul sociologic de reprezentare şi abordare a clientului ori problemei sociale. Acesta se poate constitue în sursă explicativă sau paradigmă pentru celelalte modele pe care le vom schiţa, de aceea îi vom acorda prioritate în prezentare. Desigur definirea situaţiei problemă în în asistenţa socială este aproape similară definirii contextului social sau grupului în sociologie. Modelul sociologic de abordare impune o privire dinspre societate asupra persoanei, asupra clientului. Acesta este în mod inerent, metodologic, redus la categoria de element, individ fără personalitate, întrucât abordarea presupune tehnici holistice de categorisire şi analiză, eliminând prin abstractizare şi esenţializare detaliile, „erorile", sau sursele de eroare, „variabilele parazite". Efectele asupra reprezentării clientului constau nu doar într-o definire esenţializată ci şi într-un posibil reducţionism reflexiv, iar în planul vieţii reale, ca efecte, în alienare şi depersonalizare. Trebuie însă precizat faptul că nu perspectiva sociologică în sine este problema ci absolutizarea abordării. Şi în sociologie, ca în orice domeniu social echilibrul, deschiderea spre alte discipline şi unghiuri de abordare este soluţia ştiinţifică autentică. Modelul social de intervenţie tinde să desconsidere personalitatea, individualitatea, sufletul persoanei, precum şi ontologia situaţiei de dificultate, problemei sociale. O problemă socială este socială doar cu numele, de cele mai multe ori sursa problemei dar şi soluţia se află în personalitatea dezadaptată sau sistemul de atitudini al clientului/clienţilor.

Modelul funcţionalist. Schema logică este elementară. Societatea/ comunitatea sunt sisteme (mecanisme) complexe, funcţionale şi eficiente, iar persoanele, grupurile sau categoriile care nu se integrează şi nu funcţionează la parametri corespunzători sunt excluse sau se auto-exclud. În ceea ce priveşte modul de reprezentare a clientului prin prisma acestui model desprindem de fapt două sub-modele. Ambele sunt aferente conceptului de eficienţă. Sub-modelul individual-funcţionalist se raportează la conceptul de eficienţă personală iar cel social-funcţionalist la cel de eficienţă socială. O altă perspectivă ar raporta primul model la conceptul de rol iar cel de-al doilea la status. În perspectiva modelului individual-psihologic specialistul şi strategul din asistența socială definește clientul prin termeni de inabilitate, incapacitate și lipsă de autonomie personală, propunând soluții și acționând în scopul dezvoltării personale. S.M. Jex, D.M.Gudanowski (1992) definesc ineficiența personală ca incapacitate a subiectului de a îndeplini obligațiile în sarcină. Perspectiva modelului social-funcționalist ar percepe clientul ca exclus, marginalizat, inadaptat sau deviant, găsind sursa excluderii în anomia socială/culturală, disfuncțiile de comunicare sau relaționare interpersonală. Soluția: dezvoltarea conștiinței sociale individuale, ca „rotiță" în angrenajul conștiinței sociale (integrare culturală), abilitarea socio-comportamentală (adaptare socială), soluții coercitive ori soluții asistențiale de suport, supraviețuire, „tolerare". Modelul funcționalist de intervenție desconsideră factorul subiectiv și interacțiunea particulară, unică, ontologică a persoanelor în situația problemă sau în paradigma/strategia rezolutivă.

Modelul instrumentalist-birocratic. Îndeosebi în sistemul de asistență socială public, după cum bine se știe, serviciile și activitățile de asistență socială sunt foarte birocratizate și tehnicizate. Dacă referentul de educație sau asistentul social dintr-un centru de plasament au legături și reprezentări concrete, vii, unitare ale clientului, cu cât ne detașăm de contactul direct cu acesta cu atât modelul de reprezentare a acestuia este mai abstractizat, fragmentat și mai instrumentalizat. Conform teoriilor instrumentaliste reprezentările și teoriile noastre nu reflectă cu acuratețe realitatea, ci sunt instrumente epistemice utile pentru a explica, prognoza și controla realitatea (John Dewey, 1905). Clientul este, așadar, reflectat în documentele sau activitățile birocratice prin simbolizări și machetări în așa-zisele dosare. În administrație există o diviziune a muncii (modelul birocratic, propus de Max Weber, 2001), sarcinile sunt secvențializate, fiecare funcționar sau specialist cu atribuții administrative se ocupă de o anumită latură a evaluării sau recuperării clientului, ceea ce conduce inerent și la o „secvențializare" a reprezentării, „modelării" acestuia. De latura socială se ocupă asistentul social sau sociologul, de cea psihologică psihologul, de cea medicală medicul, de cea juridică juristul s.a.. Această stare de lucruri conduce de fapt la apariția mai multor reprezentări și dosare ale aceluiași client, existând riscul ca prin „re-îmbinare", în timp, să rezulte un client cu caracteristici inactuale. În urma acestor modulări și disocieri multe componente ale personalității și situației asistatului pot rămâne ne-instrumentate, de regulă cele care privesc dimensiunea axiologică și teleologică, ceea ce conduce, în consecință, foarte probabil, la ineficiență a proceselor de intervenție sau asistență. Abordarea evaluativă sau în scop de intervenție tinde să se realizeze modular pierzând perspectiva ansamblului și unității ontologice sau pragmatice a persoanei/clientului. Vom enumera și alte posibile consecințe ale abordării instrumentalist-birocratice a clientului și strategiei de intervenție: depersonalizare; neglijarea subiectului ontic; nu contează progresele și situația reală a clientului ci doar cea reflectată în documente și raportată; esențiale sunt procedurile și nu activitatea reală de asistență sau intervenție, dacă procedurile sunt corect aplicate sarcinile profesionale sunt îndeplinite; în instanțe, comisii, diferite organisme nu contează realitatea subiectului ci doar cea reflectată în dosare, locul clientului este luat de dosar; standardizarea și machetarea activităților de reprezentare și constituire a bazelor de date referitoare la client.

Proiectul de intervenție umanist preia o mare parte din elementele modelelor clasice, consacrate, însă propune, în principal, alte obiective și folosește metodele și tehnicile specifice, desigur în contextul apelării, dacă este nevoie la metodele consacrate. Fără îndoială, elementele și dimensiunile modelului umanist, adică un model centrat pe personalitatea ontică, empatică a clienților, sunt prezente în strategiile și metodelor de intervenție pe care în prezent le aplică profesioniștii sociali. Când propunem o deplasare nu înseamnă că desconsiderăm celelalte modele și metode ci dorim să aducem în dezbatere/reflecție faptul, că dincolo de declarațiile, intențiile și prevederile generoase din aceste strategii, cu toții știm că până la urmă activitatea tinde să se focalizeze pe obiective minimale, de subzistență și îngrijire circumstanțială, neglijând obiectivele superioare, umaniste autentice, reabilitare umană, fericirea și integrarea socială.

Procesul de elaborare a proiectului de intervenție după modelul umanist presupune acordarea de prioritate identificării nevoilor și resurselor spirituale, umane, subiective, voluntare de reabilitare. Obiectivele cuprind cu precădere termeni precum fericire autentică, dezvoltare personală, recuperare/ integrare socială prin dezvoltare spirituală și morală, formarea unei culturi organizaționale solide, responsabilizare etc. Metodele utilizate nu fac exces de formalism și tehnicism, profesionistul empatizează autentic cu clientul, urmărește în principal să contribuie la dezvoltarea personală, etică și spirituală a clientului. În abordare umanistă îngrijirea și supraviețuirea sunt obiective importante dar secundare. Prin concentrarea pe îngrijire și neglijarea reabilitării umane se desconsideră nevoia ancestrală a ființei umane de demnitate. Îndeplinirea adevăratelor obiective poate fi raportată doar dacă clientul a crescut în autonomie, dacă și-a recâștigat demnitatea și s-a reabilitat uman, moral, social, dacă s-a integrat în comunitate.

Managerul de caz umanist este obsedat de dorința de a-l vedea pe client „pe picioarele lui" și totodată fericit. Îngrijirea, sprijinul material tind să-l facă dependent de sistemul de protecție socială, să-i anihileze voința și dorința de autonomizare. Managerul de caz urmărește, prin proiectul de intervenție, îngrijirea sufletului și personalității active, coordonează eforturile echipei în scopul optimizării personalității clientului și climatului empatetic/ compatetic din organizație. Nu neglijează nici ajutorul material sau îngrijirea fizică, însă sunt soluții temporare, sau devin obiective prioritare doar pentru categoriile de clienți care nu au, din punctul de vederea al capacităților psiho-fizice, nici o șansă de normalizare.

Secţiunea VII
Clientul şi profesionistul
în asistenţa socială umanistă

Vom aborda în aceeaşi secţiune subiectele privind clientul şi profesionistul din asistenţa socială umanistă din motivul că o mare parte dintre obiectivele care se urmăresc privitoare la client nu pot fi îndeplinite decât prin intermediul calităţilor, însuşirilor şi conduitelor profesionistului. Ne referim cu precădere la capacitatea empatetică, fericire şi dezvoltare personală/ socială/ umană, spiritualitate şi proiectivitate. Vorbim astfel de unitatea/ congruenţa epistemologică, ontologică, psihologică. socială şi asistenţială/ terapeutică *client – profesionist*. Este una dintre tezele esenţiale ale asistenţei sociale umaniste.

1. Clientul în asistenţa socială umanistă

1.1. Reprezentarea şi abordarea clientului între paradigma clasică şi cea umanistă

Literatura de specialitate a consacrat cu precădere abordări preponderent social-instituţionale (sociologic-instituţionale) şi biologist-emoţionale asupra a ceea ce reprezintă persoana aflată în dificultate şi beneficiar al serviciilor de asistenţă socială, asupra a ceea ce, se numeşte *client* sau *beneficiar* al serviciilor de asistenţă socială. Lucrurile merg până acolo încât, uneori, se recurge la un tehnicism terminologic de factură sociologică foarte sofisticat. Termeni precum actor, organizaţie, reţele sociale, relaţii sociale, grup social, sistem client sau rol social sunt foarte prezenţi în raport de termeni precum personalitate, subiect, suferinţă, fericire, nefericire sau suflet, de exemplu – clientul (persoana) joacă un rol, într-un complex de norme şi aşteptări socio-instituţionale (S. Briar şi H. Miler, 1971).

În această abordare clienţii au cu precădere nevoi evidente şi măsurabile, extrase dintr-un context social defavorabil, însă în care este omisă aproape în totalitate personalitatea, fiinţa, eul, subiectul, destinul real şi tragic individual. Efectele în planul vieţii intime a clienţilor, al perspectivelor reale de recuperare/integrare şi al activităţii serviciilor de asistenţă socială sunt de multe ori dramatice, nefaste. Asistenţii sociali administrează şi instrumentează dosare, educatorii şi îngrijitorii supraveghează, acestora li se satisfac nevoi, ei nu trăiesc, pe nimeni nu interesează ce simt şi dacă le sunt satisfăcute nevoile fundamentale specific *umane* şi nu doar cele animale.

Puțini factori din domeniu sunt interesați de probleme, „mofturi" precum fericirea, dacă aceştia au sentimente predominant pozitive sau predominant negative, dacă viaţa în subiectivitatea sa nu este un calvar şi dacă beneficiarii nu au şi nevoi spirituale în afara celor fiziologice.

Mediul de viaţă în multe instituţii rezidenţiale este încă rece, străin, ostil, preocuparea de bază este să li se asigure condiţii materiale, să fie sub supraveghere, să li se asigure „servicii". Activităţile sunt de regulă foarte bine programate, ele urmăresc să asigure servicii diversificate, de la alimentaţie la educaţie, dar totul se face în multe cazuri mecanicist, lipsind mult componenta empatică şi teleologic-umană.

Literatura a consacrat, pentru a desemna, în cazul unor categorii de clienţi, efectele negative ale acestei situaţii, termenul *sindrom de instituţionalizare*. Prima cauză a apariţiei acestuia, mai ales la copii, în opinia noastră, o constituie privarea afectivă, dar nu este vorba doar de lipsa părinţilor ci mai ales de cadrul instituţional depersonalizant, lipsa de empatie şi nu în ultimul rând neglijarea componentei motivaţionale subiective, a personalităţii şi a demnităţii.

Din perspectivă motivaţională interpretăm acest sindrom ca expresia concentrării pe motivaţia biologic-socială (baza piramidei lui Maslow) şi neglijarea motivaţiei psihologic-umane şi spirituale. Acestea din urmă se definesc prin: oamenii au sentimente şi nu doar nevoi (lipsuri), clientul serviciilor de asistenţă socială nu este doar caz social ci şi personalitate tulburată, fiecare asistat este un *eu*, o individualitate existenţială în sine ameninţată, iar sursa fundamentală de echilibru şi realizare o constituie alimentarea cu sentimente pozitive şi nu doar cu hrană şi habitat. Asistenţa nu este completă şi adevărată decât odată cu satisfacerea nevoilor psihologic-subiective (afective, spirituale etc.).

Dacă, de regulă, problema socială se raportează la normalitatea socială, clientul individual, ca persoană şi personalitate, trebuie raportat şi la normalitatea sau anormalitatea sa umană sau psihosocială. Nu avem în vedere perspectivă psihopatologică ci anormalitatea ca structură disfuncţională, ca sursă sau efect a situaţiei de dificultate, a problemei sociale.

Normalitatea pe care o urmăresc serviciile de asistenţă socială se descrie, de regulă, ca o alternativă fericită a inadaptării comunitare, socio-devianţei, sărăciei. Inadaptarea sociala poate viza diferite domenii: familia si educaţia copiilor, bugetul, munca, sănătatea şi igiena, viaţa in societate (C. Bocancea şi G. Neamţu, 1996). În schimb în abordare umanistă normalitatea clientului ar presupune următoarele:

- persoanei îi sunt satisfăcute principalele nevoi psihologice (afective, epistemologice, relaţionale, spirituale);
- persoana se simte utilă, valorizată, importantă, energică;
- copilului îi sunt satisfăcute pe lângă nevoile contingente şi cele de dezvoltare optimă şi funcţională, cu perspectivă efectivă de integrare şi realizare socială la maturitate;
- persoana are o stimă de sine ridicată, are o perspectivă optimistă de realizare a obiectivelor personale;
- locuieşte, munceşte în locaţii şi medii sociale care favorizează sentimentele pozitive, se simte împlinit personal şi profesional, este fericit;

- în economia internă, subiectivă a trăirilor predomină emoţiile şi evaluările pozitive cu privire la sine, mediu, persoane, viaţă, destin, viitor.

Serviciile de asistenţă socială nu-şi propun, de regulă, obiective intime, relative la subiectivitatea şi calitatea trăirilor clientului, totuşi ele ar trebui să determine îmbunătăţiri şi în ceea ce priveşte viaţa psihologică, altfel eforturile pot fi considerate inutile. Rezolvarea problemei sociale fără preocupare faţă de sentimentele şi trăirile persoanei, mai ales în cazul copiilor este o soluţionare parţială. În instituţiile de plasament pentru copii, persoane cu dizabilităţi sau bătrâni problema socială este aparent rezolvată sau nerezolvabilă dar se poate face foarte mult în ceea ce priveşte componenta psihologică, umană, subiectiv-individuală.

Prin aceste consideraţiuni nu intenţionăm să contestăm nici teoria nici practica uzuală în domeniul asistenţei sociale din prezent ci doar semnalăm tendinţa periculoasă a unor derapaje, neglijarea, îndeosebi în instituţiile rezidenţiale, a laturii umane autentice, a ceea am putea numi aici motivaţie psihologic-subiectivă, a individualităţii ca unicitate, a personalităţii, a laturii spirituale a clientului, încălcarea demnităţii umane, tendinţa de uniformizare şi standardizare metodologică, de orientare cu precădere spre satisfacerea nevoilor primare.

Trebuie să subliniem/ precizăm importanţa şi ponderea semnificativă pe le au emoţia pozitivă, eul, stima de sine, personalitatea în viaţa socială şi economică a persoanelor pentru a justifica necesitatea prioritizării acestora în ierarhia/ inventarul nevoilor „sistemului client", şi transformarea lor în resurse şi obiective asistenţiale.

Pentru copiii din instituţii, de exemplu, personalitatea nu este doar o formaţiune psihologică care trebuie alimentată ci este chiar obiectiv de creştere şi educaţie. Formarea sănătoasă şi funcţională a acestei este corelată cu obiectivele care se stabilesc relativ la ierarhia nevoilor. Dacă pe prim plan se va aşeza interesul de satisfacere a nevoilor de bază, neglijându-se nevoile socio-afective, spirituale, ontologic-personale atunci nu trebuie să ne mai mirăm că majoritatea acestor copii nu se integrează social şi sunt mereu trişti, alienaţi.

J. Jelev (1995, p. 11-12) subliniază faptul că „tendinţa omului de a deveni personalitate nu este o vanitate, ci o necesitate de a afirma cea mai profundă esenţă umană (...). Lupta omului împotriva stării de depersonalizare, egală cu o moarte socială prematură ce intervine înaintea celei biologice este firească şi exprimă cea mai înaltă aspiraţie umană: dorinţa de a deveni om în întreaga accepţie a cuvântului, deoarece numai pe această cale se găsesc soluţii pentru toate problemele importante ale existenţei, probleme cu care orice individ este confruntat inevitabil: viaţa şi moartea, sensul şi menirea vieţii".

1.2. Erori de atribuire în reprezentarea şi abordarea clasică a clientului

Predilecţia pentru abordările reducţioniste, instrumentaliste în dauna celor umaniste, spirituale nu are la bază doar explicaţii obiective sau istorice ci şi de ordin psihologic. Ştiinţele cogniţiei, precum şi alte domenii ştiinţifice, printre care psihologia socială, consacră secţiuni importante unui fenomen psihologic şi sociologic uman, aparent neimportant, dar care se impune pe timp ce trece ca un capitol crucial în foarte multe lucrări din toate domeniile sociale, este vorba despre erorile în atribuirea de însuşiri şi în stabilirea relaţiilor de cauzalitate între diferite entităţi sau fenomene umane, psihosociale. În rândurile care urmează vom urmări modul în care aceste „erori", descrise în literatură, au aplicabilitate, în opinia noastră, în asistenţa socială, cu focalizare pe modul în care acestea predispun la alegerea unuia sau altuia dintre modele.

Eroarea fundamentală de atribuire în asistenţa socială.
Psihologia socială subliniază faptul că oamenii au tendinţa de a explica comportamentul celorlalţi pe baza personalităţii şi intenţiilor acestora şi mai puţin prin luarea în considerare a situaţiei concrete în care se găsesc, a factorilor obiectivi, contextuali. În domeniul asistenţei sociale şi a reprezentării „asistatului" teoria operează prin etichetare şi ca percepţie sau atitudine aprioric culpabilizatoare la adresa clientului, relativ la sursa situaţiei lui de dificultate, interpretând incapacitatea de adaptare socială autonomă sau de desprindere de sistemul asistenţei sociale ca un viciu de voinţă sau personalitate a acestuia. Mai priveşte şi deprinderea de acuzare a părinţilor pentru dizabilităţile copiilor, a vârstnicilor, pentru bătrâneţea lipsită de resurse (nu au muncit la timp, au fost preocupaţi de plăceri de moment, neglijând viitorul) etc. Mai concis „teza" acestei erori fundamentale de atribuire în asistenţa socială este aceea că beneficiarul însuşi sau persoanele semnificative pentru acesta (reprezentaţi prin categorii personal-voliţionale) sunt cauza principală a situaţiei de dificultate sau risc.

Tendinţa de a aborda clientul exclusiv din punctul de vedere propriu sau al sferei de apartenenţă. Operează involuntar chiar şi la asistenţii sociali, care tind prin eticheta profesiei să abordeze clientul preponderent prin latura „socială", desconsiderând alte tipuri de abordări, să conceapă strategii sau să intervină cu precădere prin serviciul „asistenţă", neglijând aspectele de ordin ontologic sau subiectiv ori obiectivele de reabilitare sau integrare socială. Favorizează orientarea către modelul de sociologic-mecanicist sau biologist-reducţionist.

Tendinţa de a reduce riscurile la zero şi de a dori ca lucrurile să rămână neschimbate. Conduce la construirea unui model client previzibil, „fără personalitate", controlabil, limitat la trăsături de tipul obedienţei sau neimplicării. Limitează sfera de nevoi la palerul inferior, cu care se construieşte proiectul de evaluare şi intervenţie. Satisfacerea nevoilor superioare, dezvoltarea personalităţii, voinţei, conştiinţei de sine pot constitui factori de risc – copilul instituţionalizat ar putea cere mai multe drepturi, mai multă libertate, satisfacerea mai multor nevoi, ar putea deveni mai „obraznic"; persoanele cu dizabilităţi locomotorii reabilitate ar putea crea problem noi personalului, aceştia şi-ar putea pierde locurile de muncă etc.

Tendinţa de concentrare pe soluţiile cu mare încărcătură emoţională şi cu impact imediat. În asistenţa socială foarte multe decizii se iau emoţional, urmărindu-se scopuri cu impact imediat, pierzând din vedere perspectiva, abordarea teleologică. Se operează astfel, inconştient, cu un model client-obiectiv, din care lipseşte personalitate şi abilitatea socială, autonomia personală/socială, împlinirea profesională şi familială la maturitate. Este aferent cu precădere măsurilor de urgenţă care se iau pentru găsirea unor soluţii pentru copilul maltratat. Impactul emoţional din opinia, publică, presă sau direct asupra decidenţilor face ca problema să rezolve pe moment, în mod precipitat, dar riscând să se sacrifice interesele copilului pe termen lung. Ca exemplu: ridicarea pompieristică a copiilor din familii foarte sărace sau neglijente şi plasarea lor de urgenţă în instituţii sau familii alternative, când prin nişte investiţii materiale sau umane (consiliere) mult mai puţin costisitoare, pe termen lung, copilul ar putea rămâne să crească în familia naturală.

Tendinţa de a acorda mai multă importanţă evenimentelor şi datelor iniţiale. Construcţia reprezentării profesionale a sistemului client cu datele preluate din evaluările şi evenimentele consumate în momentul „întocmirii dosarului" este o necesitate. Însă, fără nicio îndoială, că acest prototip va marca mult evaluările ulterioare. Ori aceste reevaluări nu se mai fac şi se operează cu modelul iniţial, ori se fac formal şi se preiau mecanic datele iniţiale, ori se fac cu seriozitate şi operează involuntar această eroare descrisă de psihologia cognitivă. În aceste cazuri reprezentarea este lipsită de realism, conformitate, flexibilitate şi eficienţă. Favorizează orientarea către modelul de tip instrumentalist-birocratic.

Tendinţa de a considera că lucrurile sunt aşa cum trebuie să fie, iar oamenii primesc ceea ce merită. Determină construirea unor reprezentări-client de tip fatalist, lipsit de dinamică şi perspectivă. Opinia publică, mediul familial, comunitatea, serviciile de asistenţă socială nu îşi fac mari probleme pentru faptul că unele persoane suferă, au dizabilităţi, sunt neintegrate social, sărace sau se află în situaţie de risc. Eroarea, operează ca un arhetip/automatism şi predispune la pasivitate, lipsa unor strategii sau proiecte de reabilitare. Favorizează orientarea către modelul solidarist-minimal.

Impactul evidenţei în reprezentarea problemei\clientului şi proiectarea măsurilor. Este, în opinia noastră, eroarea - cu precădere în abordarea profesională - cu efectele cel mai nefaste, atât în ceea ce priveşte fidelitatea reprezentării clientului cât şi în ceea ce priveşte efectele asupra procesului de intervenţie sau reabilitare socială. Eroarea favorizează orientarea către majoritatea modelelor de reprezentare clasică a clientului – operează, psihologic-senzorial şi intelectual, ca o „setare" pentru simplificare şi luarea în considerare a laturii fizice, organice, sociale bazale, comportamentale, instrumentale - care ţin, desigur, de domeniul evidenţei, concretului, verificabilului şi incontestabilului. De asemenea, automatismele perceptive, vor exclude din reprezentare componentele de dinamică, perspectivă, cauzalitate sau calitate (umanist-spirituale). Vom mai preciza aspectul că „mecanismul eroare" nu face diferenţieri foarte mari între persoanele cu studii superioare şi fără, între psihologi şi îngrijitori.

Este unul dintre motivele pentru care sistemul de asistență socială însuși nu își îndeplinește suficient misiunea, rămânând, așadar, în parte, prizonierul acestor „erori". (Ștefăroi, 2009a)

1.3. Explicații umaniste ale situației și statutului de client

Dacă atunci când am analizat, în perspectivă umanist-ontologică, situația de risc ori problema socială am făcut apel la concepte și paradigme din această teorie și le-am explicat prin factori și procese precum incongruențe ale onto-personalității (sufletelor) ori tulburări ale onto-sistemelor sociale empatice, deci explicații interne tot astfel vom proceda și în definirea clientului/ sistemul client. Perspectiva umanistă nu desconsideră rolul factorilor societali ori economici, dar prin natura abordării se focalizează pe explicații bazate pe procesele și capacitățile inerente personalității clientului și mico-contextului socio-uman (L. Giblin, 2000).

Așadar, principala explicație a situației clientului este, în perspectivă ontologic-umanistă, reprezentată de constituirea unui sistem/ansamblu onto-personal difuncțional, predispus la nedezvoltare psihică și personală sau la inadaptare socială. Au loc unele procese involutive, de dez-abilitare personală, profesională și morală care tind să explice sistemul client nu atât prin contextul social cât prin această onto-structurare internă fatală. Tulburările cele mai reprezentative, din acest punct de vedere, sunt cele de formare a personalității ontice, a sufletului, conducând, în consecință la structurări și dezvoltări devianțe, in-adaptative, disfuncționale, asociale și ineficiente în sfera dezvoltării psihologic-personale și socio-comportamentale.

Ca și orice altă formațiune sau instanță psihică/ personală sufletul, așa cum am văzut, se formează gradual și stadial sub condiționarea factorilor interni sau externi. La fel ca și acestea formarea și dezvoltarea pot fi afectate în mod negativ prin nedezvoltare, dezvoltare carențială, atipică, acronică sau patologică. Plecăm de la idealul unui optim al condițiilor de formare, care ar fi acela în care subiectul dispune de un fond bio-psihic normal și condiții ambientale, sociale favorabile precum părinți ocrotitori și responsabili, climat familial armonios, educație și stimulare în familie, comunitate și școală.

Formarea sufletului poate fi afectată în mod negativ atât din stimulare insuficiență sau inadecvată cât și din supra-stimulare, supra-protejare. În perspectiva asistenței sociale ne interesează mai mult prima variantă. Adică insuficienta stimulare socio-afectivă. Stimulul în dezvoltarea afectivă, a sufletului îl reprezintă ocrotirea, grija, protecția, îngrijirea pe care ceilalți, părinți, rude etc le asigură copilului. Sunt cunoscute și studiate de literatura de specialitate, principalele forme de stimulare insuficientă sau carențială, maltratare a copilului: abuzul fizic și emoțional, neglijarea, exploatarea prin muncă etc. Efectele acestora asupra formării și dezvoltării sufletului copilului sunt catastrofale. Cea mai gravă este, credem, insuficienta dezvoltare, sau retardul de dezvoltare emoțională, a sufletului, cu efecte cronice asupra formării caracterului, cu paleta de atitudini negative, dez-adapative relativ la viață, muncă, societate, sine. Copilul cu un suflet nedezvoltat este rece, insensibil, abulic, necomunicativ, apatic, ostil, vulgar, necomunicativ, inadaptabil, agresiv, leneș.

Forma extremă și aproape absolută a nedezvoltării sufletului pare să fie autismul. Aici cauza este preponderent congenitală, după părerea multor specialiști. Un caz special îl reprezintă copiii fără părinți crescuți în instituții sau în familii substitut. În aceste cazuri dezvoltarea normală a sufletului este întârziată sau carențiată de fluctuația de personal, atașamentul nesigur, inconsistent, inautentic, traumele frecvente, răceala, disciplina din instituții sau autoritarismul personalului, calitatea precară a relațiilor cu ceilalți copii, grupurile deviante.

Atât cei din familii, maltratați, cât și din instituții pot deveni timizi, introvertiți, impulsivi, irascibili, nervoși, anxioși, influențabili, hiper-posesivi, egoiști. La maturitate au o capacitate limitată de adaptare și integrare socială, tulburări de comunicare și relaționare personală, întemeiază cu greu familii proprii, unii ajung marginalizați social sau delincvenți , nu reușesc din punct de vedere profesional. Sunt afectate dezvoltarea normală a caracterului, stimei de sine, personalității, sferei emoționale, voinței. Sufletul are rol de energizator, catalizator, liant iar afectarea dezvoltării acestuia are repercusiuni grave asupra unității onto-psihologice, asupra întregii dezvoltări personale, a gradului de satisfacție, destinului, fericirii individuale. Efectul este în principal de dezintegrare, mai bine spus de ne-integrare holistică, de lipsă de unitate – teren de manifestare a impulsivității, irascibilității, depresiei sau anxietății

Presupunem că și sufletul se formează și dezvoltă bipolar de aceea considerăm că pe lângă nedezvoltare cu efectele sale se poate vorbi și de dezvoltare disproporționată. Ne interesează mai ales eventuala dezvoltare excesivă a polului negativ. Produs al trăirilor și experiențelor nefaste, traumatizante sau unei educații devinate, un mal-suflet, determină instalarea caracterului, stărilor și sentimentelor negative, ură, dispreț, ostilitate, insensibilitate, agresivitate, perversiune, „răceală" socială. Toate aceste trăsături, alături de factori sociali obiectivi, predispun persoana la inadaptare socială, devianță, intrând în situație de risc, devenind un posibil client al serviciilor de asistență socială.

Fără îndoială condițiile socio-ambientale favorabile, instituirea unor onto-formațiuni pozitive, precum sufletul și formațiunea fericirii sunt premise ale dezvoltării psiho-intelectuale, morale și de personalitate echilibrate, normale, eficiente. Dimpotrivă, mediul socio-uman carențial, dezvoltarea în exces a formațiunii fobic-depresive, balanța ontic-afectivă negativă reprezintă factori și condiții sigure pentru nedezvoltare psihică și personală generală, fie că ne referim la sfera cognitiv-intelectuală, la cea emoțională, cea voluntară, caracter, personalitate sau aptitudini sociale.

Literatura de specialitate, referindu-se la efectele în planul dezvoltării copilului instituționalizat, subliniază aspectul că pe lângă afectarea gravă inevitabilă a dezvoltării sferei emoționale, la majoritatea copiilor se remarcă o îngrijorătoare întârziere a dezvoltării tuturor capacităților cognitive, pornind de la percepție și memorie până la capacitatea de abstractizare sau imaginația creatoare. Este afectată și capacitatea de învățare, motivația, atenția, concentrarea sau capacitarea de luare a deciziei, ceea ce își pune amprenta nefastă în mod fatal asupra performanței școlare și capacității de relaționare socio-relațională eficientă.

Mutaţii psihologice nefaste se regăsesc şi în planul formării caracterului, al atitudinilor şi comportamentului adaptativ. Este binecunoscută starea de nervozitate instalată, de inadaptare socială şi de ostilitate a copilului instituţionalizat sau cu dizabilităţi. Ostilitatea este un fenomen neuro-psihic foarte complex, prezentă într-o formă sau alta la orice vietate. La om aceasta poartă notele socio-ontogenezei, intrând în procesul de constituire a personalităţii. Literatura de specialitate o defineşte ca o atitudine duşmănoasă, plină de ură la adresa cuiva sau a valorilor şi normelor sociale. Persoana inadaptată ostilă prezintă intenţii agresive, atitudine de răutate. Ostilitatea presupune o stare de negativism, persoana are un comportament opozant faţă de autoritate, refuză cooperarea, îi lipseşte bunăvoinţa până la răzvrătire faţă de reguli şi convenţii (C. Păunescu, 1994).

Procesele interne care susţin ostilitatea şi inadaptarea se desfăşoară, în opinia noastră, pe diferite niveluri de structurare a personalităţii, pentru fiecare propunem câte un model explicativ:

- *Modelul neurofiziologic* - explică ostilitatea prin tulburări organice, endocrine grave şi prin predominanţa fluxurilor nervoase reactiv - excitatorii;

- *Modelul conduitelor intra-psihice* - reflectă interacţiunea disfuncţională dintre procesele motivaţional-afective (hedonice) şi cele cognitiv-operaţionale;

- *Modelul perso-genetic-* explică ostilitatea prin dificultăţile de constituire a eului şi personalităţii determinate de condiţiile inadecvate ale mediului de viaţă;

- *Modelul onto-personal* – tulburări de formare a sufletului, a personalităţii ontogenetice, pe fondul instituirii onto-sistemelor deviante, a proceselor sociale disfuncţionale inter-empatice.

Procesul ontogenetic de instalare a nervozităţii antrenează atât sfera inconştientului prin mecanismele neuro-psihice de integrare a conduitelor şi de structurare operaţională a personalităţii, cât şi sfera conştientă, îndeosebi prin mecanismele de constituire a personalităţii sintetic-reflexive. Clientul conştientizează starea, statutul său social, experienţele nereuşite, eşecurile permanente, fiind pus mereu în situaţia de a-şi nega propria existenţă, putându-se ajunge până la anularea sau regresia motivaţională a propriei fiinţe. Din acest punct conduitele reglatorii regresează, ies de sub tutela discernământului şi raţionalităţii, instalându-se starea generală de panică, nervozitate, ca o reacţie a instinctului contra raţiunii.

Integrând toate aceste componente etiologice într-un sistem unitar se poate vorbi chiar de un sindrom etiologic al ostilităţii şi inadaptării clientului. Subiectul se condiţionează pentru ineficienţă şi nedezvoltare şi prin dezvoltarea în exces a prejudecăţilor, a parterurilor perceptiv-cognitive disonante, a categorizărilor pripite, ca strategii externe de adaptare. Categorizarea favorizează simplificarea, iar aceasta, la rândul ei, transformă lumea într-un loc aparent mai ordonat, mai confortabil mult mai previzibil şi mai bine controlabil, dar şi mai limitat (S.T. Fiske şi S.L. Neuberg, 1990), conducând clientul la marginalizare şi dezangajare. Astfel stereotipurile şi prejudecăţile devin pentru clienţi tipare şi matrici cognitiv-atitudinale dominante limitând mult perspectiva de dezvoltare psihologică şi socială eficientă. Prejudecata ca raţionament restrictiv şi atitudine limitativă favorizează formarea/ dezvoltarea unei personalităţi egocentrice şi limitate. G. Allport (1961) prezintă următoarele efecte ale prejudecăţilor asupra calităţii vieţii sociale şi relaţiilor subiectului:

- comunicarea deficitară (anti-locution) - vorbire ostilă, denigrare verbală şi insulte, glume antirasiste ;
- izolarea, evitarea - păstrarea distanţei;
- discriminarea;
- violenţa.

Latura cel mai mult deteriorată este la majoritatea clienţilor, cu precădere la copii, cea *afectivă*. Aceasta este şi cea mai mare nevoie a lor. Marea majoritate au avut experienţe deprivative personale, pierderi prin abandon sau deces, istorii personale pline de tragedii familiale, declinuri pe plan familial sau profesional. Subiectul este dominat de trăiri melancolice traumatizante, obsesii multiple, angoase, fapt ce instituie o stare generalizată de anxietate şi dezangajare socială. Mediul străin, „oficial" şi ostil din instituţiile sociale se constituie în factori amplificatori, de multe ori chiar cauzali. Despre afectare, chiar retardare se poate vorbi şi în cazul funcţiei *cognitive*, în special în cazul minorilor instituţionalizaţi în centre de mari dimensiuni de tip clasic.

Concluzionăm, în perspectivă umanistă, că o persoană este sau devine client al serviciilor de asistenţă socială nu doar din cauza unor circumstanţe sociale sau economice, aşa cum se afirmă adesea, ci şi pentru că personalitatea sa este sau se structurează socio-dezadaptativ, iar un rol esenţial în acest proces îl are nesatisfacerea sau satisfacerea vicioasă a nevoii de fericire, de stări psihice pozitive, de simpatie, de satisfacţii, de alimentare a ego-ului, a stimei de sine. În zadar se va interveni asupra sistemului client individual cu măsuri economice dacă problema este fapt ontologic-personală, sau are o componentă psihologică importantă.

Efectele tuturor proceselor nefaste, în plan ontic-personal, cel al fericirii, al dezvoltării sau al caracterului se regăsesc în formarea personalităţii ca sistem personal integrat, condiţie crucială a adaptării sociale. Sintagma cea mai relevantă pentru definirea modului în care aceasta se structurează şi impune, prin nedezvoltare, sau dezvoltarea carenţială a sufletului este aceea de *îngustime spirituală*.

Dacă ceva anume caracterizează fiinţa umană şi o particularizează, dincolo de fondul material şi biologic comun, în raport cu necuvântătoarele, a atunci acel ceva este, fără îndoială natura şi fondul spiritual al personalităţii, impus prin formarea ontogenetică a sufletului şi formaţiunilor onto-proiective. Personalitatea este, într-o accepţiune antropologic-culturală mai tolerantă, de fapt o proiecţie a sufletului în organism şi sfera intelectuală a subiectului. O personalitate în care nu iese în evidenţă sufletul poate fi un organism în căutare de plăceri sau in robot/ordinator în căutare de informaţie. Adevărata definiţie a personalităţii trebuie să cuprindă cu necesitate cele trei mai sfere ale existenţei umane individuale: *corpul, mintea şi sufletul*.

Aşadar, atunci când ne reprezentăm sau definim clientul sau sistemul client nu este suficient să-i enumerăm nevoile şi să-i identificăm contextul social defavorabil ci este recomandat a se realiza o complexă investigaţie ontologic-personală, să-i explicăm problema și în termeni care pot părea metafizici sau depășiți. Oricât ar evolua omenirea, oricât s-ar tehniciza, atât material cât și științific oamenii vor avea din totdeauna suflet, iar cu cât acesta va fi mai mult desconsiderat cu atât problemele umane și sociale se vor agrava și cu atât mai greu se vor găsi soluții curative.

1.4. Sistemul motivațional (piramida trebuințelor) și reprezentarea umanistă a clientului

Termenul motivație este utilizat în foarte multe domenii și cu sensuri dintre cele mai variate. În asistența socială el s-a consacrat cu sensul de ansamblu de nevoi ale persoanei pe care serviciile și instituțiile publice sau private urmăresc să le satisfacă dacă persoana nu are capacități sau oportunități de a și le satisface în mod autonom. In psihologie motivația s-a impus chiar ca o funcție distinctă, formațiune psihică importantă, alături de afectivitate, voință, percepție sau conștiință, distingându-se în esență prin caracterul și fundamentul său endemic, energetic și vectorial, fiind în această privință de multe ori identificată cu instinctul, impulsul, nevoia, interesul sau dorința.

Potrivit dicționarului Larousse motivația este o modificare psihologică și fiziologică a ființei umane care creează o nevoie și determină un comportament vizând refacerea echilibrului psihologic și fiziologic prin satisfacerea acelei nevoi.

Maurice Reuchlin (1999) spune că dacă se renunță la deosebirea dintre trebuință și pulsiune, putem folosi termeni ca *motiv* si *motivație* (engl. *motive*), pentru a desemna conținutul lor comun ca factor care determină organismul să acționeze și să se îndrepte spre anumite scopuri.

După W. B. Cannon (1932.), organismul ar fi înzestrat cu mecanisme de reglare, care tind să mențină constante (sau să mențină în anumite limite) unele caracteristici ale mediului interior. „Modelul homeostatic explică conduita motivată printr-o reducție a pulsiunii sau a tensiunii și se aplică destul de bine în cazul unor trebuințe primare, elementare, cum este foamea. La acest nivel se observă și că noțiunea de pulsiune devine inutilă pe măsură ce analiza propria psihologică progresează. Modelul a fost folosit, în mod analog sau metaforic, în cazul motivațiilor ale căror baze fiziologice sunt mai puțin evidente și, în orice caz, mai puțin cunoscute." (Maurice Reuchlin,. 1999, p. 391).

Din literatura românească se poate evidenția accepțiunea că motivația este un proces în care oamenii aleg între forme alternative de comportament în vederea atingerii scopurilor personale, reprezentând suma energiilor interne si externe care inițiază si dirijează comportamentul persoanei spre un scop care, odată atins, va determina satisfacerea unei necesități (C. Buzea, 2010; Robert L.Mathis, Panaite C.Nica, Costache Rusu,1998).

Un concept crucial în explicarea fenomenului psihic motivațional îl reprezintă trebuința. Exprimă lipsa manifestă din sistemul biologic sau psihologic, instituie o stare de tensiune și căutare, activează gestalturile de identificare, căutare și acțiune. După unele opinii în trebuință trebuiesc căutate sursele originare ale existenței și funcționării psihice a persoanei.

Clasificarea care s-a remarcat în literatura de specialitate străină și română este cea realizată de către psihologul american A.H Maslow (2008), fiind numită şi piramida trebuinţelor. La baza piramidei se situează trebuinţele fiziologice, urmează cele de afiliere, sociale, ale eului şi nivelul superior, cele de realizare personală. Intensitatea trebuinţelor scade de la bază spre vârf, o trebuinţa superioara nu se satisface decât dacă n-au fost satisfăcute într-o oarecare măsură, cele inferioare. ei. Cu cat o trebuinţa este mai înaltă, cu atât este mai caracteristică pentru om. Se remarcă dimensiunea „umană" a acestei clasificări, detaşându-se de interpretările mecaniciste şi topice ale motivaţiei care se fundamentează pe ipoteza bio-psihologică. Chiar trebuinţele elementare tind să se „umanizeze" prin socializare, educaţie şi personalizare. Ele pot căpăta morfologii adaptate, dar şi nevoile superioare, spirituale se configurează prin integrarea caracteristicilor celor primare. Structura de personalitate, persoana integrată vor încorpora astfel un compromis între caracteristicile trebuinţelor primare şi celor superioare. Autorul foloseşte pentru a-şi explicita sintagma şi teoria generală a motivaţiei umane conceptul de homeostazie.

Homeostazia reprezintă tendinţa organismului de a menţine constanţi parametrii mediului intern. Trebuinţele homeostazice explica activitatea de adaptare dinamică a subiectului şi reglaj intern în funcţia de realitatea internă şi externă a persoanei. Dimensiunea termenului de homeostazie nu trebuie limitată la cea consacrată de biologie, de unde provine. Homeostazia psihologic-personală favorizează mai uşor entropia. Geneza şi constituţia psihică a persoanei, personalitatea sunt sisteme mult mai fragile decât organismul. Această realitate creează trebuinţe noi, determinate de fondul de angoasă şi anxietate existenţială şi sentimentului relativităţii ontologice, fragilităţii construcţiei individuale în faţa imensităţii, forţei lumii, existenţei obiective şi morţii implacabile ce creează o nevoie endemică de securitate, fericire, ataşament şi realizare personală ca drept suport compensator ontologic.

Organizarea motivaţional-personală, sistemul motivaţional uman, spunem noi, în prelungirea celor subliniate de marele psiholog umanist american, este o construcţie nu doar piramidală ci şi spirituală. Sensul cuvântului spiritual, este aferent celui de emergenţă, acela de construcţie care depăşeşte prin complexitate sensul organizării fizice şi cibernetice a sistemelor, căpătând o perspectivă nouă, holistică, profundă, multidimensională dar mai ales emergenţă, aşa cum am precizat. În consecinţa definirea motivaţiei umane trebuie să plece de la câţiva termeni – *trebuinţă, tensiune, reorganizare bio-psihică* şi *personală, homeostazie,* dar şi *spiritualizare, complexitate, multi-dimensionalitate* şi *emergenţă.*

Cunoaşterea „motivaţională" a unei persoane cuprinde în mod necesar perspectiva biologică, psihologică, personală dar şi spirituală (ontologică) şi are ca obiect de studiu nu doar organismul sau sistemul psihic înţelese distinct ci personalitatea ca întreg. Acestea sunt consecinţe ale emergenţei genetic-motivaţionale şi proceselor de spiritualizare prin enculturaţie, socializare, onto-personalizare.

De puţine ori observăm sau auzim de intenţii de satisfacere a unor nevoi subiective ale clienţilor în domeniul asistenţei sociale. Chiar dacă strategiile, proiectele şi obiectivele de asistenţă socială conţin şi elemente de ordin individual-subiectiv, enumerarea acestora este de multe ori strict protocolară sau reprezintă ţinte greu de atins, de aceea sunt abandonate pe parcurs.

Vom auzi însă adesea că obiectivul serviciilor de asistență socială îl reprezintă asigurarea unui minim de condiții materiale, asigurarea condițiilor pentru o viață decentă, un venit minim garantat, condiții pentru creștere și dezvoltare normală. Ce înseamnă acest lucru?

E foarte evident, cel puțin în stadiul actual societatea/economia, din punct de vedere material, nu își permite mai mult. Ar fi una dintre explicații. Credem că în limita resurselor existente se poate face mai mult, ținând cont de faptul că beneficiarii sunt ființe umane, au și alte nevoi decât cele bazale. De aceea este esențial ca în domeniul asistenței sociale să se realizeze gradual o *deplasare de pe filozofia supraviețuirii spre filozofia fericirii*. Desigur saltul este uriaș dar nu imposibil, oricum trebuie definit și impus ca obiectiv. Esența acestei noi filozofii o reprezintă de fapt o deplasare „motivațională".

Dincolo de satisfacerea elementară a unor trebuințe biologice, clienții sunt ființe umane cărora trebuie să li se asigure șansa, prin condiții și facilități, de a le fi satisfăcute și trebuințele superioare. Nu ne referim la asigurarea condițiilor pentru integrare și realizare socială, profesională ci la crearea *climatului socio-uman adecvat* pentru a resimți în mod pozitiv propria existență, fiind deci fundamentală componenta empatică, subiectivă, emoțională.

În zadar se investesc sume și resurse imense pentru crearea unor condiții materiale optime dacă internii unei instituții, de pildă, sunt mereu deprimați. În zadar sunt foarte bine hrăniți, au ateliere și cluburi pentru relaxare dacă ei conviețuiesc într-un climat de încordare, conflict, au sentimente acute de inutilitate, subiectivând-și propria viață cu sensul negativ, sunt marcați endemic de ideația dezangajării sau în cazuri extreme a sinuciderii.

1.5. Nevoia de fericire și demnitate (autonomie) a clientului

Conform piramidei motivaționale (Maslow) am putea descrie drept problemă a unei persoane, client al unor servicii de asistență socială sau intern a unei instituții de protecție, situația în care nu are satisfăcute una sau mai multe dintre următoarele nevoi:

- nevoia de securitate individuală in mediul natural si social;
- nevoile sociale;
- nevoia de stima;
- nevoia auto-actualizare, de auto-realizare, de împlinire de sine .

Aceste nevoi sunt aferente unor structuri, funcții și formațiuni psihologice și personale. Funcționarea în condiții normale a ansamblului personal, a personalității presupune satisfacerea lor. Nesatisfacerea declanșează mecanismul de reglaj homeostatic și de reducere a tensiunii. Acest model, descris mai mult pentru funcționarea fiziologică a organismului, poate fi folosit și în cazul personalității cu următoarele precizări:

- spre deosebire de organism personalitatea este un sistem mult mai deschis și mult mai complex, pe lângă sistemul organism se „adaugă" și sistemul psihic superior; împreună formează un mega-sistem, să-i spunem persoană sau ansamblu personal, care este infinit mai mult decât un mecanism fiziologic;

134

- fiinţa umană, personalitatea sunt, filogenetic vorbind, entităţi încă în construcţie, deci legile homeostaziei nu pot opera în integralitatea lor;
- personalitatea are o componentă proiectivă importantă, deschizând sistemul spre zone imprevizibile şi puţin supuse legilor fizice;
- personalitatea cuprinde instanţe şi formaţiuni necunoscute suficient, cu valenţe posibil transcedentale precum subiectul, eul, sufletul.
- structură şi organizator al procesului de cunoaştere;
- focar al vieţii afective;
- conţinut variabil de la o persoană la alta;
- schemă atitudinală centrală, complexă, specifică, personală (A. Pratkanis, A.G. Greenwald, 1985)

Întrebarea care se naşte este: unde plasăm în piramida trebuinţelor a lui Maslow *nevoia de fericire* şi cea de *demnitate* şi cu ce model motivaţional o descriem? Este nevoia de fericire distinctă în „piramidă" şi trebuie să-i găsim un nivel propriu? Este aferentă unei structuri sau funcţii specifice sau este un efect de sistem şi are o etiologie şi dinamică emergentă? Şirul întrebărilor ar putea continua.

Primul lucru pe care probabil cu toţii îl observăm este faptul că despre această nevoie crucială literatura socio-umană nu vorbeşte prea mult, chiar dacă cuvântul *fericire* este pe buzele multor oameni iar nevoia de fericire este în mod cert o nevoie umană existenţială. Noi cu posibilităţi noastre limitate nu am identificat vreo lucrare că să analizeze şi aprofundeze, din punct de vedere psihologic, ştiinţific această temă, respectiv nevoia de fericire, în contextul celorlalte nevoi fiziologice sociale sau psihologice. Totodată fiecare dintre noi caută fericirea. Este clar faptul că este o nevoie personală importantă. La fel de importantă cum este şi nevoia de demnitate, de homeostazie a eului social.

Nevoia de fericire este, pentru unii oameni, chiar o obsesie, se identifică cu rostul, sensul vieţii, cu definiţia antropologică a existenţei individuale. Este de regulă percepută ca fiind aferentă obţinerii împlinirii personale, deci se situează pe o treaptă superioară a piramidei sau se identifică cu trăirile pozitive, euforice, cu satisfacţia sau plăcerea, stări care pot fi aferente unor nevoi de pe trepte inferioare. Dicţionarul Larousse (1996) descrie fericirea pur şi simplu ca *stare de satisfacţie completă*, iar psihologia pozitivă o corelează cu emoţiile pozitive. Astfel că elemente şi dimensiuni ale fericirii (nevoii de fericire) pot fi regăsite la toate nivelurile piramidei.

Pentru domeniul asistenţei sociale noi credem că accepţiunea cea mai indicată a fericirii ar fi aceea descrierii ei în termeni de structură şi funcţionare unitară a personalităţii, cu stările de echilibru şi eficienţă pe care le generează. În acest context vom spune că de fapt nevoia de fericire, ca şi de demnitate, este de fapt nevoia de echilibru ontic-personal, de structură psihologic-personală echilibrată, personalitate adaptabilă, dezvoltare personală plenară în plan fizic, psihic şi social (Text preluat din volumul Teoria fericirii în asistenţa socială. De la managementul îngrijirii la managementul fericirii, Editura Lumen, Iaşi, 2000).

1.6. Modelul umanist de reprezentare/ abordare a clientului și a obiectivului client reabilitat

După cum am văzut, dacă teoriile clasice reprezintă clientul și problema socială prin modele de tip sociologic, instituțional sau biologist-emotional și materialist teoria umanistă abordează clientul individual ca ființă *umană* cu suflet, cu suferință, ca personalitate, iar problema, are pe lângă o etiologie obiectivă, explicații în interacțiunea „personalităților" și sufletelor membrilor comunității, evaluată în unicitatea și singularitatea ei ontologică. Dacă teoriile clasice nu fac rabat de la normele și „litera" științei, reprezentând și abordând clientul/ problema prin metode nomotetice, generalizatoare, de-personalizante sau simplificatoare metodele umaniste fac apel la ontologie, estetică, morală, umanism sau religie, abordând clientul și problema ca unicități existențiale, ființe și situații capabile să „renască din propria cenușă", să se reintegreze social, să se reabiliteze sunam, chiar dacă abordarea științifică, nomotetică și instituțională îi condamnă, prin etichetare sau simbolizare, generalizare epistemologică și instrumentare administrativă, la asistență cronică.

În perspectivă umanistă clientul nu este nici asistat nici subiect de cercetare științifică ci o ființă umană aflată într-o criză existențială ipotetic pasageră, cu personalitate și suflet, care suferă, se află într-o situație temporară de dificultate fizică, psihologică sau socială, însă cu perspectiva certă a reabilitări și reintegrării sociale ca obiective realiste și permanente, indiferent de gradul sau tipul afectării. Abordarea umanist-ontologică identifică cu precădere resursele recuperării în interiorul și în capacitățile inerente ale clientului sau situației problemă, rolul profesionistului social și al instituțiilor fiind acela de a identifica și valorifica aceste resurse, umane, spirituale. Desigur, fără a exclude aprioric metodele și mijloacele clasice.

Așadar, conceptul de asistență socială umanistă are la bază conceptul cheie *client abordat și reprezentat în perspectivă umanistă*, principalele dimensiuni și caracteristici ale acestuia vor fi reflectate în cele ce urmează.

1. Clientul „social" este o personalitate, o individualitate existențială concretă, un suflet nu un simplu element al unei entități sociale sau un nume într-un dosar. Acesta, ca persoană, trăiește într-un context socio-uman particular, în organizații și comunități cu caracteristici determinate, dincolo de paternurile și legitățile de organizare și funcționare socială obiectivă, de reflectările sociologic-științifice abstracte, generalizatoare. De către serviciile de asistență socială el trebuie perceput, evaluat și abordat ca *unicitate psihologică, socială, culturală, ca problemă socială și situație de dificultate diferențiată, concretă și particulară*. Strategiile și tehnicile de evaluare/intervenție nu neglijează componenta teoretic-generalizatoare, plasarea clientului în context social global, dar vor desprinde din acestea acele caracteristici care conferă reprezentării clientului relief și specificitate.

2. Fiecare persoană dispune în mod constituțional de capacitățile elementare de dezvoltare personală și socială, de integrare socială autonomă și eficientă. Clientul, în general, este reprezentat în viziunea orientărilor terapeutice umaniste (orientarea existențială, gestalt-terapia, artterapia, terapia

experienţială, terapia centrata pe client, terapia rogersiana, terapia adleriana, analiza tranzacţională etc) ca o resursă în sine de dezvoltare personală şi integrare socială prin însăşi condiţia şi funcţia personalităţii. Lucrurile stau la fel şi în cazul clientului serviciilor de asistenţă socială. *În activitatea de educaţia şi îngrijire a copilului instituţionalizat, a copilului crescut în familii substitut, a persoanelor cu dizabilităţi, în asistenţa socială a vârstnicilor, bolnavilor, dependenţilor de substanţe halucinogene etc asistentul social, psihologul sau medicul trebuie să-i perceapă şi reprezinte în primul rând ca resursă şi actor principal al propriei recuperări sociale, psihologice sau morale* şi deloc ca „inapţi", „incapabili", „nedotaţi", „neadaptaţi". Aplicarea principiilor orientărilor „pozitive" în ştiinţele sociale, consacrate mai ales în zona psihoterapiei, ar conduce, în asistenţa socială, la definiţia unui client activ, determinat, orientat conştient şi voluntar către propria reabilitate şi părăsire a sistemului de asistenţă socială.

3. Chiar dacă satisfacerea nevoilor fundamentale de supravieţuire constituie şi rămâne unul dintre scopurile principale ale serviciilor de asistenţă socială, iar modelarea metodologică în această abordare presupune şi reducerea arhitecturii personalităţii umane la reperele ei materiale şi biologice *evaluarea, monitorizarea, intervenţia nu pot neglija latura, perspectiva umană, spirituală, morală sau culturală.* Construcţia proiectelor şi strategiilor în domeniu prin neglijarea acestor dimensiuni constituţionale ale fiinţe umane particulare sunt de cel mai multe ori sortite eşecurilor. Limitarea definiţiei subiectului la nevoile de bază şi construcţia epistemologic-metodologică, în scop de intervenţie sau asistenţă socială, a subiectului cu entităţi ale funcţiilor organice şi psihice elementare constituie nu doar o eroare profesională dar şi morală, încălcând principiile şi valorile de bază ale ideii de demnitate umană şi principiile privind constituţia culturală, morală şi spirituală a fiinţei umane în general.

4. Orientările umaniste percep şi definesc clientul nu ca pe un asistat, pacient sau învăţăcel ci ca pe o persoană demnă, cu toate drepturile/valenţele sociale, morale şi psihologic-acţionale, cu abilitatea naturală de a se ridica din situaţia în care se află temporar. Rolul serviciilor de asistenţă socială este acela de conferi acestuia cadrul şi prilejul şi a-şi valoriza în mod demn potenţialităţile. Nici asistentul social, nici educatorul, nici psihologul nu au vreun fel de ascendenţă faţă de client. Cele două părţi se situează pe poziţii de egalitate în ceea ce priveşte demnitatea şi drepturile fundamentale. *Clientul este, aprioric, o fiinţă umană cu toate drepturile ancestrale, istorice şi morale, la fel ca toţi ceilalţi oameni. Profesionistul din asistenţa socială îl va percepe şi aborda aşa, sau va face tot posibilul pentru a ajunge să beneficieze de aceste drepturi.*

5. În viziune fenomenologică *reprezentarea şi abordarea clientului presupune o abordare de tip holistic, unitar respingând tendinţele de „disociere" şi definire secvenţială.* Chiar dacă tehnologia de evaluare şi intervenţie presupun inevitabil şi aceste proceduri este recomandat a nu se pierde în nici un moment perspectiva ansamblului, unităţii şi unicităţii sistemului client.

Conform viziunii holistice persoana este un ansamblu unitar, unic dar şi aflat într-un proces continuu de schimbare, de unificare a experienţei şi reflectare a ei în voinţă, conştiinţă şi ansamblul personalităţii. Abordarea umanistă solicită activismul epistemologic şi axiologic al clientului, dezvoltarea conştiinţei de sine, creşterea încrederii în forţele şi abilităţile proprii de părăsire a sistemului de asistenţă socială. Dacă modelul instrumentalist-birocratic tinde să reducă clientul „social" la simboluri, dosare şi decizii impersonale, operând schimbări în mod administrativ-instituţional, de multe ori „peste capul clientului", iar modelul ştiinţific-academic să-l limiteze la ceea ce este esenţial şi general, modelul umanist, dimpotrivă, îl descrie în primul rând prin unicitatea, profunzimea şi varietatea sa, prin calitatea şi capacitatea „umană" individuală, concretă de autodeterminare prin liberă alegere, conştiinţă activă şi, aspect esenţial, prin atributul voinţei.

Modelul umanist de reprezentare şi abordare a clientului în asistenţa socială, chiar dacă nu s-a constituit încă o literatură vastă explicită funcţionează şi este parte a teoriilor specifice în domeniu (teoria ataşamentului, teoria fericirii, teoria îngrijirii, teoria identităţii, teoria pierderii şi anxietăţii, teoria participării, etc.), este dimensiune a activităţii multor profesionişti din domeniu, a literaturii ştiinţifice şi de popularizare, a strategiilor, serviciilor şi instituţiilor din domeniu. (Ştefăroi, 2009a)

2. Profesionistul în asistenţa socială umanistă

2.1. De la "asistent social" la "profesionist social"

Chintesenţa conceptului de asistenţă social umanistă se regăseşte în modul în care se reflectă în profesiunea care o operaţionalizează. La ora actuală, se ştie, denumirea acestei profesiuni în România este de *asistent social*. Noi considerăm, în pofida unor aparenţe liniştitoare, că aceasta este o mare problemă.

Majoritatea asistenţilor sociali, absolvenţi de facultate, cu mastere, doctorate şi tot felul de certificate academice, ştiinţifice sau profesionale, au un mare complex legat de denumirea profesiei lor, de statutul profesional şi de competenţele pe care această denumire sau statut le implică. Problema se trage în primul rând de la termenul *asistenţă*, care este asociat cu o activitate de tip secundar, neimportantă, limitată la activitatea de „asistenţă", desconsiderând latura terapeutică sau ştiinţifică. În plus pentru foarte multe alte posturi sau ocupaţii, fără studii superioare, prin primării, centre de plasament, asistenţă maternală, însoţitori persoane cu dizabilităţi, se foloseşte la modul propriu sau generic formula asistent social. Se creează astfel multă confuzie şi frustrare pentru adevăraţii asistenţi sociali, egali prin studii şi competenţe cu sociologii, psihologii, medicii sau juriştii.

Credem ca ar fi utilă o dezbatere pe aceasta temă. Noi propunem titulatura de *Profesionist Social*. Este adevărat ea se mai utilizează în prezent pentru a desemna profesioniştii din domeniu, dar prin instituţionalizare ar putea fi, cu unele îmbogăţiri, asimilată competenţelor asistentului social de astăzi. Pentru celelalte categorii de lucrători s-ar putea folosi formula profesioniști din domeniul asistenței sociale. Sintagma profesionist social, folosind-o în locul celei de asistenta social ar aduce, în plus, din punctual de vedere al asistenței sociale umaniste, și atribuții sau dimensiuni suplimentare, umaniste. Profesionistului social este eticheta și specialistul principal în asistența socială, întrunește calități umane, profesionale, complexe. Este și psiholog și filosof și sociolog și medic și antropolog. Funcția sa esențială nu mai este astăzi, în spiritul teoriei îngrijirii, ca pe vremuri, aceea de *a asista* ci de *a reabilita* din punct de vedere *uman* și socio-comportamental, și a reintegra socio-uman clientul. Coordonează întregul proces a fără știrbi din autoritatea psihologului, medicului, sociologului sau juristului. Dimpotrivă, prin atribuțiile, statutul și firma profesiunii sale le este mult mai mult de folos.

Chiar dacă termenul *social* rămâne, și din acest punct de vedere este binevenită o dezbatere. Majoritatea absolvenților facultăților socio-umaniste care se angajează în sistemul de protecție socială suferă inițial un adevărat șoc determinat de discrepanța accentuată dintre ceea ce au învățat în facultate și realitatea vie a situației clienților. Motivul: prin curriculă și practica didactică sunt pregătiți mai degrabă ca sociologi practicieni decât ca profesioniști care vor lucra și cu personalitatea/ sufletul și relațiile umane ale clienților nu doar cu grupuri, situații, probleme sociale standardizate. În plus didacticismul, tehnicismul abordărilor, metodele „științifice" și slabul contact cu sistemul în timpul facultății fac ca reprezentarea *modelului client* al serviciilor de asistență socială să fie în multe cazuri schematică, simbolică, deformată, nerealistă sau pur și simplu neformată. Unui nou angajat în sistemul asistenței sociale îi trebuie foarte mult timp pentru adaptare, unul dintre motive fiind și aceste carențe de educație și pregătire academică, de reprezentare și modelare epistemologică, metodologică, profesională și pragmatică a clientului, constituite pe parcursul studiilor, definirea acestuia cu precădere prin categorii științifice excesiv generalizante, sociologiste, instrumentiste, simplificatoare.

2.2. Importanța personalității și calităților empatic-umane ale profesionistului

Asistența socială umanistă propune conceptele de *profesionist umanist*, *personalitate și conduită* **umană**, cu două funcții și obiective asistențial-terapeutice cardinale:

1) empowerment/ autonomizare a clientului, și

2) fericirea clientului, precum și diminuarea suferințelor determinate de situația de dificultate, de impasul existențial-uman generat, în principal, de calitatea precară a mediului socio-uman, a relațiilor inter-umane, inter-personale.

Una dintre resursele de bază pe care le folosește profesionistul pentru exercitarea, îndeplinirea acestor funcții fiind chiar personalitatea și conduita sa. În ultimă instanță, alături de modul (umanist) de reprezentare a clientului, chintesența conceptului de asistență social umanistă se regăsește și în modul în care este reprezentat profesionistul și profesiunea care o operaționalizează.

Deoarece profesionistul umanist se focalizează cu prioritate pe sufletul, latura psihologic-spirituală, empatică, subiectivă, afectivă a clientului, pe suferințele, impasurile existențiale, dramele personale și de grup, pe aspectele morale, socio-*umane*, culturale și spirituale ale problemei este absolut necesar ca și personalitatea acestuia să se descrie prin calități precum empatie, bunăstare sufletească și fericire, sensibilitate spirituală, multiculturalitate, în contextul mai larg al dezvoltării personale, profesionale și *umane* a personalității acestuia.

Pentru profesionistul umanist adevăratele probleme ale clienților sunt de ordin socio-afectiv, sufletesc, spiritual, psihosocial ori cultural, de aceea acesta caută să identifice teorii și paradigme care să-i confere cadrul teoretic și metodologic pentru un tip de abordare a relației cu clientul în care accentul să cadă nu atât pe latura comportamentală, biologică, social-statistică ori economică ci pe resorturi și laturi sufletești, socio-*umane* ale clientului.

Profesionistul umanist din asistența socială (asistent social, psiholog, manager, educator, îngrijitor etc) se detașează de abordările care exclud trăirile, suferințele, fericirea, sufletul, relațiile umane din reprezentarea epistemologică a clientului, care descriu funcționarea psihică, personalitatea, interacțiunea personală în termeni preponderent cibernetici sau statistici, care explică existența psihicului uman și comunității sociale aproape exclusiv în termeni fizici, sociologic-structurali, statistici sau economici.

Este, așadar, fundamental ca persoanele care lucrează, de pildă, în instituțiile rezidențiale să întrunească un minimum de condiții de ordin sufletesc, *uman*, educațional, profesional, psihologic sau moral. Organizațiile în care aceștia lucrează trebuie să fie devină, prin calitățile psihologic-sufletești și conduitele lor *umane* sursă de fericire și reabilitare pentru beneficiari.

2.3. Calitățile „umaniste" ale profesioniștilor din asistența socială

Capacitatea empatetică ridicată, bunăstarea sufletească, fericirea, dezvoltarea personală, altruismul, agreabilitatea, inteligența, cultura, idealismul, vizionarismul imprimă conduitei lucrătorului eficiență și îl concentrează pe îndeplinirea obiectivelor *umane* ale organizației de asistență socială, favorizează prevenirea și rezolvarea conflictelor grave la toate nivelele, intrapersonal, interpersonal, de grup sau instituțional, sporește gradul de mulțumire de sine a clienților și personalului, de satisfacției (fericire), sporește sentimentul pozitiv al apartenenței la organizație pentru beneficiarii din instituții, de exemplu.

Literatura de specialitate cuprinde multe referiri la calitățile necesare profesionistului din asistența socială, fie că ne referim la asistentul social (profesionistul social), fie ne referim la angajații diferitelor instituții rezidențiale ori funcționărești. Marea lor majoritate le putem considera umaniste. S-a ajuns la un consens asupra următoarelor:

- *Cunoștințe:* de psihologia personalității și a dezvoltării, cu privire la societate, familie, organizarea și funcționarea socială, psihologie socială, antropologie, drept, politică, medicină etc (G. Neamțu, 2004);

- *Atitudini:* cognitive, morale, culturale (Belkin, 1975, citat de G. Neamțu, 2005), filosofice; toleranța, nediscriminarea, respectarea individualității, demnității și autonomiei persoanei;
- *Abilități practice, deprinderi:* experiență socială, de comunicare, relaționare (Miftode Vasile, 1995).

Există o serie de caracteristici personale/ de personalitate, foarte importante în ceea ce privește eficiența profesională, care dacă ar fi evaluată de către angajatori ar scoate la iveală aspecte pe care simpla observație sau evaluările standard tind să le neglijeze. Este vorba despre latura *umană*, motivațional-spirituală, ontologică a persoanei, gradul de fericire, confortul interior, ironia, atitudinea relaxată față de greutățile vieții și dificultățile profesionale. În asistența socială aceste calități sunt cruciale pentru că le sunt sursa empatiei, agreabilității și proiectivității/ spiritualității – trăsături definitorii ale profesioniștilor din asistența socială, cu precădere a celor care lucrează direct cu minori.

Starea de „fericire" profesională este strâns legată de caracteristicile mediului dar și de unele caracteristici și predispoziții de personalitate precum fondul psiho-afectiv dominant (pozitiv/ negativ), toleranța la ironie, relaxarea și atitudinea pozitivă față de viață, muncă și sine. Nu greșim dacă le numim calități „spirituale".

Evaluarea gradului de satisfacție, de fericire resimțită, a fondului aperceptiv-atitudinal, a caracteristicilor „spirituale" de personalitate nu doar a abilităților și cunoștințelor   strict profesionale este de mult o practică a ședințelor de examinare a personalului și candidaților la angajare în firmele occidentale. Motivul este foarte simplu. Ponderea serviciilor a crescut enorm, obiectul muncii a devenit omul cu dorințele, sensibilitățile, fricile, personalitatea sa specifică, fișa postului are mult mai multe prevederi referitoare la competențe „umane" decât tehnice sau fizice. A lucra cu obiecte solicită cu precădere calități fizice și psihomotorii, dar a lucra cu oameni solicită calități „spirituale". Omul are personalitate în timp ce obiectul nu, obiectul este previzibil, omul mult mai puțin, cu atât mai mult dacă este vorba de grupuri, colectivități, echipe de lucru sau creație, comunități. Lucrătorul obișnuit dar și managerul sau patronul vor trebui să fie „dotați" cu unele calități individuale care să le permită adaptarea și eficiența în aceste condiții, adică lucrul cu oameni, atât în calitatea acestora de clienți cât și de parteneri. Clienții sunt entități sensibile, complexe și „pretențioase". Au sentimente, emoții pozitive sau negative, trăiri, gânduri, proiecte, așteptări, temeri, complexe. Lucrătorul va opera mai mult cu acestea decât cu cerințele lor comerciale explicite.

Din ce în ce mai mult firmele vor solicita angajaților calități care să le permită atât o bună integrare în colectivul profesional cât și o eficientă relaționare cu clienții, cu exteriorul. Clientul a devenit în economia și societatea contemporană obiectul central de intervenție, obiectul muncii, sursa de profit, reper esențial al eficienței economice. Relația cu clientul nu este însă obiectuală, ci așa cum am precizat, „spirituală". Chiar dacă termenul pare straniu în contextul unei discuții „psiho-economice", credem că el poate ajuta mai mult să înțelegem mai profund, complet și complex natura și specificul relației profesionist-client. Dincolo de obiectivul primar hedonist de a-și satisface o trebuință curentă, clientul așteaptă de la angajat și servicii conexe precum toleranță, înțelegere, umor, simț estetic, moralitate, creativitate, „spiritualitate".

Patronul va urmări la angajare, așadar, ca viitorul angajat să aibă acele calități care să-i permită să ofere și astfel de „servicii", de care depinde de multe ori însăși profitabilitatea firmei. Ele sunt determinanți esențiali ai eficienței profesionale în activitățile de PR, în servicii, în asistența socială, învățământ, comerț, mass-media. Noi credem că sursa autentică a acestor calități o constituie sufletul și starea de fericire instituită, existența unei onto-formațiuni a fericirii bine dezvoltate și a unei onto-balanțe hedonic-afective pozitive.

Sintagma eficiență personală, asociată celei de eficiență profesională este de mult timp încetățenită în psihologia socială și economică occidentală și tinde să se impună și în literatura românească. Este imposibil a se imagina eficiență profesională în posturi care presupun relații cu publicul fără eficiență personală. Literatura concluzionează faptul că performanța profesională este puternic condiționată de gradul de fericire și confort intern al persoanei. Eficiența profesională este corelată direct cu atitudinea pozitivă, cu gradul de relaxare interioară, de ironie și de fericire personală (Bandura, 1975, 2003). După același autor eficiența este gradul în care un individ trăiește și evaluează pozitiv viața personală și activitatea socială profesională. Fericirea este o caracteristică psihologică onto-subiectivă și ea condiționează aprioric subiectul spre performanță socială și profesională. După W. James (1981) fericirea este raportul între aspirațiile și realizările unei persoane.

În acord cu tema acestei secțiuni noi vom considera că profesioniștii din asistența socială (asistenți/ profesioniști sociali, psihologi, sociologi, educatori, îngrijitori, manageri etc.) la care onto-formațiunea fericirii are o greutate mai mare în balanță sunt ipotetic vorbind mai eficiente din punct de vedere organizațional-profesional. În acest caz vom spune că subiectul are o onto-balanță pozitivă și este aprioric condiționat pozitiv pentru activități sociale/umane, pentru profesiuni în asistența socială. Onto-balanța negativă, adică dominanța formațiunii depresive este predispoziție pentru ineficiență socială, plecând de la premisa că eficiența personală/ profesională/ organizațională este strâns legată de gradul de fericire și stimă de sine al persoanei.

Credem că următoarele predispoziții și factori psihologici/ de personalitate, ca reflectări structural-operaționale ale dispozitivului onto-personal (suflet, formațiunea fericirii etc) favorizează eficiența profesionistului din asistența socială în efortul de adaptare și realizare a sarcinilor profesionale specifice, în îndeplinirea obiectivelor umaniste ale activității: conținut ontic-psihologic bogat, stare de fericire, stimă de sine, flexibilitate funcțională; agreabilitate, extraversiune; spirit democratic, toleranță, nediscriminare; adaptabilitate; respect pentru viața, fericirea și valorile personale ale celuilalt; deschidere pentru idei noi, flexibilitate epistemologică și metodologică; încredere în capacitățile persoanei de auto-actualizare, realizare personală/socială; flexibilitate atitudinală; receptivitate la informare, și modificare, corectare; capacitate empatetică ridicat; personalitatea matură;

stabilitate emoțională; autocontrol; altruism; prezență de spirit, rezistență la frustrare; detașare, ironie; deschidere spre noi valori etc.

Dacă vom transforma indicatorii enumerați în niște scări și profesionistul se va situa cu majoritatea la nivele scăzute cu siguranță acesta va avea mari probleme de relaționare umană și în consecință de eficiență în activitatea specifică asistenței sociale.

2.4. Empatia, fericirea, dezvoltarea umană, dezvoltarea spirituală

Fără nici un dubiu, **calitățile empatetice** ale profesionistului din orice orientare, formă, doctrină de asistență socială, se constituie în predictori esențiali de eficiență, cu atât mai mult în asistența socială umanistă, unde această calitate a profesionistului depășește semnificația psihosocială originară, instituindu-se și ca *valoare a practicii.* Calitățile empatetice ale lucrătorului dintr-o instituție rezidențială, de pildă, au o importanță foarte mare și în ceea ce privește *congruența, coerența, unitatea și funcționalitatea* organizației, condiționând astfel eficiența întregii organizații. În aceste organizații empatia are un rol foarte important.

Rogers (1959) consideră inter-empatia profesionist-client condiția și premisa incontestabilă a eficienței terapeutice, cu precădere în cazul clienților aflați în diferite forme de suferință prin pierderi, catastrofe etc. În acest sens, și în organizația de asistență socială, ca țesătură complexă de inter-empatii, capacitatea empatetică a profesionistului poate avea o funcție curativă și recuperativă crucială. Organizația de asistență socială se definește astfel și prin *personalitățile* **umane** ale tuturor persoanelor care o compun, inclusiv personalitățile profesioniștilor, cu cele trei dimensiuni: *afective, cognitive* și *spirituale.* Fenomenele și procesele afective sunt de fapt relații, interacțiuni, compatii între sferele afective ale persoanelor, iar cele cognitive și spirituale sunt procese între sferele spirituale sau eurile proiective ale acestora. Desigur, aria interacțiunilor, proceselor și fenomenelor compatetice din aceste organizații este infinit mai largă.

De exemplu, prin valențele empatic-socializatoare și spirituale ale personalității sale profesionistul dintr-o instituție rezidențială pentru copii poate contribui la crearea unui „univers" psihosocial și cultural magic al satisfacerii trebuințelor personale intime, profunde, empatetice, al creșterii și educației spirituale, afective și morale a copilului. Pentru că instituția este locul în care se construiesc bazele ontologice ale personalității *umane* a copilului dacă acesta crește aici. Este mediul în care copilul se alimentează ancestral cu energie spirituală și morală. Este cadrul existențial magic al formării, existenței și manifestării personalității, al fericirii autentice.

Comunitatea compatetică din instituția rezidențială realizează *unitatea* dintre individual și social, dintre cognitiv și afectiv dintre materie și spirit. Unitate reflectată unitar, indestructibil, simultan în personalitatea copilului și existența comunității compatetice organizaționale. Copilul și instituția funcționează printr-un *mecanism onto-social unic* și *unitar*, în care au loc procese de comunicare informațională, emoțională, spirituală.

Prezența lucrătorilor cu calități *umane* și empatetice dezvoltate conduce la instituirea unui mediu caracterizat prin*, altruism, întrajutorare, coeziune* *socială, morală* şi *culturală*, protecţie şi *predictibilitate,* probleme sociale şi umane puţine (Gerdes, Segal, 2009) şi în consecinţă eficienţă ridicată în realizarea obiectivelor, cu resursele materiale existente, însă cu antrenarea resurselor spirituale, *umane,* culturale, disponibile din belşug în personalitatea *umană* a profesioniştilor şi asistaţilor.

Acest climat *empatic-uman* trebuie creat, iar, în acest scop aportul personalităţii empatetice a profesionistului este esenţial. Acesta nu este doar un creier sau un simplu organizator, coordonator sau supraveghetor al proceselor din organizaţie ci este parte ontologică şi compatetică crucială, imprimând sensul şi calitatea relaţiilor interumane.

În schimb, în organizaţiile în care predomină angajaţi cu calităţi empatetic-umane precare relaţiile interpersonale sunt dominate de conflictualitate, sunt ostile, nefuncţionale, inumane, asistaţii sunt nefericiţi, conducând la ne-îndeplinirea obiectivelor, la ineficienţă, chiar în condiţiile unor investiţii materiale şi organizaţional-instituţionale ridicate.

În aceste condiţii, în perspectiva unei teorii autentic umaniste angajatul din asistenţa socială trebuie să fie o persoană cu o mare capacitate empatetică şi compatetică sensibilă la suferinţa şi problema clientului, sinceră, altruistă, modestă, respectuoasă, dezvoltată spiritual, moral, cu interes pentru cunoaştere şi adevăr, pentru frumos şi bine social, se auto-perfecţionează, este interesată de dezvoltarea sa personală, aptitudinală şi morală, caută rezolvarea paşnică a problemelor, îl ajută pe celălalt să depăşească situaţia de dificultate oferindu-i mijloacele de autodeterminare, este o personalitate complexă, morală, spirituală, sociabilă, agreabilă şi, în consecinţă, *eficientă.*

Profesionistul care cunoaşte importanţa empatiei şi fenomenelor psihosociale aferente, în etiologia, fenomenologia, sau dinamica problemelor sociale utilizează, ca foarte importantă, în activitatea profesională şi evaluarea uman-empatetică (Ştefăroi, 2009a, p.31). Fără dubiu, capacitatea empatetică şi compatetică o personalităţii profesionistului este o resursă capitală a practicii, o trăsătură personală indispensabilă oricărei persoane care activează în „sistemul" asistenţei sociale umaniste.

Alături de empatie **fericirea şi bunăstarea psihologic-sufletească** reprezintă o altă resursă a profesionistului cu adevărat miraculoasă în realizarea obiectivelor asistenţei sociale umaniste, cu precădere în asistenţa socială umanistă instituţională şi cea clinică.

Astfel, unul dintre obiectivele constituţionale ale practicii profesionistului în asistenţa socială umanistă îl reprezintă sporirea bunăstării sufleteşti/ *umane* şi fericirii beneficiarilor, cu precădere în cazul copiilor şi vârstnicilor, de aceea este crucial de subliniat aspectul că nu se poate vorbi de fericire a acestora în medii în care personalul, angajaţii sunt nefericiţi, săraci sufleteşte. Este motivul pentru care asistenţa socială umanistă promovează, după empatie, bunăstarea sufletească şi fericirea ca drept calităţi cruciale ale profesionistului.

În asistenţa socială umanistă, în procesul asistenţial, terapeutic, sau de integrare socioumană a clientului, cei doi actori, *clientul şi profesionistul, formează o unitate social-ontologică, deci şi eudemonică.* Juisanţa eudemonică comună este factor generator de eficienţă, de aceea este bine să fie cultivată. Gradul în care acest factor operează depinde şi de structura/ bogăţia eudemonic-spirituală a personalităţii actorilor implicaţi.

Unde identificăm, aşadar, în structura personalităţii şi piramida trebuinţelor a lui Maslow (2008) nevoia de fericire a clientului, şi cu ce model motivaţional o descriem? Este nevoia de fericire distinctă în „piramidă" şi trebuie să-i găsim un nivel propriu? Este aferentă unei structuri sau funcţii specifice sau este un efect de sistem şi are o etiologie şi dinamică emergentă? Şirul întrebărilor ar putea continua. Primul lucru pe care probabil cu toţii îl observăm este faptul că despre această trebuinţă crucială a clientului sau calitate a profesionistului literatura de specialitate nu vorbeşte prea mult, chiar dacă cuvântul *fericire* este pe buzele multor oameni iar nevoia de fericire este în mod cert o nevoie umană existenţială. Este totuşi clar faptul că este o nevoie şi calitate personală importantă; se identifică, în unele optici, cu rostul, sensul vieţii, cu definiţia antropologic-etică a existenţei individuale. Este de regulă percepută ca fiind aferentă obţinerii împlinirii personale, deci se situează pe o treaptă superioară a piramidei, sau se identifică cu trăirile pozitive, euforice, cu satisfacţia sau plăcerea, stări care pot fi aferente unor nevoi de pe trepte inferioare. Dicţionarul Larousse (2009) descrie fericirea pur şi simplu ca *stare de satisfacţie completă*, iar psihologia pozitivă o corelează cu emoţiile pozitive. Astfel că elemente şi dimensiuni ale fericirii (nevoii de fericire) pot fi regăsite la toate nivelurile piramidei.

Pentru domeniul asistenţei sociale noi credem că accepţiunea cea mai indicată a fericirii ar fi aceea descrierii ei în termeni de *bunăstare sufletească* şi de *structură/ funcţionare unitară a personalităţii, cu stările de echilibru şi eficienţă pe care le generează*. În acest context vom spune că de fapt nevoia de fericire este de fapt nevoia de bunăstare/ echilibru psihologic şi ontologic-spiritual, de structură personală echilibrată, personalitate adaptabilă, dezvoltare personală plenară în plan fizic, psihic şi social. Este dificil să se opteze pentru versiunea „euforică" a fericirii, clădită pe o alimentare sporită şi nesusţinută cu emoţii pozitive, a fericirii clientului serviciilor de asistenţă socială, pentru că aceasta ar putea fi mai degrabă un fel de ciclotimie decât fericire autentică şi eficientă în perspectiva autonomizării sociale, atingerii scopurilor asumat umaniste ale serviciilor de asistenţă socială. Nici versiunea libidinală (plăcere senzorială) nu este recomandabilă pentru că asistatul, ar putea cu uşurinţă identifica o zonă personală de confort, devenind victima propriilor simţuri, uşor exploatabile, abandonând obiectivul dezvoltării personale şi reintegrării autonome.

Una dintre concluzia acestui paragraf este aceea că o persoană este sau devine client al serviciilor de asistenţă socială nu doar din cauza unor circumstanţe sociale sau economice, aşa cum se afirmă adesea, ci şi pentru că personalitatea sa este sau se structurează socio-dezadaptativ, iar un rol esenţial în acest proces îl are nesatisfacerea sau satisfacerea vicioasă a nevoii de fericire, de bunăstare eudaimonic-sufletească, de stări psihice pozitive, de satisfacţii, de alimentare a ego-ului, a stimei de sine. În zadar se va interveni asupra sistemului client individual cu măsuri economice dacă problema este fapt psihologic-sufletească ori socio-*umană*. Aici intervine astfel rolul profesionistului din asistenţa socială, asistent social, psiholog, îngrijitor, manager etc., care prin proiectul de intervenţie, conduită şi cu precădere *cu propria bunăstare şi fericire, să contribuie la bunăstarea sufletească şi fericirea clientului*, la împlinirea sa umană, personală, la adaptarea şi integrarea socioumană a acestuia.

Şi în realizarea obiectivelor asistenţiale, de reabilitare şi integrare a clientului este eficientă operarea cu termenii unei fericiri autentice, empatice şi aferente unei personalităţi echilibrate, puternice şi „spirituale". Chiar dacă termenii par pretenţioşi, poate chiar extravaganţi, în realitate ei sunt reflectări epistemologice şi axiologice a ceea ce este de fapt natura umană autentică, ancestrală.

Aşa cum în psihologia cognitivă şi socială se operează cu sintagma eroare de atribuire, expresie a unei percepţii eronate relative la o stare de lucruri obiectivă tot astfel în definiţia clientului serviciilor de asistenţă socială, se poate vorbi de o eroare de atribuire în ceea ce priveşte definiţia clientului şi a sistemului client, a surselor problemelor care-i determină situaţia de dificultate. Clientul şi problema lui fiind percepute, de regulă, ca fiind de ordin economic sau social când în realitate problema/ sursa este de ordin axiologic, moral, psihologic sau spiritual eudemonic (Ştefăroi, 2009b).

Aşadar, metoda *balanţei* pe care o propunem presupune evaluarea şi a resorturilor intime, profunde, autentice ale profesionistului, prin operarea, investigativă asupra celor două onto-formaţiuni psihologic-personale constituite ontogenetic, formaţiunea fericirii şi formaţiunea depresivă, prin atragerea în „ecuaţie", pe lângă aspecte „vizibile", curente, instrumentale, socio-ambientale şi a unor construcţii, formaţiuni onto-personale, profunde, constituţionale şi „spirituale" ale personalităţii acestuia.

Empatia, agreabilitatea, bunăvoinţa, toleranţa, înţelegerea, perceperea şi înţelegerea „durerilor" sufleteşti ale clientului sunt atitudini şi conduite ale profesionistului care îşi au sursa şi în constituţia eudemonic-spirituală a personalităţii acestuia, atitudini şi conduite care au „acces" la sensibilitatea şi resorturile onto-personale profunde ale clientului, la formaţiunea fericirii şi formaţiunea depresivă, la onto-balanţa fericirii. Acţiunea voluntară sau spontană asupra acestei balanţe se poate realiza şi prin aceste conduite. Prin această pârghie lucrătorul social poate opera curativ sau educativ, poate contribui la diminuarea suferinţelor, sporirea bunăstării sufleteşti şi fericirii, precum la procesul de dezvoltare personală/ *umană*, împlinire şi integrare socială a clientului.

În teoria şi axiologia asistenţei sociale umaniste se consideră că **dezvoltarea umană**, prin dezvoltare sufletească, socioafectivă şi morală, prin *"internalizarea" ontogenetică a celuilalt generalizat*, a omului ca fiinţă ancestrală, morală şi spirituală reprezintă unul dintre factorii fundamentali ai succesului în activitatea profesionistului.

Zestrea personală *umană* (sufletească, psihologică, morală, comportamentală) a profesionistului se transferă în personalitatea clientului, îl îmbogăţeşte şi dezvoltă uman, spiritual, moral, cultural, „psihologic, şi ghidează sau influenţează toate conduitele de evaluare, intervenţie sau îngrijire din activitatea acestuia. În schimb carenţele sau tulburările de dezvoltare *umană* a lucrătorului pot reprezenta sursă de eşecuri, suferinţe sau întârzieri, cu precădere în asistenţa socială a copilului. Astfel, dezvoltarea personală şi *umană* a profesionistului reprezintă unul dintre factorii esenţiali de reabilitare, integrare/ adaptare socială a clientului în asistenţa socială umanistă.

Din păcate, aceste calități, în practica asistenței sociale sau în activitatea de instruire și evaluare a personalului, tind în multe cazuri să fie dacă nu chiar desconsiderate neimportante. Teoria asistenței sociale umaniste promovează însă cu prioritate interesul pentru dezvoltarea personală, *umană* și spirituală a profesionistului, cu accent pe procesul de formare/ instruire și cel de evaluare la intrarea în "sistem". Pentru profesioniștii care nu lucrează direct cu clienții, sau foarte rar, calitățile *umane* sunt eficiente în măsura în care se reflectă în conștiința profesională, atitudini, valori, cunoștințe și mai ales în decizii și efectele activității lor asupra funcționării serviciilor, instituțiilor care depind de activitatea acestora.

Pentru toți profesioniștii, într-un fel sau altul, calități personale *umane* precum altruismul, omenia, empatia, dezvoltarea socio-emoțională, echilibrul, voința puternică, rezistența la eșec și frustrare, dezvoltarea profesională, autonomia personală și socială, liniștea existențială, adaptabilitatea, dezvoltarea inter-personală, vizionarismul, proiectivitatea, sensibilitatea estetică, creativitatea, fericirea, sunt trăsuri resursă care inevitabil sporesc calitatea muncii și eficiența activităților specifice desfășurate, fie că sunt adresate bătrânilor, persoanelor cu dizabilități ori copiilor separați de părinți, fie consumatorilor de stupefiante, deținuților ori șomerilor, instituindu-se astfel ca importanți predictori ai eficienței profesionale.

Cu toate categoriile de beneficiari *dezvoltarea și sensibilitatea spirituală* a profesionistului reprezintă sursă și resursă/ mijloc de recuperare psihologică dar și socială a acestora. Aceste resurse/ calități spirituale, pe lângă faptul că reflectă o dispoziție, o structură, o bogăție în sine a personalității profesionistului sunt oarecum și un produs sau efect al calităților despre care s-a vorbit mai sus, adică al bunăstării sufletești și dezvoltării *umane* generale. De fapt, raportul este de inter-determinare, sau, se poate spune, că toate aceste trăsături și procese se află în congruență psihologic-ontologică și conmergență generativă, condiționând și constituirea/ instituirea sferei psihologic-spirituale a personalități, generatoare de calități psihologic-spirituale superioare, sensibilitatea spirituală fiind printre cele mai importante.

Pentru adepții unei asistențe sociale de subzistență misiunea asistentului social ar fi aceea de a identifica soluții pentru asigurarea un minimum de condiții materiale necesare supraviețuirii clientului, de aceea calitățile acestuia ar fi în principal legate de cunoștințele și abilitățile necesare pentru a procura și asigura bunurile/ serviciile necesare în scopul satisfacerii nevoii de supraviețuire a clienților. Teoria umanistă însă subliniază faptul tocmai neglijarea sau abordarea inadecvată, atât teoretică cât și practică, a soluțiilor umanist-spirituale, nu doar în asistența socială ci, în general, în societate, cultură, educație, sănătate, se constituie, istoric, economic și social, în surse importante ale generării anomiei sociale, sărăciei și handicapurilor social-morale de toate felurile. Argumentul principal în susținerea necesității unei abordări de tip umanist-spiritual a personalității profesionistului în asistența socială îl constituie și faptul că metodele și perspectivele cu care se operează în momentul de față, în literatură și practică, nu reușesc, din păcate, să răspundă misiunii originare și scopurilor umaniste declarate în asistența socială, iar nevoia unor abordări mai complexe, care să includă și resursele spirituale, ale profesionistului și clientului, devine tot mai evidentă.

Fundamentul epistemologic al reprezentării clientului în perspectivă umanist-spirtuală îl constituie abordarea acestuia ca personalitate, suflet, ființă spirituală și trecerea în plan secund (tehnic) reprezentarea ca organism, psihic sau viață socială elementară, în acord cu așezarea în prim-planul strategiilor de asistență și intervenție a obiectivului satisfacerii nevoilor spirituale ale clientului.

Ceea ce presupune, în plan strategic, o *deplasare de pe obiectivele minimale, de supraviețuire spre obiective „umanist-spirituale"*, de pe obiectivele de satisfacere a nevoilor de la baza piramidei motivaționale a personalității pe *satisfacerea nevoilor de pe niveluri superioare sau oricum mai complexe, emergente, spirituale, culturale.*

Din păcate, de puține ori observăm sau auzim de intenții de satisfacere a unor nevoi spirituale ale clienților în domeniul asistenței sociale. Chiar dacă strategiile, proiectele și obiectivele de asistență socială conțin și elemente de acest ordin, enumerarea acestora este de multe ori strict protocolară sau reprezintă ținte greu de atins, de aceea sunt abandonate pe parcurs. Vom auzi însă adesea că obiectivul serviciilor de asistență socială îl reprezintă asigurarea unui minim de condiții materiale, asigurarea condițiilor pentru o viață decentă, un venit minim garantat, condiții pentru creștere și dezvoltare normală. De unde și concentrarea pedagogică pe formarea unei personalități de tip economic/ pragmatic sau intelectual al profesionistului.

Atât timp cât un serviciu social care se declară prin natură preocupat de client în calitate de „om", se ocupă cu preponderență de client în calitate de simplu „organism", logic, este imposibil, să apară rezultate conform așteptărilor. Pentru că omul este o ființă bio-psiho-socio-culturală, și în consecință, și spirituală, iar nesatisfacerea nevoilor acestor sfere predispune inerent la ineficiență.

Conform *principiului integralității personalității umane* (Storr, 1992) omiterea unei laturi sau dimensiuni constituționale nu doar că modifică configurația particulară a ansamblului personal ci alterează grav însăși natura și calitatea intrinsecă de persoană, ființă umană. În plus, principiul integralității personale presupune aserțiunea că sfera spirituală, reprezentând în natura ei expresia holist-emergentă a dezvoltării personale, are un caracter integrator, unificator și marchează prin procese complexe de *feed-back* și *feed-before* caracterul de unitate și unicitate în organizarea internă, generând tendințe complexe de omogenizare (nu de uniformizare), impunând chiar sensul de dezvoltare, caracteristicile de personalitate și, în sens antropologic, natura, esența, condiția de ființă umană, conferind totodată persoanei dimensiunea universalității și ancestralității (Schreurs, 2001).

Clienții serviciilor de asistență socială sunt ființe umane complexe (Berkowitz, 1996), au nevoi și dorințe mistice, artistice, ludice și de cunoaștere. Acestea nu sunt niște mofturi sau nevoi extravagante, ci sunt expresia existenței unor formațiuni onto-proiective, constituționale personalității umane, precum: sufletul ludic, sufletul estetic, sufletul mistic, chiar a sufletului etic sau gnostic (Ștefăroi, 2009a, p. 25). Nesatisfacerea acestor nevoi determinând tulburări grave de echilibru psihic, de dezvoltare, conduită și adaptare/ integrare socioumană. În scopul satisfacerii acestor nevoi și personalitatea profesionistului trebuie să aibă dezvoltate aceste trăsături, calități, sfere, onto-formațiuni psihologic-spirituale personale. De satisfacerea acestor nevoi şi valorificarea resurselor psihologic-spirituale ale clientului şi profesionistului, depinde, în optica teoretic-axiologică a asistenţei sociale umaniste, şi eficienţa proceselor de intervenţie. Acest lucru presupune, din partea profesionistului, apelul la valori, la cultură, la cunoaştere, artă, spirit.

Aceste valori trebuie să caracterizeze, aşadar, în primul rând profesionistul, la care se vor defini nu doar ca valenţe personale ci şi ca atitudini sau calităţi intelectuale/ profesionale, sau instrumente şi resurse ale practicii.

Modelul de intervenţie umanist-spiritual nu este numai al clientului, al situaţiei problemă ci, este o reprezentare anticipativ-proiectivă şi operaţională din care face parte, aşadar, în primul rând personalitatea profesionistului. Scopul este acela de a maximiza valorificarea, din sistemul client şi comunitatea socioumană, resursele de umanism şi spiritualitate cu scop de recuperare/ reabilitare, fericire, autonomizare şi reintegrare socială, folosind atât inteligenţa emoţională, ludică, mistică, estetică, noetică proprie a clientului cât şi a profesionistului.

În paradigma umanistă a asistenţei sociale profesionistul, pe lângă faptul că este „un om cu suflet mare", capabil să rezoneze la suferinţele şi problemele clientului *este şi un om cult, informat, erudit, înţelept şi mai ales creativ*. De altfel, cel puţin pentru domeniul asistenţei sociale, bunăstarea sufletească, *cultura şi creativitatea* nu pot fi concepute decât împreună (M. Rocco, 1997),. Este motivul pentru care şi creativitatea, cultura sau multiculturalismul sunt prezente în capitol, în contextul în care totuşi fac parte, în cea mai mare măsură, din categoria calităţilor intelectuale. Importanţa acestor calităţi este evidenţiată de adevărul că numai o persoană cu calităţi spirituale dublate de cele "culturale" este aptă să rezoneze şi să-şi reprezinte în complexitatea sa clientul ca fiinţa umană complexă, profundă, spirituală, imprevizibilă, creativă, unică; care dincolo de modelările sociologice sau psihologice simplificatoare, este o lume în sine, cu dinamici imprevizibile, pentru a căror modelare este necesar să se apeleze la multă inventivitate, cunoştinţe şi informaţii din toate domeniile ştiinţifice şi filosofice.

Sociologia, psihologia, antropologia, teologia, filosofia, etica, estetica trebuie să constituie permanent preocupări de cunoaştere ale profesionistului şi surse la care să apeleze pentru a modela cât mai fidel o situaţie problemă sau pentru a înţelege o persoană, o existenţă umană aflată în impas existenţial, eşec personal sau suferinţă. Prin cultură şi atitudinea/ gândirea multiculturalistă profesionistul surprinde, în activitatea de investigaţie sau intervenţie, aspectele de *unicitate* dar şi de *specificitate culturală, psihosocială ori economică*. Doar o abordare şi o gândire *multiculturalistă* poate surprinde, în fenomenologia şi etiologia complexă a unei situaţii sociale concrete, particulare, locale elementele sau factorii de specificitate sau unicitate culturală (Wing Sue, 2006).

În lipsa relevării acestora evaluarea ar fi săracă, nerelevantă şi ineficientă în perspectiva obiectivelor unei eventuale intervenţii în scop de schimbare şi ameliorare. S-ar limita la o simplă modelare epistemologică structurală şi funcţională universală, aplicabilă mecanică unui număr nelimitat de situaţii (ipotezate convenţional ca identice), când, în realitate, sursa problemei sociale/ situaţiei de dificultate şi *resursa schimbării* ar sta în factorii de ordin contextual-cultural, locali.

2.5. Conduita profesionistului în asistența socială umanistă

Toate calitățile la care s-a făcut referire mai sus, respectiv empatia și compatia, sensibilitatea *umană*, fericirea și bunăstarea sufletească, dezvoltarea personală și *umană*, sensibilitatea spirituală, creativitatea, cultura, multiculturalismul și multe altele, aferente personalității profesionistului din asistența socială, fie că este vorba de asistentul social, de psiholog/ psihopedagog sau de profesionistul din cadrul personalului de îngrijire, educație, terapii de recuperare etc, fie de asistentul maternal profesionist, profesionistul din aparatul de conducere, profesionistul din aparatul funcționăresc și de deservire sau de voluntarul, lucrătorul din organizații neguvernamentale, umanitare etc. în sine nu sunt cu nimic folositoare dacă nu se regăsesc în conduita profesională curentă, în managementul de caz, case-work și procesul de intervenție, în etica activității acestuia, prin trăsături de relație și conviețuire precum altruismul, agreabilitatea, toleranța, carisma și multe altele.

Așadar, calitățile psihologic-ontologice ale profesionistului din asistența socială, precum capacitatea empatetică și compatetică, sensibilitatea umană, fericirea și bunăstarea sufletească trebuiesc interpretate și prin prisma calităților inter-personale. De fapt, ceea ce am putea numi personalitate comportamentală, inter-personală este și expresia celei ontologice, a sufletului. De aceea dacă se interpretează personalitatea *umană*, prin suflet, și ca o "internalizare" emergentă de persoane ori valori și sentimente general umane atunci se va reprezenta și personalitatea comportamentală, socială, inter-personală ca un produs al interacțiunii ontogenetice cu mediul social inter-personal.

Capacitățile dobândite astfel conferă personalității comportamentale calități precum altruismul, toleranța, omenia, voluntarismul (a nu se confunda cu voluntariatul sau unele curente psihologice) ori agreabilitatea, determinând o sporită competență operațională în lucrul cu oameni, în activitatea asistențială, de sprijin, intervenție și schimbare terapeutică. Identificarea unor trăsături de conduită precum altruismul, agreabilitatea, toleranța, omenia etc. și nu doar a abilităților și cunoștințelor strict profesionale este tot mai mult o practică curentă în activitatea de recrutare și angajare a personalului în asistența socială în sistemele avansate. Motivul este foarte simplu, a lucra cu oameni, mai ales aflați în suferință, dificultate și eșec personal, solicită aceste calități. În activitatea de evaluare, așadar, sunt urmărite trăsături de personalitate care predispun profesionistul umanist la eficiență în activitatea cu persoane în suferință sau dificultate, precum: spirit ludic, jovialitate, aspect general plăcut, sociabilitate, sensibilitate umană (umanitară), agreabilitate, vocație pentru lucrul cu persoana în suferință, personalitate echilibrată, confort interior, ironie, flexibilitate, extraversiune, toleranță, nediscriminare, adaptabilitate, respect pentru viața, fericirea și valorile personale ale celuilalt, încredere în capacitățile clientului de auto-determinare, idealism, stabilitate emoțională, autocontrol etc.

Secţiunea VIII
Sistemul, procesul şi practica
asistenţei sociale umaniste

Precum există state sau unităţi administrative locale tot astfel există şi sisteme sau forme de organizare naţională sau locală a serviciilor de asistenţă socială. Toate au în comun obiectivul ajutorării persoanelor, categoriilor sau comunităţilor aflate temporar sau permanent în dificultate, pe motive economice, sociale, sanitare etc. Chiar dacă acestea au, declarativ, la bază valori şi principii umaniste, din păcate, în timp, în realitate, prin concursul unor factori sociali, economici, politici sau de altă natură, au cunoscut degradări de misiune şi practică grave, îndepărtându-se în fapt de valorile şi obiectivele umaniste asumate originare. Conceptele de sistem, proces şi practică *umanistă* de asistenţă socială propun o re-evaluare axiologic-teleologică globală fundamentală şi promovarea activă a unor principii şi valori care să conducă la deplasarea de pe simpla *supravieţuire şi îngrijire* pe *reabilitarea umană, fericirea* şi *integrarea socio-umană a clientului,* în principal prin *dezvoltare personală psihologic-umană, a relaţiilor umane şi a micro-comunităţii umane,* desigur fără a desconsidera importanţa unor obiective şi valori precum subzistenţa sau îngrijirea.

1. Organizarea şi funcţionarea umanistă a sistemului şi procesului de asistenţă socială

1.1. Limitele sistemului de asistenţă „socială" şi de „asistenţă" socială

Aşa cum s-a mai reliefat în lucrare, eticheta „asistenţă", îndeamnă la dependenţă cronică de sistem a clientului, anihilându-i voinţa şi dorinţa de reintegrare socială. Această denumire tinde să creeze în opinia publică, a profesioniştilor şi în rândul beneficiarilor ideea că acest sistem este un organism fără nici un fel de atribuţii de reabilitare umană şi reintegrare. La modul concret, sistemul de asistenţă socială pare să se descrie ca un ansamblu încremenit de instituţii care acordă „servicii" minimaliste, oferă adăpost, hrană şi îmbrăcăminte persoanelor fără familie sau habitat propriu. Scopul: supravieţuirea, „asigurarea condiţiilor minimale de trai". Activitatea serviciilor de asistenţă socială, aşa cum s-au consacrat ele şi impus în teorie şi practică, se justifică, de regulă, prin necesitatea rezolvării unor probleme, numite „sociale", dar care de multe ori sunt economice sau psihologice, atât datorită etiologiei lor, naturii, cât şi caracterului programelor de intervenţie şi suport.

Perspectiva idealistă, dezirabilă (utopistă) asupra societăţii ar prezenta viaţa indivizilor şi grupurilor umane ca lipsită de mari discrepanţe în ceea ce priveşte bunăstarea materială şi morală - o lume cu puţine conflicte, funcţională, fără persoane şi grupuri defavorizate, cu oameni sănătoşi, integri şi mulţumiţi de viaţa şi condiţiile lor, fericiţi. Din păcate „în lumea reală" lucrurile nu stau aşa, societatea vine din urmă, din istorie cu foarte multe inegalităţi, discrepanţe de natură materială şi socială între diferite categorii de persoane. Oamenii ca fiinţe biologice se mai îmbolnăvesc sau se nasc cu diferite dizabilităţi, îmbătrânesc, societatea, economia nu pot asigura decât în cazuri rare îndestulare şi servicii pentru toţi, care să prevină apariţia categoriilor şi persoanelor puse în dificultate, în plus unele ideologii şi mentalităţi întreţin starea anomică prin teorii care consideră inegalitatea, sărăcia, confruntarea ca dimensiuni constituţionale ale condiţiei şi existenţei sociale a oamenilor.

Volumul de faţă, dincolo de paradigmele, cunoştinţele şi soluţiile teoretice creionate reflectă şi nişte concluzii practice trase în calitate de psiholog practician în cadrul sistemului de asistenţă socială (desigur în limita cunoştinţelor şi capacităţii noastre de apreciere), concluzii cu care, fără nici o îndoială, sunt de acord foarte mulţi observatori şi profesionişti din domeniu, de altfel, greu de contestat. Esenţa acestora este următoarea: în asistenţa socială teoria arată foarte bine, în sistem pătrund din ce în ce mai mulţi specialişti, există strategii şi programe naţionale excelente, metode de evaluare, monitorizare şi intervenţie performante, legislaţie aliniată la standardele UE, dar..., totuşi, acolo, undeva, în localitatea X, în centrul de plasament Y, sau în familia profesionistă (AMP) Z, reprezentative pentru sute şi mii de alte locaţii sau situaţii similare, lucrurile nu arată deloc bine, aşa cum le reprezintă teoria sau le proiectează strategiile. În foarte multe cazuri, diferenţa este, aşa cum spune românul „ca de la cer la pământ". Vom spune, probabil: nu există, însă, motive de foarte mare îngrijorare, este normal să existe discrepanţe între teorie şi practică.

De fapt, mentalităţile, engramele noastre cerebrale cimentate, inconştiente, ca fundamente cognitive ale „erorilor" de percepţie/ atribuire, prezentate în lucrare, ne dictează următoarele: lucrurile, în general, merg bine, se află pe un drum bun, se face tot ceea este posibil; atitudinile critice şi soluţiile de înnoire sunt binevenite dar aplicarea lor este imposibilă („ tendinţa de a considera că lucrurile aşa trebuie să fie"); nu este momentul pentru experimente, acestea ar putea conduce la rezultate imprevizibile, soluţiile de natură cultuală, psihologică, spirituală nu au efecte consistente în acest domeniu („tendinţa de a aborda clientul exclusiv din punctul de vedere propriu sau al sferei de apartenenţă"); chiar dacă lucrurile nu merg foarte bine, sau aşa cum ar trebui, măcar sunt previzibile şi ne asigură linişte si stabilitate („tendinţa de a reduce riscurile la zero şi de a dori ca lucrurile să rămână neschimbate"); aceşti, oameni şi aceste categorii sociale sunt, în mare parte responsabili pentru situaţia în care se află, este o problemă a lor, nu este comunitatea/ societatea vinovată de situaţia lor („eroarea fundamentală de atribuire în reprezentarea clientului"); aceştia beneficiază, fără discriminare, de resursele proprii sistemului şi li se asigură satisfacerea trebuinţelor de bază pentru o viaţă demnă în limita resurselor disponibile („impactul evidenţei în reprezentarea clientului şi proiectarea măsurilor").

Concentrarea pe serviciul "asistenţă", caracterul instituţional şi impersonal al acesteia, are efectele cele mai grave asupra creşterii şi educaţiei copiilor din sistemul de protecţie a copilului. Pentru unii dintre aceşti beneficiari persoanele (personalul) din instituţie sunt în, mod inerent, percepute ca membrii „familiei", în timp ce pentru angajaţi clienţii sunt „obiectul muncii", serviciul, cariera, oportunitatea împlinirii profesionale, sociale şi materiale, sursă de statut social.

Serviciul social este, atât pentru clienţi cât şi pentru personal, locul în care se instituie relaţii ierarhice de subordonare, unde există şefi, directori, economişti, funcţionari, superiori, autoritate, regulamente de ordine interioară, paznici, program educativ etc. Toate acestea tind să instituie, în multe situaţii, mai degrabă un climat de tip militar decât domestic. În mintea şi sufletul asistatului se dă o luptă inegală, paradoxală: pe de parte nevoia de afecţiune, juisanţă socială, nevoia de viaţă spirituală, de mediu familiar, pozitiv, agreabil şi, pe de altă parte, impactul cadrului instituţional, oficial, funcţionăresc, rece, ostil, impersonal al centrului de plasament, instituţiei, serviciului public etc..

Studiile concluzionă faptul că, de exemplu, minorul crescut altundeva decât acasă resimte acest lucru, în mod invariabil, ca pe o puternică traumă. Primii ani de viaţă, pentru fiecare fiinţă umană sunt indestructibil legaţi de un anumit spaţiu fizic, personal sau cultural, de o anumită locaţie, de anumite persoane, creând împreună cu alţi factori, de ordin simbolic sau social ceea ce, se mai numeşte *spaţiu personal, ludic, cultural, estetic, moral propriu.*

Copilul stabileşte legături profunde de ordin afectiv, tinde să se identifice social, să facă asocieri şi atribuiri cauzale complexe între destinul personal şi locul în care creşte. Intervin mecanisme psihologice profunde de condiţionare care influenţează nu doar atitudinea, afectul ci însuşi procesul de învăţare sau de dezvoltare bio-psiho-socială globală, formarea personalităţii, fericirea. Ruptura de acest spaţiu „originar", de "acasă" nu este, aşa cum am crede la o primă analiză, o simplă disociere spaţială, fizică ci mai ales una ontologică, epistemologică, axiologică, social-afectivă sau spirituală.

Presupune „ruptura" de, ceea ce Altman (1975) numeşte, *teritoriu primar.* Înserarea în *teritoriul secundar* sau cel *public (instituţie, AMP etc.)* presupune capacităţi de adaptare şi rezilienţă pe care copiii de cele mai multe ori nu le au, de aceea sistemul de protecţie nu se poate limita la simpla „asistenţă", asigurare de condiţii logistice, ci presupune, pur şi simplu, să tindă, a devine efectiv „acasă". Nu doar să simuleze condiţiile similare, ci să ofere, în mod real, toate „ingredientele" ambientale, spirituale şi personale aferente condiţiei de fiinţă umană plenară, să confere în mod efectiv clientului sentimentul că este „acasă". Un „acasă" însă nu doar fizic, social ci şi, poate mai ales, cultural, spiritual. Sunt aspectele, din păcate, cel mai mult neglijate, fiind considerate neimportante.

1.2. Principiile şi obiectivele sistemului de asistenţă socială – între teorie şi realitate

La nivel declarativ, în plan juridic-legislativ, sistemele de asistenţa socială au la bază valori şi principii umaniste. *Legea privind sistemul naţional de asistenta sociala* nr. 47/2006 aşează la baza sistemului naţional de asistenţă socială principii profund umaniste, selectăm pe cele mai relevante:

- respectarea demnității umane, potrivit căruia fiecărei persoane îi este garantată dezvoltarea libera și deplină a personalității;
- solidaritatea socială, potrivit căruia comunitatea participă la sprijinirea persoanelor care nu îşi pot asigura nevoile sociale, pentru menținerea şi întărirea coeziunii sociale;
- nediscriminarea;
- respectarea libertății şi drepturilor fundamentale ale omului.

(Monitorul Oficial, Partea I nr. 239 din 16/03/2006)

Organizarea sistemului de asistență socială are la bază o serie de principii şi valori relative la condiția umană, conviețuirea socială, valorile morale (Doru Buzducea, 2005, 2009), toate enunțurile teoretice, strategiile, legislația sunt dominate de un limbaj umanist, din păcate, însă, realitatea procesului şi sistemului de asistență socială este cu totul tributară unor valori care lezează demnitatea *umană* a persoanei. Aşa cum s-a instituit în fapt sistemul de asistență socială este, în mare parte, organizat astfel încât să asigure supraviețuirea, satisfacerea nevoilor economice elementare pentru persoanele sau categoriile defavorizate, iar în ceea ce priveşte asistența socială rezidențială concentrarea este, din păcate pe îngrijire şi mai puțin pe fericire, educare sau reabilitare umană (integrare socială).

Valorile şi principiile umaniste au fundamentat asistența socială şi sistemele care s-au instituit dintotdeauna (F. Lazăr, 2010). Natura serviciilor şi categoriile de persoane care au beneficiat de aceste servicii au depins de o serie de valori şi atitudini dominante în societate la un moment dat. Cu privire la necesitatea, gradul, natura serviciilor pentru persoanele şi grupurile aflate în dificultate, a asistenței sociale în general, mai mult sau mai puțin organizate sau instituționalizate, ideile şi practicile au oscilat pe parcursul istoriei de la neglijarea totală, lăsarea persoanelor aflate în dificultate „în voia sorții" până la soluția protecției aproape totale. Astfel unele filozofii/ curente (ideologii) promovează conceptul unei ființe umane autonome, suverane, relativ independente de contextul social şi a unei societăți în care raporturile şi regulile se formează în mod spontan, legic obiectiv, nefiind recomandată intervenția reglatoare şi nici întrajutorarea umanitară. O astfel de intervenție ar deregla funcționarea eficientă a societății, ar constitui o ingerință ilegitimă în evoluția şi cursul firesc al lucrurilor. Societatea are legile ei „obiective", persoanele şi grupurile sociale trebuie să se adapteze proceselor din societate, iar cei care nu reuşesc se auto-elimină sau sunt eliminați - extrapolare în plan social a cunoscutelor teorii privind evoluția şi adaptarea biologică, teorii propuse de Darwin. Este o abordare radicală pe care nici o societate nu o poate promova integral.

La extrema cealaltă s-au impus un număr foarte mare de idei care propun soluția unei conviețuiri bazate pe valori precum *solidaritatea, întrajutorarea, umanismul, ataşamentul, empatia,* fundate pe conceptul unei ființe umane *morale, empatetice, spirituale, binevoitoare, protectoare şi protejată* şi a unei societăți care aşează la bazele existenței şi funcționării sale *umanismul, solidaritatea,* care-şi foloseşte pârghiile instituționale pentru a interveni în scopul asistenței şi reabilitării persoanelor şi grupurilor aflate în dificultate sau în situație de risc. În funcție de modul de raportare la aceste poziții, şi de alte aspecte, s-au instituit diferite tipuri de sisteme de asistență socială. De asemenea, literatura specialitate a dezvoltat câteva paradigme ce stau la baza doctrinelor care le fundamentează, dintre acestea cele mai importante sunt: *funcționalismul, structuralismul și umanismul.*

Principiile și obiectivele umaniste ale sistemului de asistență socială urmăresc să-l integreze pe individ sau grup în mediul social din care fac parte, să reabiliteze uman clientul. Urmăresc să dezvolte capacitatea comunităților de a mențiune coeziunea socială și valorile umaniste în cultura organizațională a acestora. În final urmăresc să dezvolte *capacitatea adaptativă a clientului*, de a-și redobândi autonomia și de a ieși astfel din sfera serviciilor de asistență. Asistența socială umanistă fiind focalizată pe valorile umane ale personalității și microgrupului empatetic tinde să desconsidere principiile și valorile macro-organizării sistemului. „Sistemul" este o entitate uniformizatoare, depersonalizantă, politizantă, manipulabilă. În sistem valorile individuale și umaniste se diluează, sau sunt marginalizate. Sistemul se constituie inițial și se justifică prin valorile umaniste însă în timp multe dintre ele rămân doar teorie sau prevederi legislative.

1.3. De la sistemul care produce asistați la sistemul care reabilitează uman și reintegrează social

Așadar, sistemul de asistență socială a devenit treptat o mega-mașinărie birocratică, un mamut instituțional necontrolabil în care se operează cu resurse financiare imense, cu angajați retribuiți cu salarii umilitoare, subordonat unor supra-instituții puternic politizate, din care lipsește aproape în totalitate profesionalismul, expertiza și controlul profesional asupra a ceea ce se întâmplă în organizațiile subordonate, pierzându-se aproape în totalitate din vedere misiunea naturală, umanistă (reabilitare umană și integrare socială), devenind astfel, în mod fatalist, instituții de „asistență" cronică de dez-umanizare și dezangajare socială.

Astfel sistemul „teoretic-metodologic" și sistemul de asistență socială, pe de o parte, și realitatea „socială", pe de altă parte, aproape că există și funcționează ca două hiper-sisteme paralele, nicidecum complementare așa cu ar trebui să fie. Fiecare dintre acestea funcționează și se dezvoltă destul de bine în propriul „univers", teoria se perfecționează tot mai mult, în special prin „importul" sofisticatei literaturi sociale occidentale, sistemul s-a încremenit în birocrație și politicianism, în timp de problemele sociale se agravează iar numărul de asistați sporește. În spațiul public și teorie se promovează, cu precădere, imaginea unui client dependent, ontologic, consubstanțial cu sistemul și problema socială, literatura de specialitate produce „munți" de paradigme academice și metode sofisticate pe care doar elita academică le poate logic descifra, nicidecum să le și poată aplica eventual în practică, cărțile de asistență socială sunt copleșite de termeni, concepte și scheme aferente unui sistem de asistență socială existent poate doar în spațiul virtual.

Noi considerăm această stare de lucruri îngrijorătoare, se fundamentează pe o paradigmă teoretic-metodologică inadecvată și de aceea credem că este necesară o îmbunătățire, chiar o nouă paradigmă, un nou sistem teoretic și metodologic un nou sistem de asistență socială, mai simplu și mai *uman*. Ca și consecință sunt necesare revizuiri și în organizarea sau funcționarea sistemului instituțional de asistență socială. În acest sens noi propunem conceptul/ paradigma de *sistem umanist de asistență socială*.

Spre deosebirea de modul în s-a cristalizat, în mod real, sistemul de asistență și problema socială și de modul în care funcționează sistemul de asistență socială clasică, ca o maco-structură instituțională invariabilă, inflexibilă, „sistemică", integratoare, depersonalizantă, sistemul asistenței sociale umaniste există și funcționează prin valorile microgrupului, interacțiunea empatetică contextuală, prin personalitatea și sufletul fiecărui membru al grupului sau situației de dificultate. În acest microunivers se află atât originea problemei cât și resursa de reabilitare. Nevoia unei revizuiri a sistemului asistenței sociale pleacă de la constatarea sumbră a faptului că atât teoria cât și practica se concentrază prea mult pe aspectele formale și instituționale, tinzând să excludă chiar ceea ce trebuie să pună în prim plan: ființa umană reală, persoana/ clientul cu simțămintele sale autentice, sufletul acesteia, fericirea, reabilitarea umană, autonomizarea/ integrarea socială. Practic, sistemul clasic de asistență socială, atât prin teorie/ legislație cât și prin practică/ instituții tinde să se impună un sistem foarte complex și performant, care însă,... produce... asistați sociali. Nici teoria și nici practica nu și-ar justifica existența și nu s-ar dezvolta fără acest „produs".

Modul clasic de organizare și funcționare a sistemului asistenței sociale are multe explicații, însă cea mai plauzibilă este aceea că prin instituționalizare excesivă tinde să devină o entitate în sine, în care mecanismele/ instituțiile sunt mai importante decât funcția. Derapajele grave se explică și prin excesiva politizare, prin folosirea sistemului și beneficiarilor ca instrumente electorale. Scopul politicienilor obsedați de putere este acela de a exista cât mai mulți alegători manipulabili, dependenți de ajutorul public. O națiune cu cetățeni autonomi, demni și nedependenți de stat este cel mai mare pericol pentru astfel de politicieni - marea majoritate oameni ratați profesional, politica și manipularea fiind principalele lor ancore existențiale și resursă economică. O societate cu oameni demni și autonomi ar exclude acești profitori din scena politică. De aceea ei țin cu orice preț la menținerea acestui tip de sistem de asistență socială, promovând cu stoicism, de pe baricadele unor doctrine „umaniste" „valorile" și „virtuțile" acestuia.

Fără îndoială, trecerea la sistemul asistenței sociale umaniste nu înseamnă abandonarea obiectivelor de îngrijire și supraviețuire, abandonarea principiilor și valorilor solidarității și ajutorării celor în dificultate, nu însemnă abandonarea milioanelor de asistați sociali, dependenți structural de instituțiile publice de sprijin. Valorile asistenței sociale umaniste exclud sacrificarea beneficiarilor prin aplicarea unor măsuri radicale, teribiliste, pentru a institui un al tip de sistem de protecție socială. Sistemul asistenței sociale umaniste poate fi introdus doar gradual și respectând drepturile existente ale beneficiarilor.

Una dintre primele măsuri poate fi aceea a creșterii graduale a ponderii serviciilor de consiliere, prevenire și reabilitare umană.

Trecerea, în mod efectiv, real, și cu rezultate, la un sistem care să se concentreze cu prioritate pe reabilitare umană și integrare este îngreunată și de modul în care sunt organizate structurile locale, formele de subordonare, natura entităților care coordonează la nivel național și local serviciile și instituțiile de asistență socială. Credem, de exemplu, că apartenența instituțiilor care se ocupă de protecţia copilului le organismele administrative politice teritoriale sau locale este o mare eroare. În aceste instituţii copii nu găsesc deloc cadrul educaţional, cultural şi spiritual care să favorizeze formarea unei personalităţi puternice şi adaptabile social, care să-i facă fericiţi, să-i ajute să se integreze uşor social la maturitate.

Dimpotrivă, consiliile judeţene, consiliile locale, direcţiile de asistenţă socială sunt entităţi profane, adunături stocastice de birocraţi şi persoane care s-au ratat în profesiile lor de bază, cu foarte puţini specialişti autentici, profesionişti cu suflet dedicaţi pe termen lung domeniului. În subordonarea acestor organisme administrative instituţiile sau locaţiile în care sunt plasaţi copiii abandonaţi sunt nişte medii încărcate de promiscuitate morală, cu o cultură organizaţională eclectică, cu personal foarte prost plătit şi puţin pregătit profesional. Educaţia morală, organizaţională ori spirituală – factori cruciali în dezvoltarea personalităţii şi capacităţilor de adaptare socială sunt doar pe hârtie. Copii mai degrabă „cresc", „supravieţuiesc" sau sunt „îngrijiţi" decât educaţi şi pregătiţi în mod autentic pentru viaţă independentă. De fericire nici nu are rost să mai vorbim. Aproape nimeni nu este interesat de acest „amănunt", moft.

În perspectiva asistenţei sociale umaniste, şi ca parte a unui sistem de asistenţă socială umanistă, considerăm că aceste instituţii şi, în general activităţile care privesc protecţia copilului, ar trebui subordonate unor organisme locale educaţionale (inspectorate şcolare), culturale (direcţii de cultură), ori unor organisme din sfera cultelor. O soluţie ar fi şi aceea a unor asociaţii care să cuprindă aceste entităţi. Astfel, poate se vor găsi oameni şi cadre instituţionale mai adecvate pentru educaţia autentică, coerentă, formarea spirituală, adaptarea socială şi fericirea acestor copii, abandonaţi a doua oară, de către stat, prin ne-educare. maltratare instituţională şi nefericire.

1.4. Reabilitarea umană, fericirea şi autonomizarea personală/ socială a clientului - obiectiv primordial al sistemului, procesului şi practicii asistenţei sociale umaniste

A discuta despre valori şi obiective operaţionale precum fericire sau reabilitare *umană* (psiho-socială) ale activităţii instituţiilor şi serviciilor de asistenţă socială poate părea, în prezent, inoportun, dacă nu extravagant. Resursele tind să se orienteze cu precădere asupra satisfacerii nevoilor de bază, de supravieţuire, obiectivul fericirii autentice sau reabilitării umane durabile a clienţilor nu face parte din multe proiecte sau strategii în domeniu.

Una dintre explicaţii ar reprezentao insuficienta finanţare - în acord cu nivelul scăzut de dezvoltare economică a ţării. Alta este legată de tradiţia acestui serviciu social, orientat, aşa cu s-a precizat spre subzistenţă. Adică, asigurăm condiţii minimale, adăpost, hrană, supraveghere iar fericirea este un obiectiv şi o preocupare individuală a clienţilor. Însă explicaţia cea mai pertinentă, în opinia noastră, este legată de definiţia (percepţia) fericirii, de filozofia vieţii personale. Prejudecata dominantă este aceea că fericirea este doar o stare posibilă, ocazională a trăirii şi experienţei hedonice individuale şi nu o dimensiune, componentă, condiţie de funcţionalitate şi adaptare a personalităţii a personalităţii, dimensiune de bază a vieţii şi destinului fiecărei persoane.

Astfel, la fericire pot accede doar persoanele, care dispun de condiții sau oportunități care să le permită să depășească stadiile inferioare, materiale, sociale. În cel mai bun caz ceilalți pot accede și ei la fericire dar numai temporar, întâmplător, prin concursul împrejurărilor, exploatarea simțurilor sau oportunitățile destinului.

Este și o consecință a instituirii societății de consum, teoriilor consumiste, care pun semnul egalității între bunăstare materială și fericire. O persoană cu un standard socio-economic inferior nu poate accede ușor la fericire. Cum resursele alocate asistenței sociale sunt pentru subzistență, fericirea nu ar fi ușor accesibilă acestora. Discursul unui funcționar sau politician ar fi următorul: fiți mulțumiți de faptul că aveți ce să mâncați, aveți adăpost, îngrijire, fericirea este pentru cei care-și pot permite. Sistemul nu-și poate permite mai mult, nu-și poate irosi resursele cu asemenea aspecte care țin direct de psihologia internă a persoanei. Această filozofie, mentalitate, cu rădăcini adânci în trecut ghidează percepții, atitudini, conduite, favorizează teorii și politici sociale care fundamentează epistemologic (ideologic) și stau la baza politicilor, strategiilor, practicilor de asistență socială, instituirii sistemelor de asistență socială. Automatismele sunt atât de cimentate încât chiar atunci când există resurse suficiente foarte rar se ajunge să se discute despre obiectivul *fericire*.

Totuși, tot mai multe curente relevă faptul că fericirea este posibilă și chiar necesară pentru clienții serviciilor de asistență socială, chiar în condițiile resurselor financiare limitate. Fericirea putând deveni obiectiv și preocupare principală a activității (C.P. Chelf, 1992; Bălțătescu, 2009). Desigur, nu ne referim la unele dintre accepțiunile libidinale consacrate ale fericirii, legate doar de juisanța instinctelor, de plăcerea contingentă sau emoția proiectivă euforică paradisiacă ci avem în vedere *fericirea empatetică, autentică* fericirea ca internalizare ontogenetică a trăirilor socio-afective pozitive, ca expresie a dezvoltării personale, psiho-morale, proiective și emoționale superioare, a construcției unei personalități echilibrate, complexe și profunde, fericirea ca expresie a instituirii ontogenetice a *sufletului* și a unei *formațiuni personale specifice*, fericirea ca pan-sentiment *uman* superior instituit, ca sursă și resursă de energie și activism, de empatie și adaptabilitate socială, de reabilitare umană, în acord cu teoriile consacrate ale psihologiei umaniste, pozitive, cu accepțiunile filozofice și antropologice consacrate relative la sensul superior, spiritual al vieții, la destinul, condiția și natura *umană* a persoanei.

În practica asistenței sociale umaniste adevărata valență a fericirii clienților constă în semnificația/ resursa ei terapeutică, ca mijloc de reabilitare umană și reconectare la viața social-economică. Fericirea este astfel resursă de dezvoltare personală și în consecință de reabilitare umană și reintegrare socială. O persoană nefericită, cu nefericirea cronicizată este un client previzibil al serviciilor de asistență socială și medicală. Sistemul de asistență socială care valorizează și promovează ca obiectiv realist fericirea clienților și reabilitarea umană este un sistem umanist dar și eficient. În schimb, un sistem care desconsideră aceste valori, resurse și obiective este un sistem inuman, de-personalizant, vegetativ și predispus la hipertrofiere maladivă.

2. Managementul umanist al instituţiilor rezidenţiale

2.1. De la valorile managementului clasic la valorile managementului umanist

Nimic nu este mai greu de schimbat decât cutumele şi mentalităţile organizaţionale cu puternice ancore în tradiţia şi cultura locurilor (J. Lawler şi A. Bilson, 2010). Dominante sunt încă ideile şi atitudinile de genul: ca să conduci o organizaţie trebuie să te impui prin forţă; între membrii acestora se instituie raporturi ierarhice bazate pe autoritate. Predomină valori precum disciplina, executarea necondiţionată, subordonarea. Strategiile manageriale preiau de regulă aceste „valori", se bazează pe ele şi chiar le convertesc în metode. Prin natura ei organizaţia umană este uniformizatoare, generatoare de autoritate şi abuz. În domeniul asistenţei sociale organizaţiile, instituţiile, aşa cum s-au instituit şi funcţionează ele în ţara noastră, au multe dintre caracteristicile enumerate mai sus, chiar dacă ele găzduiesc copii sau persoane cu handicap.

Modelul organizaţional clasic a fost, în mare, preluat fără prea multe adaptări. Este adevărat în ultimul timp, prin dezinstituţionalizare sau apariţia centrelor de tip familial lucrurile sau mai îmbunătăţit. Dar în multe cazuri doar sau mutat şefii centrelor şi personalul dintr-un centru mare în unul de tip familial, practicile şi atitudinile de fond rămânând neschimbate. Strategiile şi obiectivele manageriale şi de asistenţă fiind ghidate în continuare de indicatori cantitativi, economici, administrativi. Multor manageri sau specialişti nu le este clar ce au de făcut, care este scopul lor acolo, dar mai ales nu ştiu cu claritate care este scopul prezenţei copiilor, persoanelor cu dizabilităţi sau vârstnicilor în instituţia respectivă. Cuvintele de ordine sunt găzduire, îngrijire, securitate, hrănire, adăpost. Preocuparea pentru viaţa intimă, afectivă, subiectivă, fericirea autentică a acestora, recuperarea lor umană durabilă nu s-a transformat încă în obiectiv important, real, asumat în mod explicit, nu constituie încă peste tot vector director al strategiilor manageriale/ asistenţiale.

O răsturnare radicală a raporturilor dintre obiectivele „materiale" şi cele „spirituale", umane se impune şi credem că a sosit momentul şi pentru asistenţa socială din ţara noastră. Atunci când strategiile şi proiectele de asistenţă şi intervenţie, obiectivele umane şi spirituale, umaniste vor deveni prioritare iar cele „materiale" secundare, sau cu scop instrumental atunci am putea spune că serviciile de asistenţă socială sunt în acord cu misiunea lor umanistă adevărată şi nu se limitează la asigurarea supravieţuirii precum pentru necuvântătoare. Calea o reprezintă, credem noi, *umanizarea strategiilor manageriale şi de intervenţie*. Cuvinte cheie: gradul de satisfacţie şi fericire individuală, dezvoltarea şi reabilitarea umană, empatie, ataşament, educaţie afectivă, morală, voluntară, educaţia personalităţii. Vorbim deci despre oameni şi nu despre necuvântătoare, obiectivele privesc îngrijirea, formarea, educaţia şi dezvoltarea ca oameni, ca fiinţe psiho-intelectuale, psiho-afective, morale, sociale, estetice, ludice, spirituale. Asistenţa şi educaţia în perspectivă umanizatoare deplasează accentul de pe indicatori administrativi pe indicatori formativi, educativi, empatici, spirituali, de pe instituţie şi organizaţie pe persoane concrete şi microgrupurile socio-empatetice particulare, de pe persoane ca resurse şi instrumente pe persoane ca fiinţe în sine, personalitate, subiect existenţial.

2.2. De la administrare şi comandă la managementul inteligent şi empatic al fiinţelor umane cu suflet şi personalitate

Aplicarea mecanică a paradigmelor şi practicilor managementului clasic în domeniul asistenţei sociale este o greşeală (N. Neamţu, 2001), în primul rând datorită faptului că nu se ţine cont de un aspect fundamental: rezultatele activităţii se decontează, de regulă, într-un timp şi un context ne-monitorizabile, mai ales în cazul copiilor. Nu există un control al intrărilor şi ieşirilor de resurse. Vorbim de resurse „spirituale" şi nu doar materiale sau personale. Adică, un client va fi mai fericit şi realizat din punct de vedere uman, personal după părăsirea instituţiei decât a fost la intrarea în instituţie?

Dacă la maturitate un copil crescut în sistemul de protecţie va avea multe dintre caracteristicile bine cunoscute ale acestei categorii de persoane – inadaptare, timiditate, introversiune cronică, irascibilitate, nematurizare a personalităţii, labilitate afectivă, capacitate redusă de efort voluntar, influenţabilitate, impulsivitate – condiţii ale nedezvoltării şi nefericirii, atunci cum ar putea managerul instituţiei în care a crescut să afirme că şi-a îndeplinit „sarcinile de serviciu"? Desigur în şedinţe se va lăuda cu condiţiile pe care le-a oferit, în faţa şefilor va prezenta rezultatele activităţii în roz – economie de resurse, lipsa „evenimentelor", în instituţie este linişte şi disciplină, clienţii sunt curaţi şi bine îmbrăcaţi, bine hrăniţi. Dar factorii: dezvoltare personală, fericire, suflet, dezvoltare şi echilibru psihic, eficienţă personală sunt oare atât neînsemnaţi? Pentru o mare parte a managerilor centrelor de plasament sunt într-adevăr neînsemnaţi. Sunt nişte… ciudăţenii de-ale psihologilor. Dacă în abordare strict managerial-administrativă clientul reprezintă obiect al activităţii şi strategiei manageriale perceput preponderent în manieră instrumentală sau statistică, pentru specialiştii cu pregătire socio-umană ei sunt personalităţi, fiinţe care trăiesc, suferă, iubesc sunt suflete, accentuăm noi.

Aceasta este ipoteza fundamentală a paradigmei noastre şi a soluţiei pe care o propunem: *existenţa şi instituirea ontogenetică a sufletului,* interpretat fără prea mari conotaţii metafizice ci în limitele raţionalităţii epistemologice şi a ştiinţei. Dacă se recunoaşte faptul că omul, clientul serviciilor de asistenţă socială are suflet nu doar psihic, personalitate, corp şi statut social, că acesta se constituie ontogenetic şi că este nucleul autentic al existenţei individuale (umane) atunci întreaga filozofie a conceptului şi practicii managementului în domeniu este supusă rectificării.

În ce ar consta un management umanist inteligent ca alternativă la un management instituţional de tip clasic? În primul rând recunoaşterea faptului că paralel cu formarea şi dezvoltarea fizică şi psihică, a personalităţii, aşa cum le descrie psihologia dezvoltării, îndeosebi de către J. Piaget (1970), care se concentrează pe latura psiho-motrică şi cognitiv-intelectuală, are loc un proces complex şi profund de formare şi dezvoltare a sufletului. Nu este vorba despre o simplă latură sau dimensiune a personalităţii, cea afectivă, ci pur şi simplu de constituirea a unei formaţiuni cardinale şi caracteristice, ca şi expresie a normalităţii ontogenetice şi funcţionale. Strategia managerială va impune ca obiectiv central, în managementul serviciilor şi instituţiilor de asistenţă socială, formarea consistentă şi echilibrată a acestei formaţiuni. Desigur cunoaşterea şi manipularea acestei variabile este destul de dificilă şi presupune din partea managerului nu doar afect ci şi inteligenţă. Impune conceptul unui *management inteligent al proceselor socio-afective din organizaţii.*

Managerii din domeniul asistenţei sociale au nevoie de cunoştinţe de ordin filozofic, psihologic, antropologic, sociologic, biologic, teologic, de experienţă „socială" şi un profesionalism autentic, în joc fiind destine umane nu profituri financiare. Această dimensiune umanistă a activităţii manageriale nu se poate institui decât pe suportul unor atitudini şi viziuni pozitive asupra condiţiei şi naturii umane, a vieţii sale intime, a sufletului acestuia. Atitudinea de flexibilitate, relaţionare empatică şi deschidere nu reduce din autoritatea managerilor ci dimpotrivă îi potenţează eficacitatea printr-o contribuţie sporită a inteligenţei active şi implicării colective în profilarea celor mai eficiente soluţii. Se recomandă ca managerul unei instituţii „sociale" să activeze toate resursele de cunoştinţe şi experienţe ale angajaţilor, indiferent dacă sunt psihologi, medici, asistenţi sociali sau îngrijitori. Acesta din urmă are contact direct cu clientul, cu sufletul acestuia şi este interfaţa dintre strategiile manageriale, obiectivele serviciului şi client. Limitarea activităţii îngrijitorului la supraveghere nu serveşte deloc scopurilor de recuperare, integrare socială sau realizare personală a asistaţilor. Managementul instituţiei poate oferi sarcini şi competenţe „intelectuale" tuturor angajaţilor, aşadar, indiferent de poziţia sau rolul lor în instituţia de asistenţă socială.

2.3. De la stilul şi personalitatea autoritară la personalitatea empatetic-umană a managerului şi lucrătorului

Aşa cum am mai precizat, de regulă, prin selecţia "naturală" liderii, managerii, şefii se aleg şi impun prin calităţi de forţă. Aprioric majoritatea oamenilor atribuie conducătorilor trăsături precum ambiţie, orgoliu, forţă, perseverenţă, intransigenţă, autoritate, severitate, chiar agresivitate. Sunt paradigme consacrate istoric, tipare mentale şi atitudinale, greu de demontat, bazate mai degrabă pe prejudecăţi, stereotipuri şi axiome, automatisme cimentate decât pe cunoaştere, analiză, adevăr.

Schemele psihice reflectă de fapt modelul organizării sociale ierarhice şi experienţei istorice, plină de eroi şi conducători care s-au impus nu atât prin inteligenţă sau umanism ci prin războaie şi măsuri de forţă. Intervin deci două categorii de factori: psihologic-individuali (trăsături de personalitate) şi cultural-istorici. S-a institut spunem noi, pe parcursul timpului chiar o filozofie socială populară a dominaţiei celui mai puternic (J. Lawler şi A. Bilson, 2010).

După acest model, s-a constituit şi impus, din păcate, mai mult sau mai puţin voit, organizarea, funcţionarea şi conducerea multor instituţii, inclusiv de asistenţă socială. Premisele sunt asigurate. Clienţii sunt copii, bătrâni sau persoane cu dizabilităţi, aflaţi în dificultate, vulnerabili şi parţial lipsiţi de competenţe şi drepturi „organizaţionale".

În sistemul de stat angajaţii (personalul), în calitate de funcţionari, au grade de libertate limitate şi li se impun prin fişa postului sarcini şi conduite de obedienţă faţă de autorităţi şi conducătorului instituţiei. În aceste condiţii personalitatea autoritară a şefului nu doar că se poate exprima neîngrădit dar este chiar stimulată. Stilul autoritar de conducere este alegerea firească, asigură confort şi aparentă predictibilitate.

Un bun manager „clasic" va administra eficient resursele financiare, va imprima un climat de ordine şi curăţenie, va fi apreciat de superiori pentru lipsa evenimentelor negative şi pentru economia de resurse. În spatele acestei eficienţe, economice, se por ascunde multe nerealizări în planul obiectivelor „umane" ale organizaţiei de asistenţă socială. Managerul „autoritar" (instituţional), caracterizat psihologic cu trăsături de genul intransigenţă, nevrozism, rezistenţă scăzută la frustrare, aroganţă, agresivitate verbală, intoleranţă, egoism alături, desigur şi de unele trăsături pozitive tinde să stăpânească organizaţia, să-şi impună stilul, să evite „evenimentele", cu scopul influenţării pozitive a percepţiei superiorilor. La nivelul clientului aceste conduite şi aşteptări determină inhibiţie comportamentală, anxietate, introversiune, anularea sau amânarea satisfacerii unor nevoi, în special a nevoilor psihologice superioare - pentru persoanele cu temperament melancolic, introvertite, anemice sau determină agresivitate, ostilitate, devianţă comportamentală - la clienţii cu temperament coleric. Personalitatea autoritară şi ne-empatică a managerului este astfel un obstacol în manifestarea liberă, creativă şi funcţională a personalităţii membrilor organizaţiei.

Caracteristicele de personalitate pozitive, empatice, vizionare imprimă conduitei managerului flexibilitate, adaptabilitate, sociabilitate, comunicativitate, agreabilitate, toleranţă, îl concentrează pe îndeplinirea obiectivelor *uman*e ale organizaţiei de asistenţă socială, favorizează prevenirea şi rezolvarea conflictelor grave la toate nivelele, intrapersonal, interpersonal, de grup sau instituţional, sporeşte gradul de mulţumire de sine a clienţilor şi personalului, de satisfacţiei (fericire), sporeşte sentimentul pozitiv al apartenenţei la organizaţie . Efectele pozitive se resimt în timp şi asupra funcţionării şi eficienţei organizaţiei ca întreg, a îndeplinirii obiectivelor economice, instituţia ca întreg îşi îndeplineşte misiunea şi scopul fundamental pentru care a fost înfiinţată.

Aşadar, teoriile managementului contemporan impun deplasarea accentului de pe administrare instituţională în maniera clasică spre strategii care consideră empatia, dezvoltarea şi formarea personalităţii, formarea deprinderilor adaptative drept repere importante ale activităţii. Copilul are o nevoie fundamentală, care trebuie satisfăcută cu necesitate, este vorba despre nevoia de dezvoltare şi formare a personalităţii plenare, formarea acestuia ca om şi fiinţă socială. Simpla satisfacere a nevoilor de bază, concentrarea strictă pe gestionarea afacerilor administrative de către manager fără un proiect hotărât în ceea ce priveşte empatia şi dezvoltarea echilibrată şi plenară a copilului reprezintă o soluţie depăşită (Ştefăroi, 2007).

Secţiunea IX
Asistenţă socială umanistă
a familiei şi copilului

Acordăm un spaţiu distinct familiei şi copilului pentru faptul că, aşa cum relevă şi literatura de specialitate, reprezintă tipul de grup social de cea mai înaltă complexitate şi profunzime (Levy-Strauss, 1969), prin varietatea foarte mare a relaţiilor şi proceselor (psihologice, existenţiale, de rol/ status, de comunicare, educaţionale etc.), dar şi pentru că, în domeniul asistenţei sociale, se constituie în sursă principală de probleme sociale, precum şi în resursă importantă de reabilitare (L. Maguire, 2001). Afectarea într-un fel sau altul a existenţei, structurii sau funcţionării familiei generează nenumărate situaţii de risc, cu precădere pentru copii, de aceea studiul ei ştiinţific, instituirii unor metodologii de asistenţă socială tot mai adecvate şi eficiente este o necesitate (J.O. Balswick, J.K. Balswick, 2009).

Perspectiva umanistă, existenţial-umanistă, teoria şi metodologia asistenţei sociale umaniste sunt cel mai bine aplicabile familiei şi copilului. Familia este, aşadar, cea mai complexă formă de existenţă socială, în interiorul acesteia se formează cea mai complexă fiinţă/ entitate din univers – fiinţa umană, personalitatea umană. Tulburarea acestora şi rezolvarea problemelor pe care le generează pot fi, în opinia noastră, cel mai bine abordate/ rezolvate cu metodele asistenţei sociale umaniste, cu metodele existenţial-umaniste, spiritual-umaniste, gestaltist-umaniste, centrate pe familie etc.

1. Existenţa familială. Ontologia şi asistenţa socială umanistă a familiei

1.1. Unicitatea şi „personalitatea" familiei

Dacă, după cum am văzut într-o secţiune anterioară, o persoană este mult mai mult decât un organism, un sistem psihic sau o personalitate descrisă în termeni comportamentali, este o fiinţă, un suflet, o lume în sine, profundă, unică aici vom încerca să revelăm faptul că şi o familie este mult mai mult decât un grup social, o structură socială, sau un sistem de relaţii. În primul rând este un *grup de suflete*, dar şi o lume, de asemenea, *în sine, unică şi ireductibilă, hiper-complexă, profundă*. Altfel spus, fiecare familie are o „personalitate" a ei (J.O. Balswick, J.K. Balswick, 2009). Şi familia are un potenţial de auto-actualizare,

are resurse interne empatetice, spirituale neexploatate – resurse şi pentru intervenţia socială în scop de schimbare, reabilitare, adaptare integrare socială.

Şi abordarea umanistă a familie, precum a personalităţii tinde să se detaşeze de teoriile generalizante, nomotetic-structurale, de teoriile consacrate funcţionaliste sau sistemic-structuraliste. De exemplu, în procesul de integrare a copilului în familia substitut, este foarte posibil să existe similaritate socio-structurală şi compatibilitate funcţională între copil si familia substitut şi totuşi integrarea să fie foarte dificilă, cu tulburări grave emoţionale sau de conduită socială. Explicaţia o putem găsi dacă s-ar analiza procesul de integrare şi în perspectivă ontologică, existenţial-umanistă, cu focalizare pe caracteristicile ontologice ale familiei substitut.

1.2. Onto-sistemele familiale

Elementele şi aspectele de unicitate, nu operează separat, ele fac parte din sisteme complexe holistice sau particulare, cu puternice semnificaţii ontologice. Le vom numi, convenţional, onto-sisteme. Numărul onto-sistemelor poate fi foarte mare. Ne vom opri la câteva.

• *Onto-sistemul socio-cognitiv.* Cuprinde: litere şi cuvinte de amor propriu, limba, expresii uzuale; imaginile cu privire la corpurile, fizionomiile, expresiile faciale, gesturile membrilor familiei; apercepţiile şi reprezentărilor referitoare la personalitate, caracter, interese ale celorlalţi; caracteristici de sex, vârstă, profesie etc.

• *Onto-sistemul conduitelor şi competenţelor membrilor familiei.* Cuprinse: modalităţi de reacţie şi acţiune, temperamente, egoism/altruism, conduitele verbale, asertivitatea, comunicarea nonverbală; abilităţi, aptitudini, deprinderi, talente, competenţe, obiceiuri, hobyuri etc.

• *Onto-sistemul relaţiilor şi raporturilor rol-status* antrenează familia ca grup social şi organizaţie. Chiar dacă prin natura ei familia este un grup mic informal, format preponderent în mod spontan dar şi sub presiunea factorilor antropologic-culturali, în interiorul acesteia, se instituie ontogenetic raporturi ierarhice, de sarcină, poziţie sau reputaţie. Pe lângă rolul social de copil/fiică/fiu copilul este „cineva" în „universul" familial, este parte ontologică doar a „acestei" familii.

• *Onto-sistemul socio-afectiv.* După J. Bowlby (1999) relaţiile afective din cadrul familiei reprezintă principalul factor de coeziune şi durabilitate. Instituie ceea ce autorul a consacrat chiar sub forma unei teorii (teoria ataşamentului), în relaţiile interpersonale, *ataşamentul.* Este o relaţie cu o forţă extraordinară. Familiile în care relaţiile de ataşament se definesc ca nesigure sunt ameninţate de destrămare, iar copii pot dezvolta tulburări grave emoţionale, de dezvoltare sau de comportament. Ataşamentul este o valoare crucială în familiile de tip tradiţional. De regulă relaţia mamă-copil este esenţială în coeziunea unei familii (Levy-Strauss, 1969). Se instituie spontan un sistem de relaţii afective absolut unice între toţi membrii familie. În procesul de instituire a sistemului de relaţii afective concură şi factorii socio-cognitivi, aptitudinali, socio-ierarhici etc. Onto-sistemul socio-afectiv contribuie definitoriu la formarea și instituirea, la nivel personal, a sufletului, după cu sufletul este entitatea ontic-personală cel mai mult implicată în relația de atașament.

• *Onto-sistemul atitudinal, cultural și spiritual*. Cuprinde: sistemul de atitudini, față de oameni, față de lume, față de muncă; concepții, convingeri, valori la nivel individual sau colectiv; aspirațiile, proiectele de viitor, credința religioasă etc. Acest onto-sistem contribuie esențial la formarea sufletului spiritual dar și la conturarea holistică a ființei/ sufletului prin valențele integrative și orientative ale acestuia.

• *Onto-sistemul hedonic și onto-sistemul fobic*. Cuprinde ansamblul trăirilor și proceselor hedonice/fobice. Este determinat activitatea onto-formațiunilor hedonice și fobice.

1.3. Existența și onto-tipologia familială

Familia este o formă de existență. Vorbim așadar de existența familială așa cu vorbim despre existența socială sau existența umană. Existența familială este parte a existenței sociale și a existenței umane. Are ambele dimensiuni: socială și umană. Există o existență socială și în lumea animală, însă nu și o existență umană. Aceasta este specifică doar omului și se datorează unor capacități și aspecte pe care le are numai omul: suflet, personalitate, inteligență, spirit, activitate. Existența familială este, de fapt o interacțiune a existenței umane cu cea socială, la care se poate adăuga existența obiectivă, ori fizică – timp, spațiu, obiecte, legi naturale etc.

Onto-sistemele schițate mai sus sunt forme de existență familială, sunt parte, sau contribuie la formarea macro-sistemului familial ca entitate ontică unitară și singulară. Specificul și unicitatea acestuia rezultă din combinația absolut unică a elementelor și onto-sistemelor descrise mai sus dar și din unicitatea existențială a fiecărui factor. Grupul tinde să aibă caracteristici de ființă, prin unicitate dar și prin autonomie (C. Rădăuți, 2000). Grupul familial determinat devine o entitate în colectivitatea socială mai largă, în localitatea din care face parte, dobândește o identitate proprie nu doar prin nume ci și prin parametri spațiali, antropologici, culturali sau psihologic-personali. S. Chelcea (2008) utilizează în acest sens sintagma „sentimentul de noi". În aceiași ordine de idei, F.M Moghaddam (1988) atribuie grupurilor primare, în speță grupurilor familiale, caracteristici precum interacțiunea față în față, identificarea puternică a membrilor cu grupul, relații afective puternice, precum și durată îndelungată.

Așadar, precum vorbim de o ontologie a persoanei, putem vorbi și despre o ontologie a grupului familial. Triada *ființă – existent – existență* funcționează și în acest caz. În virtutea postulatului sartrian după care existența precede esența (ființa) vom afirma că de fapt familia așa cum este ea la un moment dat este produsul unor circumstanțe și oportunități ontogenetice, procesuale unice (D. Weissman, 2000). Nu se descrie prin caracteristici universale decât în abordare strict epistemologică. Familia concretă se impune prin caracteristicile membrilor dar și prin aspecte de ordin holistic-cultural particular, diferențiindu-se și asemănându-se cu celelalte familii din comunitate în moduri absolut unice. Prin raportare la comunitate ea dobândește „personalitate" și specificitate.

Membrii acesteia sunt identificaţi şi caracterizaţi cu atribute consacrate ale grupului familial, pe de altă parte, marea majoritate a caracteristicilor familiale se regăsesc reflectate în personalitatea şi sufletele acestora.

Se instituie o simbioză unică, indestructibilă, între membrii familiei, între familie ca entitate ontică şi fiecare membru în parte (Wiesman, 2000). Astfel că nici una dintre părţi nu există decât prin cealaltă. Copilul plasat în familia substitut va trebui să retrăiască experienţa constituirii unui nou suflet, pentru că sufletul constituit în grupul de origine, nu este, aprioric congruent cu „fiinţa" noului grup familial, chiar dacă psihodiagnosticul ori ancheta relevă multe similarităţi şi compatibilităţi structurale, tipologice, factoriale, de trăsătură, situaţie socială ori materială.

„Fiinţa" grupului familial constituit intră în interacţiune cu fiinţa copilului. Sau altfel spus fiinţa copilului trebuie să se integreze în fiinţa familiei. Succesul depinde de foarte mulţi factori. Din punct de vedere ontologic totul pleacă de la zero. Dar se pot face anticipări în funcţie de caracteristicile sufleteşti ale copilului şi de cele ale familiei, acestea au rol facilitator. Procesul şi aspectele de similaritate şi compatibilitate pot fi avute în vedere.

Caracteristicile sufleteşti ale familiei ca întreg depind de cele ale membrilor care o compun. Dacă domină membrii cu suflete imature, endemice sau afectiv-gregare atunci familia, foarte probabil, funcţionează defectuos, lipseşte ataşamentul sigur, empatia, coeziunea. Le vom numi familii „endemice". Dacă în familie predomină persoane cu suflet constituit pe dimensiunea socio-afectivă este probabil ca relaţiile să fie armonioase şi un climat de cooperare, însă să existe o mai redusă deschidere pentru exterior sau pentru intruziunea unor membri noi. Le vom numi familii „afective". În cazul în care în grupul familial predomină persoane cu dezvoltare sufletească avansată (suflet spiritual) este foarte probabil ca relaţiile interpersonale să fie lipsite de egoism sau de ataşament gregar, impunându-se prin empatie, respect, compasiune, înţelegere. Grupul familial este aprioric deschis spre exterior, cooperant şi dispus să resoarbă cu mai mare uşurinţă membri noi, însă, aprioric mai puţin unitar. Le vom numi familii „proiectiv-spirituale".

1.4. Funcţiile umaniste ale familiei

Literatura de specialitate se concentrează excesiv pe funcţia de socializare a familiei. Aceasta este o funcţie importantă, însă tinde să desconsidere, să aşeze în plan secund, funcţia de formare a personalităţii şi a sufletului. Funcţia de socializare priveşte valenţa integratoare a familiei, de menţinere a coeziunii şi unităţii societăţii, adaptarea socială şi profesională a copilului, la vârsta copilăriei sau la maturitate.

Abordarea umanistă nu desconsideră deloc obiectivul social al familiei dar subliniază aspectul că o presiune socializatoare excesivă asupra copilului, a membrilor familiei, cu desconsiderarea interesului pentru construirea unei personalităţi puternice, autonome, a valorilor libertăţii şi demnităţii individului riscă să producă mai degrabă dezadaptaţi sociali pentru că aşa-zisa socializare este de fapt o instruire pentru un set determinat de reguli ori valori.

În contextul în care societatea se află în mare dinamică, din toate punctele de vedere, sau dacă membrul familiei va părăsi grupul de referință este foarte probabil să eșueze tocmai pentru că are o personalitate slabă, slabă autonomie și adaptabilitate la condiții noi.

Este cazul multor copii crescuți la țară, cu educație centrată de reguli, tradiție, valori în mare parte limitate la spațiul cultural respectiv, care însă pot deveni foarte repede clienți ai serviciilor de asistență socială atunci când vor încerca să se integreze în colectivități sociale ori profesionale mult mai complexe ori de altă cultură (L. Maguire, 2001).

Așadar, în perspectivă umanistă constituirea unei personalități puternice, autonome, flexibile, adaptabile, deschisă la nou este una dintre funcțiile cruciale ale familiei. Copilul este crescut și educat la un moment dat istoric, cu valorile părinților însă foarte probabil aceste valori nu-i vor fi de mare folos atunci când va fi pus în situații critice, când va trebui să se integreze în colectivități sociale sau profesionale mult mai complexe și imprevizibile decât mediul bazat pe atașament, încredere și sinceritate din familie sau colectivitatea în care a crescut.

Așa cum am văzut mai sus familia este o țesătură foarte complexă de relații sociale, psihologice, culturale, economice, spirituale și ontologice. Este foarte puțin probabil ca ontologia organizațională a familiei de origine a copilului să fie replicată în ontologia colectivităților și organizațiilor în care va trebui să se integreze mai târziu. Incongruența mare dintre ontologia mediului de origine și cel actual explică multe eșecuri personale ori profesionale.

Pe lângă formarea unei personalități puternice, autonome și adaptabile, funcția hedonică este de asemenea importantă în perspectivă umanistă. Un copil fericit va fi, cu mare probabilitate un adult fericit. Desigur, nu în orice condiții. Un climat bazat pe stimulare, încredere, empatie, comunicare este condiție pentru o copilărie fericită.

Rol important îl au și cultura organizațională, sistemul de valori, ritualurile familiale, solidaritatea. Toate condiționează instituirea unui climat favorabil dezvoltării personalității, fericirii, dezvoltării personale generale, formarea competențelor pentru adaptare socială și profesională.

Funcția crucială al familiei, în perspectiva asistenței sociale umaniste, se relevă și prin rolul pe care îl are ca și componentă constituțională a sistemului social mai larg în care există, în comunitate. Comunitățile cu familii cu „personalitate", cu familii „spirituale", cu capacitate de autogospodărire, cu valori solide, funcționând prin ritualuri și culturi organizaționale bine definite, întâmpină, de regulă, puține dificultăți majore, crează puține probleme sociale.

Acestea asigură, la rândul lor, pentru familii și pentru persoane condiții optime de conviețuire, predictibilitate, sisteme unitare și coerente de reguli, condiții pentru prosperitate economică și culturală. Astfel, se instituie, o spirală virtuoasă, care cuprinde persoana, familia și comunitate, în care toate prosperă și oamenii sunt fericiți

1.5. Obiective şi metode umaniste ale serviciilor de asistenţă socială a familiei şi copilului

Serviciile de asistenţă socială, în activitatea de evaluare, urmăresc, cu prioritate, constituirea unui tablou social-ontologic în scopul profilării unei personalităţi onto-sociale a familiei. Printre altele, acesta cuprinde:

* ansamblul onto-sistemelor familiale;
* relaţiile empatetice interpersonale;
* cultura organizaţională;
* onto-tipologia familiei. structura sufletească a membrilor (endemice, afective, spirituale);
* compatia;
* soliditatea, autonomia personalităţii membrilor, adaptabilitatea, capacitatea şi deschiderea spre schimbare;
* starea onto-hedonică (fericire, mulţumire, satisfacţie, pasiuni, înclinaţii etc);
* starea onto-fobică (frici, temeri, fobii, ritualuri, măsuri de securitate etc);
* gradul de integrare comunitară şi de autonomie a familiei;
* caracteristicile umane, culturale, spirituale ale comunităţii din care face parte.

Profesionistul social, în activitatea de evaluare este lipsit de prejudecăţi, cu o cultură socială, ştiinţifică şi spirituală solidă, nu operează cu şabloane, teorii ştiinţifice restrictive sau metode rigide. Numai astfel poate observa şi categoriza complexa textură social-cultual-psihologic-ontologică a unei familii. Asistentul social umanist nu desconsideră evaluarea clasică, socială, economică, însă la acestea adaugă, ca foarte importante în scop curativ evaluarea social-ontologică. Diagnosticul social-ontologic aduce în atenţia serviciului de asistenţă socială informaţii foarte utile în perspectiva construirii strategiei de intervenţie. Printre metodele de evaluare se află ancheta socială existenţială şi metoda balanţei.

După culegerea informaţiilor se construieşte tabloul evaluativ şi diagnosticul în scop de intervenţie, dacă este cazul. Diagnosticul reflectă problemele identificate în termeni ontologici-umanişti, ca diferenţă între ceea ar constitui normalitatea social-ontologică a familiei şi realitatea evaluată. Sunt considerate motive de intervenţie tulburările grave ale relaţiilor empatetice şi de ataşament, cultura organizaţională precară, imaturitatea ontic-spirituală şi culturală (predominanţa persoanelor cu suflet endemic, sau cu suflet afectiv-gregar); personalitatea psihologică imatură a membrilor, conflicte grave frecvente, marginalizare, needucarea copiilor, tulburările în sfera hedonică sau fobică, marginalizarea sau discriminarea familiei în comunitate, probleme legate de calitatea comunităţii din care face parte familia etc.

Schimbarea, ca proces fundamental în asistenţa socială a familie (M. Zapodeanu, 2005) reprezintă obiectivul principal al intervenţiei. Proiectul de intervenţie urmăreşte să înlăture aceste deficienţe de ordin uman-social-cultural-ontologic. Obiectivul principal nu este acela a ameliora situaţia materială şi socială prin ajutoare, ci de a reface autonomia familiei prin dezvoltarea organizaţională, ontologică şi culturală a sistemului familial (L. Maguire, 2001). Se operează în zona onto-sistemelor familiale, în relaţiile inter-empatetice, în toate sferele ansamblului personal. Dezvoltarea şi abilitarea personală/psihologică/sufletească a membrilor familiei prin intervenţie individualizată şi ca efect al îmbunătăţirii climatului ontic-organizaţionale este principala cale de obţinere a schimbării umaniste. Doar, după ce familia şi-a câştigat autonomia existenţială, culturală, socială, odată cu autonomia şi fericirea membrilor, se poate spune că obiectivele umaniste ale activităţii serviciului de asistenţă socială a fost îndeplinite.

2. Asistenţa socială umanistă a copilului din sistemul de protecţie

2.1. Copilul din familia substitutivă

Procesul de integrare a unui copil, după ce a fost separat de grupul de origine, presupune contrapunerea ontologică a două sisteme, entităţi existenţiale, fiinţa/ sufletul copilului, pe de o parte, şi „fiinţa" grupului familial substitut, pe de o parte. Considerăm că sursa fundamentală a inadaptării copilului şi previzibilelor tulburări este reprezentată tocmai de incongruenţa ontologică a celor două sisteme unice, singulare, ireductibile. În acest sens, propunem ca, pe lângă metodele consacrate de asistenţă socială utilizate în managementul de caz, profesionistul social să folosească şi metode existenţialiste, sau existenţial-umaniste, precum analiza existenţială socială şi metoda balanţei, descrise într-o secţiune anterioară. Pentru cunoaşterea şi evaluarea acestor procese, acestor tipuri de relaţii este utilă, aşadar, şi o abordare în paradigmele gândirii existenţialist-umaniste, apelul la filozofia existenţei (ontologie), la valorile fundamentale ale *existenţei umane* individuale şi colective.

Din păcate acest tip de abordare este încă, atât în literatura de specialitate, cât şi în activitatea serviciilor de asistenţă socială ori educaţie, puţin prezentă, marginală. Constituie însă, în opinia noastră, o resursă extraordinară de îmbogăţire a literaturii, a principiilor/paradigmelor investigative şi de intervenţie, dar mai ales o şansă în plus pentru copiii aflaţi în dificultate. Prin conceptele şi valorilor acestei gândiri se pot integra în ecuaţia complexă diagnostică a unei situaţii de dificultate postulate/concepte precum: *fiinţa copilului, suflet, ontologia persoanei, ontologia familiei, congruenţă/incongruenţă ontologică copil - familie substitut etc.*

Scopul nu este acela de a propune o alternativă ci de completare a cadrului epistemologic şi metodologic în perspectiva întregirii tabloului diagnostic al sistemului client, îmbogăţirea acestuia cu aspecte ce reflectă realităţi/dimensiuni mai subtile ale psihologiei persoanei şi sociologiei grupului familial. Această abordare nu este interesată de compatibilitatea ce rezultă din abordarea nomotetică şi structurală, în care similaritatea structurală, sau compatibilitatea psihologică (personalitate) pot conduce la predicţia unui succes al integrării copilului în noua familie, ci de congruenţa sau incongruenţa ontologică inerentă ce decurge din interacţiunea a două *existenţe* absolut străine în obiectualitatea şi *fiinţa* lor intrinsecă.

Desigur, această incongruenţă este, de fapt, un principiu epistemologic şi metodologic, un aspect care trebuie luat în considerare. În realitate, fiinţa umană este prin definiţie şi geneză o fiinţă socială şi empatică. Chiar în sferele endemice/ancestrale/ontice ale *fiinţei persoanei* există formaţiuni, pârghii şi resurse antrenate în procesele de relaţionare interpersonală. Una dintre aceste onto-formaţiuni este *sufletul (personalitatea ontică).* Am văzut că, funcţia esenţială a acestuia este tocmai aceea, de a reflecta şi ancora în structura personalităţii sau în subiectul ontic valorile existenţiale ale *Celuilalt* (persoane, obiecte, situaţii, grupuri, valori etc).

Procesul de construcţie a ontologică a noului grup familial, după plasamentul copilului în familia alternativă nu este deloc uşor. În primul rând pentru faptul că familia prin mecanismele şi funcţiile ei bine instituite va tinde doar să integreze copilul printre ceilalţi membri, neglijând ontologia particulară a acestuia. Un alt factor este faptul că minorul vine în nouă familie, de regulă după o amputate sufletească gravă prin ruptura de familia de origine, în funcţie de caz. La fel de important este şi aspectul că sufletul copilului, rănit, amputat, aşa cu a rămas după trauma despărţirii, este constituit în onto-geneza unei alte familii, unei alte realităţi socio-umane. Schimbarea pur şi simplu a „conţinutului" istoric al sufletului copilului cu cel al ontologiei noului mediu familial este aproape imposibilă. Reprezentările şi onto-sentimentele legate de vechiul mediu habitual şi familial, vechile onto-sisteme, nu sunt doar conţinuturi psihice sau structuri bio-psihice, ci pur şi simplu reprezintă constituţia ontică a copilului. Procesul de reconstrucţia ontologică ar presupune ori construcţia unui nou suflet, un para-suflet, suprapuneri, configurări întâmplătoare sau, caz nefericit, destrucţia sufletului constituţional, alinarea. Aici credem noi că se află sursa principală a tulburărilor de adaptare a copilului din familia substitut în perspectivă ontologică.

Chiar dacă minorul întâlneşte în noul mediu familial realităţi sociale, obiectuale şi contextuale similare celor avute în mediul de origine şi înscrise în constituţia sa ontică sau în inconştientul cognitiv, interesul şi ataşamentul pentru acestea este, cel puţin în perioadele de început, destul de scăzut. De exemplu, similaritatea aparentă a onto-sistemelor socio-cognitive, asemănările între persoane semnificative din mediul de provenienţă şi cel substitut, la nivelul limbajului, gesturilor, personalităţii, vârstei, sexului sau profesiunii/ocupaţiei ar putea determina concluzia că adaptarea ar decurge fără probleme.

Numai că, foarte probabil, nu după mult timp de la alăturarea la noua familie s-ar putea constata apariţia unor manifestări atipice ori deviante: izolare, irascibilitate, evitarea comunicării ori pur şi simplu intenţia de părăsi noua familie. Explicaţia: similaritatea caracteristicilor nu este foarte importantă pentru copil, ea există doar pentru un observator al procesului, sau pentru membrii familiei substitut; caracteristicile sunt doar nişte imagini sau aspecte cantitative, copilul nu a pierdut prin separare nişte reprezentări ci nişte suflete cu care empatiza şi care reprezentau conţinutul sufletului propriu.

Chiar dacă aparent oamenii interacţionează prin forme şi caracteristici fizice (corp, gesturi, culoare, sunete) prin mecanisme complexe inconştiente de procesare acestora le sunt atribuite valenţe existenţiale unice cruciale, în spatele lor se află fiinţe, suflete, unice în sine, dar şi unice pentru celălalt. În nici un caz copilul nu va realiza vreo identificare a caracteristicilor persoanelor din familia substitut cu fiinţa persoanelor pe care le-a pierdut. În concluzie, putem afirma că, în pofida unor similarităţi sau congruenţe fizice ori psihologice, între onto-sistemele socio-cognitive ale familie de origine şi cea substitut nu există, aprioric, nici un fel de congruenţă.

La fel stau lucrurile şi în ceea ce priveşte relaţiile între onto-sistemele socio-cognitive, onto-sistemele conduitelor şi competenţelor membrilor familie, onto-sistemele atitudinal, cultural şi spiritual, onto-sistemele relaţiilor şi raporturilor rol-status ori dintre onto-sistemele socio-afective. Fără îndoială incongruenţa absolută se instituie în raporturile dintre onto-sistemele socio-afective, implicând, aşadar relaţia de ataşament. Modul unic, singular şi ancestral prin care se instituie relaţia afectivă dintre mamă şi copilul nu va putea fi vreodată reprodusă cu noua „mamă", chiar în condiţiile utopice ale unei asemănări depline, sau chiar în cazul în care noua mamă este sora geamănă a acesteia. Sora geamănă este o altă fiinţă, un alt suflet. Relaţia unică de ataşament mamă-copil nu este fizică, senzorială ci spirituală, ancestrală.

Rolul serviciilor de asistenţă socială, al asistenţilor sociali, psihologilor ar fi, din acest punct de vedere, de a căuta compatibilităţi nu doar „psihometrice" sau „sociometrice" ci şi „sufleteşti". Această atitudine ar presupune ca pe lângă apelul la gândirea sau metodologia asistenţială şi ştiinţifică consacrate, cu metodele preponderent nomotetice sau social-economice cu care s-au impus, să se opereze şi cu valorile ori conceptele gândirii/paradigmei *ontologic-umaniste*, explicarea inerentelor tulburări emoţionale şi de adaptare ale copilului ce trece prin experienţa nedorită şi dramatică a transferului din grupul familial originar în cel substitut, prin folosirea paradigmelor consacrate ale orientării existenţialiste şi valorilor umaniste din domeniile şi ştiinţele sociale/umaniste (filozofie, sociologie, psihologie, antropologie etc), utilizarea paradigmelor şi conceptelor referitoare la *ontologia persoanei şi a grupului, teoria sufletului,* folosirea, pe lângă metodele consacrate şi *metoda balanţei în asistenţa socială, ori analiza/ancheta socială umanist-existenţială.*

2.2. Copilul din instituţii (centre de plasament)

Fenomenul psihologic cel mai îngrijorător aferent instituţionalizării copilului este deteriorarea, tulburarea vieţii şi dezvoltării afective, constituirii personalităţii socio-afective a acestuia. Principala cauză o reprezintă, fără îndoială, carenţele mediului socio-uman din instituţii, relaţiile interpersonale precare, copil-profesionist sau copil-copil. Este vorba atât de factori umani cât şi organizaţional-instituţionali.

Cauzele sunt desigur complexe, sistemice, iar sursa fundamentală o constituie însăşi alegerea/soluţia fatală a instituţionalizării, noi însă ne vom referi la una dintre cauze, anume: afectarea gravă a dezvoltării socio-afective a personalităţii copilului instituţionalizat, în contextul precarităţii raporturilor interpersonale, climatului socio-instituţional, în unele cazuri, precar, vicios, precum şi managementul nereformat, neadaptat specificului acestor instituţii.

Ne referim la faptul că, în procesul legic de constituire ontogenetică a a personalităţii copilului, au loc mari tulburări, afectări de structurare şi instituire a sufletului, personalităţii ontice.

Am descris constituirea acestuia ca un proces holistic complex de formare succesivă dar şi concomitentă de „sub-personalităţi", expresii ale unor inputuri experienţiale specifice. Este produsul internalizării sintetice a trăirilor emoţionale relative la experienţele interpersonale, socio-ambientale, organizaţionale. Coerenţa, orientarea, calitatea, eficienţa, ponderea acestei perso-formaţiuni, este, matematic vorbind, relativ direct proporţională cu calitatea, sensul şi intensitatea raporturilor interpersonale, socio-ambientale ale subiectului. Imputurile socio-experienţiale pozitive vor determina structurări coerente şi eficiente, în schimb precaritatea relaţiilor sociale va conduce la un constituirea unui suflet afectiv.

Aşa cum s-a semnalat mai sus, fenomenul psihologic cel mai îngrijorător aferent instituţionalizării copilului este deteriorarea, tulburarea vieţii şi dezvoltării afective, constituirii personalităţii ontic-afective a acestuia, principala cauză reprezentând-o carenţele mediului socio-uman din instituţii, relaţiile interpersonale precare, copil-profesionist sau copil-copil, fiind vorba atât de factori umani cât şi organizaţional-instituţionali, o reflectare a carenţelor mediului socio-afectiv, care vor răsfrânge în tulburarea dezvoltării optime a personalităţii socio-afective şi în special a sufletului afectiv şi spiritual, iar ca un reflex homeostazic intern se va dezvolta accentuat se va dezvolta şi formaţiunea fobică. Funcţionarea defectuoasă a ansamblului de personalitate, experienţele fobice şi traumatizate repetate aferente vor determina organizări limită, de supravieţuire prin repliere pe sine, interiorizare şi instalarea stării depresive, permanentizate, de fond.

Ceea ce trebuia să se instituie ca un mecanism firesc de apărare psihologică ocazională, formaţiunea fobică, va deveni, astfel o stare fobică relativ generalizată. Copilului va fi obsedat de nevoia de supravieţuire abandonând obiectivele superioare de realizare personală, de dobândire a unor roluri sau status-uri sociale ce iar putea exploata vulnerabilitatea traumatizantă. Ca o consecinţă negativă a acestor procese, gradual se va putea dezvolta şi institui o formaţiune replică, paralelă, căreia, tot în mod convenţional, îi vom spune formaţiunea depresivă.

Ca şi în cazul celorlalte formaţiuni constituirea este necesară, reflectând o funcţie, o necesitate existenţială, dar este şi reflex al unor experienţe, relaţionări, imput-uri şi insight-uri ambientale propriu-zis „depresive" (suferinţa, durerea, plictiseala, ne-valorizarea). Odată constituită formaţiunea depresivă va dobândi toate caracteristicile onto-formaţiunilor personale, printre care autonomia şi autodezvoltarea. Prin instituire rolul ei creşte în cadrul ansamblului ontic şi personal, impunându-se precum un non-eu, non-persoană fiind respinsă de instanţele conştiinţei, decizionale, voluntare ale persoanei. Majoritatea clienţilor serviciilor de asistenţă socială au această formaţiune ca dominată, ceea ce are efecte negative asupra stării psihice globale, dezvoltării optime personale precum şi a capacităţii de a se integra social în mod autonom.

Una dintre soluţiile de evitare a hiper-dezvoltărilor fobice o reprezintă construcţia, prin alte componente, a unei personalităţi puternice. Cu cât soliditatea personalităţii este mai mare cu atât rolul formaţiunii fobice scade. Un subiect (psihologic) vulnerabil dublat de o personalitate fragilă determină dezvoltarea unor formaţiuni fobice hipertrofiate. În acest caz formaţiunile depresivă şi fobică tind să acopere subiectul, se instituie angoasa, neliniştea existenţială, fobia ca stare dominantă onto-subiectivă. Instalarea fobiei şi depresiei funcţionale (sensul nu este neapărat similar celui din psihanaliză sau psihiatrie) reflectă un raport tulburat generalizat subiect-mediu. Acesta din urmă este aprioric perceput ca agresiv.

Formaţiunea fobică şi formaţiunea depresivă vor „funcţiona" inter-activ constituind un mecanism şi, mai mult decât atât, instituind o formaţiune personală relativ autonomă, în timp ce sufletul şi pan-formaţiunea fobic-depresivă vor funcţiona reactiv. În perspectiva dezvoltării personale şi formării capacităţilor psihice de integrare socială aceste dinamici un rol accentuat negativ, reducând alegerile subiectului la gesturi restrictive, desigur în contextul în care mediul social este trăit la modul traumatizant de către copilul instituţionalizat. Odată aceste mal-formaţiuni instituite în „economia" internă a subiectului ele vor determina construirea de gestalturi proprii, vor funcţiona autonom, vor dobândi un statut intern de necontestat , vor solicita „alimentare" cu emoţii negative şi vor condiţiona personalitatea şi conduita pentru alegeri improprii unei dezvoltări echilibrate, funcţionale, pozitive, socio-adaptabile.

Studiul şi cunoaşterea acestor realităţi, mecanisme şi procese bio-psihologice de către profesionistul social, în lipsa posibilităţii refacerii situaţiei domestice originare, îl ajută măcar să identifice soluţii pentru „alimentarea" copilul cu emoţii pozitive, indiferent de natura şi sursa lor, rolul acestora fiind de a contrabalansa dezvoltările fobic-depresive accentuate. Chiar în condiţiile creşterii şi educaţiei copilului în instituţie se pot găsi soluţii astfel ca aceste procese nefaste să se desfăşoare la o intensitate mai mică iar efectele lor în planul formării personalităţii socio-afective să fie minore. De exemplu, psihologia pozitivă propune valorificarea experienţelor pozitive - starea de bine, mulţumirea, satisfacţia, speranţa, optimismul, accent pe construirea personalităţii pozitive, active, cercetarea şi valorificarea experienţei pozitive - drept căi pentru facilitarea accesului persoanei la dezvoltare personală, depăşirea situaţiilor şi momentelor de depresie (M.E.P Seligman şi Csikszentmihalzi, 2000).

Din constatările noastre soluţia umanistă pentru problemele copiilor din instituţiile rezidenţiale se află la nivelul managementului. Teoriile managementului contemporan recomandă deplasarea accentului de pe administrare instituţională în maniera clasică spre strategii care consideră ataşamentul, dezvoltarea şi formarea personalităţii, formarea deprinderilor adaptative drept repere fundamentale ale activităţii. Misiunea serviciilor sociale acordate copiilor este prin conţinut diferită de cea destinată categoriilor adulte de beneficiari. Dacă pentru aceştia din urmă este mai important să li se asigure un minimum de condiţii sociale şi materiale pentru a avea o viaţă demnă, copilul, în schimb, are o nevoie suplimentară dar fundamentală, care trebuie satisfăcută cu necesitate, este vorba despre nevoia de dezvoltare şi formare a personalității adaptative, formarea acestuia ca om și ființă socială, ca ființă spirituală și fericită.

Simpla gestionare a afacerilor administrative de către manager fără un proiect hotărât în ceea ce privește formarea personalității și dezvoltarea echilibrată, adaptativă a copilului reprezintă o metodă depășită. Din fericire prin desființarea graduală a centrelor de mari dimensiuni și apariția celor de tip familial, sau utilizarea cu prioritate a măsurilor de plasament în familii alternative, multe din experiențele dramatice prin care trec acești copii nu se vor repeta, chiar dacă am văzut probleme sunt în toate formele de plasament.

Prin strategie și conduită personală managerul poate imprima o dimensiune umanistă, formativă, pozitivă activităților și proceselor, poate diminua efectele generale inerente instituționalizării. Important este să conștientizeze și să operaționalizeze faptul că precum dorește ca propriul copil să fie fericit, să-și construiască o personalitate puternică și adaptabilă pentru a se integra și adapta ușor în societate la maturitate la fel să dorească și să facă tot posibilul să se întâmple și pentru copilul din instituția pe care o coordonează.

În acest efort asistentul social umanist, profesionistul social trebuie să fie acolo, lângă manager, să-i reamintească în permanență acestuia cât de importante sunt obiectivele umaniste într-o instituție rezidențială, cât de important este ca atunci când părăsește sistemul de protecție să poată se se adapteze ușor social și profesional, să fie fericit. Rolul acestuia este esențial în construirea strategiilor și metodelor de lucru, în coordonarea activităților educative, în pregătirea umanistă a personalului (Ștefăroi, 2008).

2.3. Reabilitarea/ dezvoltarea și umană și fericirea copilului

În paradigma axiologică a asistenței sociale umaniste prin educația și pregătirea pentru viață a copilului (aflat în dificultate, cu precădere a celui din sistemul de protecție) se urmărește în primul rând dezvoltarea sa *umană* și personală, astfel încât atunci când părăsește instituția sau familia substitutivă, lipsit de sistemul de relații de rudenie și vecinătăți pe care-l au copiii/ tinerii din familiile naturale, să reușească să se integreze în societate, să se bucure de viață, să fie fericit, lucru care în momentul de față nu este prea frecvent.

Este, astfel, obligația angajaților care se ocupă de educația și pregătirea pentru viață a copilului, de fapt a tuturor celor implicați într-un fel sau altul, prin cunoștințele, personalitatea, calitățile personale, umane, sufletești, să-i formeze, educe și condiționeze, în perioada în care se află în sistemul de protecție, pentru adaptarea acestora la rigorile și provocările cu care se vor confrunta, să-i condiționeze pentru optimism, perseverență, rezistență la frustrare și eșec, pentru fericire, prin transfer de modele de conduită socioumană adaptabilă și eficientă, de personalitate, de umanism și spiritualitate; fiind astfel indicat să se focalizeze cu precădere pe dezvoltarea personalității *umane* și sufletului spiritual, sursă de dezvoltare personală și socială superioară, a fericirii autentice, constituționale, profunde și durabile.

S-a dovedit prin studii că prin educație spirituală (estetică, ludică, religioasă, morală, intelectuală etc.), cu ajutorul și prin calitățile umane și spirituale ale profesionistului personalitatea copilului se superizează, dobândește autonomie, energie morală, orientare spre oameni și valori, astfel sporind șansele de integrare socio-umană și fericire (Miller, 1999; Cristea, 1994, pp. 56-57). Această educație și dezvoltare face ca sufletul copilului să se reîntregească, prin compensare, ca urmare a nedezvoltării sau amputării sufletești provocate de separarea de rude, de pierderi, de rupturi sociale cu foarte mare impact afectiv-sufletesc.

Prin compensare și personalitatea ontologică se poate reechilibra și chiar întări consistent, dezvoltarea sufletului spiritual, în principal prin componentele intelectuale, estetice, morale, ludice și religioase generând o formă de dezvoltare psihologic-ontologică generală superioară, cu efecte asupra dezvoltării globale a personalității, autonomiei și capacității de adaptare.

Pentru realizarea adevăratelor obiective ale serviciilor de asistență socială, în special în creșterea și educația copilului instituționalizat, este recomandată astfel soluția valorificării *formative* a sentimentelor/ trăirilor pozitive, resurselor psihologic spirituale și a fericirii în scop de educație și pregătire pentru viața de adult (Ștefăroi, 2009b, p. 132). Crearea condițiilor pentru o viață plină și fericită pentru copii se supune unor comandamente umanitare dar nici factorul eficiență în perspectiva dezvoltării plenare sau integrării sociale autonome nu trebuie neglijat.

În acest scop se poate opera cu versiunea unei fericiri empatice și formative și cu ținta constituirii unei arhitecturi de personalitate în care sfera proiectiv-spirituală și teleologică să fie bine dezvoltate. Este important ca trăirile pozitive să fie integrate proceselor ontogenetice de formare și dezvoltare proiectivă a personalității, constituirii onto-formațiunilor proiectiv-spirituale specifice.

În virtutea adevărurilor și argumentelor de mai sus, teoria și axiologia asistenței sociale umaniste promovează modelul unei dezvoltări personale și *umane* și pregătirii pentru viața autonomă a copilului atât prin antrenarea resurselor interne, a factorilor psihologici și spirituali, cât și a resurselor și factorilor interpersonali, sociali, comunitari, culturali, unde conduita, personalitatea *umană* și calitățile persoanelor din ambianță au un rol foarte important.

Aceste elemente ambientale, inclusiv sistemele de valori și idealuri, se înscriu ontogenetic în procesele de formatizare proiectiv-personală a copilului și devin ancore sau, ceea ce vom numi noi, *referenți proiectivi personali.* Sunt de fapt ținte, idealuri hedonic-proiective, dorințe, aspirații, care se organizează în formațiuni onto-proiective care ghidează căutările/ alegerile conștiente și inconștiente de creștere, formare și dezvoltare personală ontogenetică. Ei tind să se coaguleze holistic în ceea s-ar putea numi *proiect (tipar) de formare și dezvoltare personală,* adică ideal al binelui și fericirii personale, imaginea idealizată a binelui și fericirii individuale.

Operează experiențial și emergent, prin mecanisme complexe de feed-back și feed-before. Referenții personali proiectivi pot fi statusul social dorit, aspirațiile de bunăstare, profesiunea dorită, idealurile estetice, morale sau de cunoaștere etc. Pentru serviciile de asistență socială care se ocupă de copii, unele dintre acestea sunt de fapt obiective educative și asistențiale. Persistența acestor referenți onto-proiectivi va conduce la formarea și fixarea balanței proiectiv-personale într-o înclinație favorabilă, orientând personalitatea spre viitor, îi va da o notă pozitivă, agreabilă, eficientă, activă, dinamică, adaptabilă.

Predominanţa referenţilor onto-proiectivi negativi, precum lipsa perspectivei de împlinire personală/ familială şi profesională, imaginea socială proiectivă de sine negativă, insecuritatea socială, lipsa perspectivei de bunăstare materială vor determina emoţii negative, pasivitate, întârziere în dezvoltarea intelectuală, ne-fericirea şi ineficienţa socială, instalate ca dominanţe/ trăsături de personalitate şi premise ale dependenţei perpetui de sistemul de protecţie şi asistenţă socială (Ştefăroi, 2009b, p. 180).

Aşadar, în scopul dezvoltării şi integrării socioumane a copilului bunăstarea materială nu este suficientă. Pentru dezvoltarea şi fericirea copilului este foarte important factorul uman, spiritual şi calitatea morală şi culturală a mediului în care sunt îngrijiţi, educaţi şi reabilitaţi (Miller, 1999). Personalitatea ontologic-spirituală a copilului se află în plin proces de umanizare, de formare a sufletului, în primul rând a celui afectiv, prin asimilarea ontologică a celuilalt, persoană şi valoare (fiinţă umană). Prezenţa şi consistenţa acestora este factor de dezvoltare şi fericire. Internalizarea celuilalt este un proces de umanizare, caracteristicile personale dar şi ancestrale ale fiinţei umane sunt empatizate şi adoptate care elemente ale sufletului şi propriei fiinţe, personalităţii.

Prezenţa celuilalt persoană şi a celuilalt generic împlineşte existenţial copilului, conferind personalităţii consistenţă, generează energie pozitivă, bunăstare psihologică, euforie, sentimente pozitive, fericire. Pentru dezvoltarea şi fericirea autentică a copilului trebuie să existe o congruenţă şi similaritate existenţială dintre celălalt ontificat în suflet şi celălalt real. Este aceeaşi entitate dedublată în personalitatea copilului şi în existenţa socială. Este o unitate ontologică.

În aceeaşi ordine de idei, dezvoltarea, creşterea ontogeneza copilului este, în paradigma umanistă, un proces de umanizare a organismului şi de formare/ constituire a personalităţii ontologic-spirituale, psihologic-praxiologice şi socio-morale, formării capacităţii de adaptare şi integrare socială, atingerea obiectivului de formare a fiinţei umane. În această paradigmă trec în plan secund, dar nu sunt desconsiderate, obiectivele sanitare, sociale, economice sau politice şi se prioritizează persoana ca fiinţă spirituală, cu suflet, persoana în unicitatea şi subiectivitatea ei. Dezvoltarea nu este doar un proces de formare a fiinţei sociale, a individului eficient şi integrat în comunitate, ci şi un proces de constituire a unei fiinţe în sine, ca valoare în sine, fericită, împlinită personal şi uman.
.

Secţiunea X
Asistenţa socială umanistă –
o perspectivă "spirituală"

Orientarea umanistă în ştiinţele şi practicile socio-umane, cu precădere în psihologie, s-a consacrat, după observaţia noastră, prin două mari curente. Unul este mai mult exploatat, este vorba despre curentul *existenţialist-pozitiv*, care se focalizează pe eu, pe dezvoltarea personală şi organizaţională prin exploatarea resurselor psihologic-voliţionale ale personalităţii umane individuale, şi despre curentul *ontologic-spiritual,* sau cultural (în comunitate), care valorizează bogăţia ontologică de conţinut a personalităţii şi comunităţii, orientarea culturală şi axiologică, valenţele estetice, ludice, morale sau mistice/ sacre/ religioase ale acestora.

Categoriile, valenţele şi metodele acesteia din urmă sunt încă insuficient valorificate în asistenţa socială, chiar dacă eficacitatea ei nu este pusă la îndoială (E.R. Canda, L.D. Furman, 2009). Dezvoltarea personală prin dezvoltare spirituală (estetică, ludică, morală, ştiinţifică, mistică etc.), în consecinţă reabilitare umană şi autonomizare socială prin dezvoltare personală profundă, ontologic-spirituală, reprezintă atât obiectivul crucial al intervenţiei cât şi resursa principală în această paradigmă de asistenţă socială umanistă. Valenţele/ calităţile umanist-spirituale ale personalităţii profesionistului, pe de o parte, şi ale clientului, pe de altă parte, reprezintă, în congruenţă, resurse esenţiale şi condiţii necesare de eficienţă ale practicii specifice.

1. Principiul integralităţii personale. Funcţia crucială a personalităţii spirituale/ culturale

1.1. Funcţia holistic-emergentă şi integrativă a sufletului spiritual/ cultural

Principiul integralităţii personale presupune teza că persoană nu poate fi cunoscută şi reprezentată în natura şi esenţa ei autentică decât luând considerare toate nivelurile, dimensiunile şi laturile personalităţii în contextul vieţii materiale, sociale, culturale şi morale concrete. Paradigma sincretică a acestui principiu presupune sferele: corp – intelect – suflet - self-personalitate – conştiinţă - personalitate spirituală – context social/ moral/ cultural.

Conform acestui principiu, omiterea unei laturi sau dimensiuni nu doar că modifică configuraţia particulară a ansamblului personal ci alterează grav însăşi natura şi calitatea intrinsecă de persoană, fiinţă umană, în definiţia ei filosofic-antropologică ancestrală.

Aplicat la modelul de reprezentare a clientului în asistența socială, evitarea reprezentării sferei spirituale, de exemplu, în tabloul de prezentare diagnostică generală înseamnă practic vicierea întregului demers de evaluare, în esența și menirea sa, nu doar o limitare sau reprezentare incompletă. În plus, principiul integralității personale presupune aserțiunea că sfera spirituală, reprezentând în natura ei expresia holist-emergentă a dezvoltării personale, are un caracter integrator, unificator și marchează prin procese complexe de feed-back și feed-before caracterul de unitate și unicitate în organizarea internă, generând tendințe complexe de omogenizare (nu de uniformizare), impunând sensul de dezvoltare, caracteristicile de personalitate și, în sens antropologic, natura, esența, condiția de ființă umană, conferind totodată persoanei dimensiunea universalității și ancestralității.

1.2. Normalitatea și problema socială în explicație umanist-spirituală

Prin raportare la acest principiu vom defini sistemul client și situația de dificultate ca abatere de la acesta și de la situația de normalitate care s-ar defini în consecință. Această normalitate s-ar descrie prin următoarele:

- persoanei îi sunt satisfăcute principalele nevoi psihologic-spirituale (estetice, epistemologice, ludice etc);
- persoana se simte utilă, valorizată, ca făcând parte din „comunitatea" culturală și morală a organizației în care trăiește;
- clientului copil îi sunt satisfăcute pe lângă nevoile contingente, cele de dezvoltare psihologică fundamentală și cele de dezvoltare spirituală;
- persoana are o stimă de sine ridicată, are o perspectivă optimistă de realizare a obiectivelor personale în context socio-cultural determinat;
- conviețuiește în locații și medii sociale agreabile, „estetice", „ludice", care favorizează dezvoltarea intelectuală și sentimentele pozitive, se simte împlinit personal și profesional, este fericit, îi sunt valorizate aptitudinile artistice, ludice, de cunoaștere sau înclinația spre credință religioasă;
- în economia internă, subiectivă a trăirilor sentimentele „spirituale" dețin o pondere importantă (E.R. Canda, L.D. Furman, 2009).

Situații opuse celor descrise mai sus descriu anormalitatea spirituală și culturală a persoanei, ca premisă a situației de dificultate și a problemei sociale. Desigur problema socială, este definită, la o primă abordare ca „socială", sau economică. Teza noastră este aceea că în spatele acestei probleme sociale stă un complex de factori psihologici, culturali și spirituali individuali și organizaționali. După cum se știe, serviciile de asistență socială nu-și propun, de regulă, obiective relative la subiectivitatea și calitatea trăirilor spirituale ale clientului, totuși ele ar trebui să determine îmbunătățiri și din acest punct de vedere. Rezolvarea problemei sociale fără preocupare față de acest tip de obiective, mai ales în cazul copiilor este o soluționare parțială. În instituțiile de plasament pentru copii, persoane cu dizabilități sau bătrâni credem că se poate face foarte mult din acest punct de vedere.

Prin aceste consideraţiuni nu intenţionăm să desconsiderăm nici teoria, nici practica uzuală în domeniul asistenţei sociale din prezent ci doar semnalăm tendinţa periculoasă a unor derapaje, neglijarea, îndeosebi în instituţiile rezidenţiale, a laturii umane autentice, a individualităţii ca unicitate, a personalităţii, a laturii spirituale a clientului, încălcarea demnităţii umane, tendinţa de uniformizare şi standardizare metodologică, de orientare cu precădere spre satisfacerea nevoilor primare.

Trebuie să subliniem/precizăm importanţa şi ponderea semnificativă pe le au sentimentele spirituale, în general, în viaţa de zi cu zi a oamenilor (chiar dacă nu le numim aşa, sau nu le recunoaştem importanţa) pentru a justifica necesitatea prioritizării acestora şi în ierarhia/inventarul nevoilor „sistemului client", şi transformarea lor în resurse şi obiective asistenţiale. Pentru copiii din instituţii, de exemplu, personalitatea nu este doar o formaţiune ontologic-psihologică care trebuie alimentată ci este chiar obiectiv de creştere şi educaţie. Formarea sănătoasă şi funcţională a acestei este corelată cu obiectivele care se stabilesc relativ la ierarhia nevoilor. Dacă pe prim plan se va aşeza interesul de satisfacere a nevoilor de bază, neglijându-se nevoile spirituale, ontologic-personale atunci nu trebuie să ne mai mirăm că majoritatea acestor copii nu se dezvoltă armonios, nu se integrează social şi sunt mereu trişti, alienaţi, nefericiţi.

2. Reabilitare umană, fericire şi adaptare socială prin dezvoltare spirituală/ culturală

2.1. Resursele spirituale ale personalităţii (clientului şi profesionistului)

Concentrarea excesivă pe latura organică, materială şi socială bazală în activitatea de asistenţă socială din momentul de faţă se bazează pe uşurinţa de identificare a nevoilor şi resurselor materiale şi pe, aparent, accesul facil la ele. Aceste resurse sunt de domeniul evidenţei şi presupun strategii logice, simpliste. Identificarea resurselor spirituale presupune apelul la valori, la cultură, la cunoaştere, artă, spirit.

Mai mult decât atât, aceste valori trebuie să caracterizeze şi strategul sau lucrătorul, la care se vor defini şi ca atitudini sau calităţi intelectuale/ profesionale. Resursa nu este numai a clientului, ci este şi o reprezentare anticipativ-proiectivă şi operaţională din care face parte, aşadar, în primul rând personalitatea profesionistului. Scopul nu este de a transforma clientul într-o fiinţă spirituală, ci de a valorifica din sistemul client resursele de umanism şi spiritualitate cu scop de recuperare, fericire, autonomizare şi reintegrare socială, folosind atât inteligenţa emoţională, ludică, mistică, estetică, noetică proprie cât şi a clientului.

Fundamentul epistemologic al definirii clientului în perspectivă umanist-spirituală îl constituie, de fapt, reprezentarea acestuia ca personalitate, suflet, fiinţă spirituală (Rudolf Steiner, 1996, 2006) şi trecerea în plan secund (tehnic) reprezentarea ca organism, psihic sau viaţa socială elementară, aşezarea în prim-planul strategiilor de asistenţă şi intervenţie a obiectivului satisfacerii nevoilor aferente acestora, odată cu obiectivul valorificării/stimulii şi dezvoltării lor. Ceea ce presupune o deplasare de pe obiectivele minimale, de supravieţuire spre obiective „umanist-spirituale", de pe obiectivele de satisfacere a nevoilor de la baza ale piramidei motivaţionale pe satisfacerea nevoilor de pe niveluri superioare sau oricum mai complexe, emergente.

După A.H Maslow (2008), aşa cu am văzut, la baza piramidei nevoilor umane, în acord cu definiţia proprie a personalităţii (umanistă), se situează trebuinţele fiziologice, urmează cele de afiliere, sociale, ale eului, de stimă şi, la niveluri superioare, cele de împlinire personală (*personal fulfilment*), morale, de auto-actualizare etc. Organizarea motivaţional-personală, sistemul motivaţional uman, spunem noi, în prelungirea celor subliniate de marele psiholog umanist, este o construcţie nu doar piramidală ci şi spirituală. Sensul cuvântului spiritual, este aferent celui de emergenţă, acela de construcţie care depăşeşte prin complexitate sensul organizării fizice şi cibernetice a sistemelor, căpătând o perspectivă nouă, holistică, profundă, multidimensională.

În consecinţă definirea motivaţiei „umanist-spirtuale" trebuie să plece de la câţiva termeni – *trebuinţă, tensiune, reorganizare bio-psihică* şi *personală, homeostazie,* dar şi *nevoi spirituale, complexitate, multidimensionalitate* şi *emergenţă.* Acestea din urmă sunt, de fapt, reperele esenţiale ale modelului umanist-spirutal. Aşadar, cunoaşterea „motivaţională" a clientului cuprinde în mod necesar perspectiva biologică, psihologică dar şi spirituală (culturală) şi are ca obiect de studiu nu doar organismul sau sistemul psihic, înţelese distinct, ci personalitatea emergentă prin dezvoltările sale spirituale şi subiective, mai simplu spus şi popular, sufletul omenesc. Este o resursă inepuizabilă.

Chiar dacă se spune că resursele materiale, energetice ale omenirii sunt limitate, resursele spirituale sunt inepuizabile şi regenerabile; nu trebuie decât ca omul să le „extragă", atât din cultură, ştiinţă, filosofie, religie etc. cât şi din propria fiinţă, din interior, din suflet, din propria personalitate. Istoria umanităţii, în travalii dramatice imposibil de imaginat şi miliarde de suflete, destine umane sacrificate, prin suferinţă.tăcută, au generat cultura, religia, spiritualitatea umană., „sedimentate" în multe straturi şi ascunse în nesfârşite "rezervoare" spirituale; cele mai multe se află chiar în sufletul, personalitatea intrinsecă a fiecăruia dintre noi.

Pentru a le descoperi nu este necesar să lucrăm cu sonda, excavatorul sau lopăţica ci cu simţirea autentică, sentimentul, empatia, cunoaşterea, credinţa, iubirea, altruismul, sentimentul estetic. Aceste „bogăţii" ar putea constitui rezerve şi asigura supravieţuirea omenirii încă multe sute şi mii de ani. Cu astfel de resurse s-ar putea face minuni şi în asistenţa socială.

Am văzut într-o secţiune anterioară că formarea sufletului spiritual, ca onto-formaţiune autonomă şi entitate distinctă, este punctul final al unui proces de o complexitate infinită, început, după cum am văzut, cu elementara joncţiune suflet endemic – reprezentări, trecând prin faza idealizării şi formatizării secundare, constituirii formaţiunilor proiective, dar impunerea ca onto-formaţiune integrală nu se poate realiza decât printr-o organizare specifică genetică şi structurală a tuturor acestor faze, procese, formaţiuni.

Ca şi celelalte onto-formaţiuni, odată constituită, aceasta capătă atributul fiinţei şi dreptul de a „cere", adică va funcţiona ca un organism cu necesităţi specifice de alimentare. „Alimentele" sunt visele, idealurile, dorinţele, proiectele, arta, religia, morala, cultura, iubitul, statusul social etc.

Instituirea sufletului spiritual aduce o tendinţă accentuată de alienare, atemporalizare şi ipotetic, ceea ce este benefic pentru adaptarea spirituală şi realizarea socială dar situaţiile extreme nu sunt benefice pentru destinul persoanei. O foarte slabă dezvoltare spirituală limitează, plafonează dezvoltarea personală printr-o excesivă contigentare şi restrângere a capacităţii de adaptare, în timp ce un suflet spiritual hiperdezvoltat alienează mult persoana. În toate cazurile una din funcţiile importante ale sufletului spiritual este aceea de a oferi multidimensionalitate, profunzime, predictibilitate, spiritualizare, socializare, "moralizare", "conştiintizare", pasiune, iubire, credinţă, gust/ sentiment estetic. Enumerarea poate continua mult.

Dacă, precum Jules Vernes, ne-am imagina nişte călătorii, nu în jurul pământului şi în adâncul mărilor ci în lumea subiectvă personală atunci o călătorie în sufletul spiritual al unei persoane ar fi la fel de interesantă. Pentru că odată constituit reuneşte, cu ajutorul principiilor emergenţei/ transmergenţei, într-un spaţiu infim, o lume de o complexitate, profunzime şi miraculos mult mai spectaculoasă decât cea descrisă de autorul francez. Lumea fizică, chiar cea ştiinţifico-fantastică imaginată de Vernes este totuşi limitată spaţial şi temporal, geografic, cosmic, cultural, social şi spiritual, pe când lumea onto-spirituală cunoaşte limite puţine.

Acest univers interior este şi el dihotomic, conflictual, dinamic, procesual. Există binele şi răul, frumosul şi urâtul, însă manifestările nu sunt cenzurate de „sistem" în măsura în care se întâmplă „afară". Vrem să spunem că definiţiile strict structuraliste, mecaniciste, experimentabile ale psihicului uman şi persoanei ar exclude existenţa unei lumi autonome cu atributul fiinţei, unei lumi încă puţin exploatate şi cunoscute, care s-a manifestat mai mult prin creaţie, cultură, istorie. Această lume este sufletul spiritual, proiectiv spiritual, lumea spiritual-culturală, a valorilor internalizate, a sentimentelor estetice şi religioase.

Cunoaşterea ştiinţifică experimentală, care reduce lumea la concluziile verificabile ale cercetării, nu ar localiza o asemenea entitate psihică, personală, pentru că ea nu este constitutivă funcţionării organice (mecanice, cibernetice) a creierului şi senzoriale a psihicului ci este produsul unor procese emergente, imergente, transmergente, telegente. Adică, sufletul, pe lângă baza organică, psihică şi acumulările gnostice dezvoltă o natură nouă, pe care ştiinţa o ignoră şi o ia în derâdere: spiritul, nevoia culturală. Această natură face ca vectorul fiinţei şi acţiunii personale să de deplaseze din organism, creier şi psihic în subiectul spiritual ca nucleu şi forţă proactivă în economia personalităţii.

Persoanele mai puţin dezvoltate din punct de vedere personal-cultural sunt ghidate de subiectul endemic, iar cele mai dezvoltate de sufletul spiritual. De fapt între cele două sfere, endemică şi spirituală există o confruntare funcţională continuă cu o deplasare a iniţiativei comportamentale dintr-o parte în alta, în funcţie de raporturile de forţe şi de conjuncturi. Desigur, din aceiaşi ecuaţie face parte şi mintea, organismul, personalitatea, conştiinţa şi mediul. „Soluţia" comportamentală va fi impusă de un complex de raporturi de forţe din care face parte şi sufletul.

Nevoile sufletului se exprimă în interiorul personalității prin ontințe. Concretul ontințelor nu este neapărat material, endemic, sincretic pentru că „alimentele" sufletului sunt trăirea spirituală, artistică, empatică, euforică, apologetică, mistică. Funcționarea ontințelor este legată de prezența dorințelor ca proiecții ale „obiectelor". Dorințele determină deplasarea persoanei la teatru, biserică, spectacol, distracție, serviciu, iubit – locuri în care își găsește „obiectul" și care, prin trăire, alimentează ontințele, determinând trăiri onto-proiective spirituale care astfel alimentează sufletul, întreținându-i ființarea, funcționarea și dezvoltarea.

Totuși, sufletul nu este un „asimilator" pasiv de trăiri ci și un producător important de resurse personal-spirituale. Foarte importante în reabilitarea umană, dezvoltarea personală și integrarea socială a clientului. Această resursă este mai mult decât necesară procesului de formare, dezvoltare psihică și personală, conferă multidimensionalitate și anvergură manifestărilor și structurărilor interne ale personalității și ansamblului personal. Mai mult decât atât menține „viu" și dinamic subiectul, antrenându-l permanent, impunându-i o permanentă ancorare și raportare la ideal, superior, posibil, bine, mistic, fantastic, dramatic.

2.2. Dezvoltarea și sensibilitatea spirituală – resurse magică inepuizabile ale personalității clientului și profesionistului

Teoria umanistă a asistenței sociale reliefează aspectul că tocmai neglijarea sau abordarea inadecvată, atât teoretică cât și practică, a soluțiilor umanist-spirituale, a dezvoltării în plan spiritual, sufletesc, nu doar în asistența socială ci, în general, în societate, cultură, educație, sănătate, se constituie, istoric, economic și social, în surse importante ale generării anomiei sociale, sărăciei și handicapurilor social-morale de toate felurile (Bergin, 2003).

Argumentul principal în susținerea necesității unei abordări de tip umanist-spiritual în ceea ce privește reabilitarea umană și fericirea clientului, dar și în ceea ce privește personalitatea și eficiența activității profesionistului în asistența socială îl constituie și faptul că metodele și perspectivele cu care se operează în momentul de față, în literatură și practică, nu reușesc, din păcate, să răspundă misiunii originare și scopurilor umaniste declarate în asistența socială, iar nevoia unor abordări mai complexe, care să includă și resursele spirituale, ale profesionistului și clientului, devine tot mai evidentă.

2.3. Dezvoltare personală și integrarea socială prin artă, joc, știință, morală, credință/ religie etc.

Promiscuitatea și lipsa de conținut educativ autentic al activităților din instituțiile rezidențiale de asistență socială, cu efecte foarte grave asupra formării personalității copiilor și adaptării lor sociale optime în societate, ar putea fi diminuate prin sporirea interesului pentru dezvoltarea personală prin activități de artistic, ludic, prin religie, deci de dezvoltare spirituală, sufletească. Este o latură aproape total neglijată, din păcate. Chiar dacă se organizează frecvent tot felul de manifestări artistice sau sportive, dacă s-au înființa în multe cazuri chiar lăcașe religioase în centre sau în apropierea lor foarte multe activităţi au un caracter formal ori demonstrativ. Nu există, în multe centre publice strategii unitare, coerente şi realiste de educaţie sau dezvoltare spirituală autentică.

Literatura de specialitate este foarte bogată cu argumente ştiinţifice şi studii de caz care subliniază funcţia miraculoasă a acestor tipuri de activităţi în educaţia copiilor, în formarea personalităţii lor, în formarea deprinderilor de integrare socială, sau de reabilitare a persoanelor cu dizabilităţi. Există o „mecanică" foarte complexă, ingenioasă a metamorfozei gestului/ simţirii estetice, ludice, religioase, epistemice sau religioase în dezvoltare personală şi fericire (Rudolf Steiner, 1996, 2006).

Pentru că, din punctul de vedere al sufletului spiritual lumea în care trăiesc oamenii nu este pământul, localitatea, familia, casa, persoanele, obiectele concrete ci o lume construită în universul interior, proiectiv, , fantastică, posibilă, ipotetică, artistică, mistică, ludică. La valorile şi reperele acestora se va raporta orice: binele şi răul fericirea, realizarea personală, destinul, viaţa şi moartea, totul. Lumea reală este un punct de plecare, o platformă, rădăcină, dar nu şi lumea sufletului şi ontosului său personal. Vorbim de o existenţă şi trăire efectivă în lumea creată de istorie, cultură, artă, religie etc.

În acest context instrumentele şi testele de măsurare psihică, personală şi comportamentală sunt irelevante, iar valorile şi criteriile de apreciere personală sunt irelevante. Conţinutul acestui ontos personal este preponderent compus de elemente ale Celuilalt, trăirea, fiinţarea se realizează prin şi pentru celălalt, proiectiv, desigur. Prin actul artistic, prin joc, prin credinţa religioasă de fapt asimilăm celălalt valoare, celălalt armonie, celălalt spirit, celălalt suflet. În jocul dramatic, de exemplu copilul asimilează personajele şi trăsăturile lor, umanizându-se, dezvoltându-se. Chiar dacă fizic copilul este pe scenă confruntarea are lor în sufletul, personalitatea acestuia. Victoria binelui este un pas în dezvoltarea sa morală şi personală.

Valenţele terapeutice şi developmentale ale jocului s-au actului artistic sunt incontestabile, mult mai importante decât se consideră de obicei, Art-terapia are o contribuţia importantă la îmbunatăţirea stării emoţionale, dezvoltarea intelectuală, a voinţei, motivaţiei. Numărul atelierelor şi varietatea acestora ar trebui mult să crească în instituţiile pentru copii, persoane cu dizabilităţi, bătrâni.

Acestea constituie un loc de exprimare liberă şi creativă a a emoţiilor, ideilor, frustrărilor, anxietăţilor (Judith Aron Rubin, 2009). Utilizarea unor tehnici creative precum desenul, pictura, modelajul, teatrul, dansul, muzica sau marionetele, pentru a ajută pe client să se cunoască mai bine, să se elibereze de anxietăţile şi depresiile cei întreţin regresia spiritual-personală şi social-comportamentală, facilitează comunicare relaţionarea compatetică.

În experienţa dezvoltării personale prin dezvoltare spirituală, culturală, prin artă, joc, religie, ştiinţă este antrenată întreaga personalitate bio-psiho-socială a copilului. Aşadar, mecanismele care susţin aceste procese se află în client şi sunt consubstanţiale organismului, psihicului, mentalului. Manifestările şi schemele neuro-fiziologice ale emoţiei, ca fundamente ale trăirilor, însoţesc şi trăirile onto-proiective, spirituale, cu precizarea că sunt implicate zone, trasee cerebrale şi organice mai fine, emoţii mai profunde, dar şi mai sublime, mai rafinate, emoţiile mistic-religioase, artistice, gnostice. Procesele bio-psihice nu sunt doar organizări/ răspunsuri endemice de autoconservare ci sunt asociate unor fenomene psihice şi personale care depăşesc mult fundamentul bio-psihologic. Ele descriu persoana ca entitate spirituală, culturală, noetică, ludică, socială, morală. Atât prin constituţia sa internă cât şi prin activarea acestora de către un mediu social, istoric care să-l întreţină. Numai condiţia acestei diade susţine şi dezvoltă sufletul, personalitatea spirituală, dezvoltarea personală, adaptarea socială.

2.4. Dimensiuni umanist-spirituale ale proiectului de intervenţie şi activităţii curente a profesionistului

Ceea ce particularizează proiectul de intervenţie „umanist-spiritual", prin raportare la proiectul „social" este aspectul că, dincolo de faptul că au acelaşi scop, obiectiv final - integrarea, autonomizarea persoanei, proiectul umanist-spiritual nu se concentrează pe mijloace şi nu vizează cu precădere metode şi resurse „sociale", instituţionale, ori economice ci urmăreşte dezvoltarea personală şi reabilitarea prin dezvoltare spirituală, prin virtute, şi, în consecinţă, autonomizarea clientului, pornind de la aserţiunea că dezvoltarea spirituală este o premisă/ resursă a dezvoltării psihologice şi sociale, a dezvoltării personale generale (E.R. Canda, L.D. Furman, 2009).

De asemenea, există o deosebire între proiectul umanist de tip pozitiv-existenţialist şi proiectul umanist-spiritual. Proiectul umanist pozitiv-existenţialist utilizează resursele psihologic-personale, motivaţia pentru auto-realizare, voinţa, fericirea, eficienţa personală, în timp de proiectul umanist-spiritual atrage şi resursele personalităţii spirituale, ale sufletului (estetic, ludic, epistemic, etic, religios etc). Aşa cum am precizat mai sus este o resursă inepuizabilă, foarte eficace şi, din păcate puţin valorificată. Schimbarea „socială", categorie crucială a practicii şi metodologiei asistenţei sociale, este, astfel, un efect al schimbării spirituale, morale şi culturale.

În general, proiectul de intervenţiei individualizat are drept scop obţinerea de modificări de durată în situaţia clientului (Ş. Cojocaru, 2006). Proiectul de intervenţie umanist-spiritual are ca prim obiectiv, în ordine, modificarea de durată a arhitecturii psihologic-personale ontologice, profunde, a clientului. Priveşte în principal dezvoltarea onto-formaţiunilor spirituale, a sufletului spiritual în raport de sufletul endemic. Lucrul este mai simplu în practica, activitatea profesioniştilor din instituţiile rezidenţiale, prin creşterea ponderii activităţilor de tip artistic, ludic, religioase sau de cunoaştere.

Fără îndoială rezultatele se vor vedea, iar dacă există perseverenţă şi profesionalism ele se vor concretiza până la urmă în dezvoltarea personală, reabilitarea şi autonomizarea socială a clienţilor. Acolo, însă, unde se vor folosi metode pur sociale, administrative ori tehnic-terapeutice, aplicate mecanic, cu rigurozitate cazonă, rezultatele pot fi dezamăgitoare. Motivul? Adevăratele procese de schimbare, se află în sufletul, în eul, în personalitatea ontică, profundă a clienţilor. În rest sunt simple exerciţii şi gesturi profesionale.

Toate proiectele şi mega-proiectele, programele naţionale şi locale, strategiile şi politicile naţionale sunt mai degrabă forme de amplificare sau conservare a problemelor sociale dacă ele nu se operează şi acolo undeva, într-un loc pe care acestea de obicei îl neglijează, adică în sufletul, personalitatea clientului. La nivel de client-persoană schimbările durabile acolo trebuie să se regăsească.

Agentul, factorul local cu care operează aceste strategii şi se aplică proiectul de intervenţie este profesionistul din asistenţa socială, fie că ne referim la asistentul social, la psiholog, sociolog sau supraveghetor într-un centru de plasament. De fapt modelul umanist sau umanist-spiritual de intervenţie nu este doar o construcţie epistemologic-metodologică reflexivă, exterioară profesionistului ci îl include, este expresia unui gestalt, unei dispoziţii personale şi a unei construcţii de personalitate proprie profesionistului. Modelul de reprezentare şi abordare a clientului nu reflectă doar calităţile/ resursele clientului ci şi pe cele ale asistentului social, medicului, psihologului, sociologului, educatorului, îngrijitorului.

Personalitatea spirituală reprezintă, aşa cum am precizat, resursă asistenţială şi obiectiv în ceea ce priveşte clientul, dar mai credem totodată că aceasta trebuie să fie bine dezvoltată în primul rând la profesioniştii din domeniu. Calităţi precum empatia, prezenţa de spirit, nivel ridicat al culturii generale, gustul estetic, credinţa şi respectul pentru valorile religioase, spiritul ludic, comunicativitatea nu ar trebui să lipsească nici asistentului social, dar nici îngrijitorului, pentru că acesta reprezintă persoana concretă cu care empatizează clientul.

Promovarea valorilor şi modelului umanist prin literatura de specialitate sau în pregătirea specialiştilor/ profesioniştilor în domeniu, prin sporirea numărului cursurilor „umaniste", de psihologie cotidiană, de cultură şi spiritualitate constituie o altă cale de formare şi promovare a modelului umanist-spirtual al clientului. Reprezintă, în opinia noastră, o eroare pedagogică gravă concentrarea excesivă, pe cursuri cu caracter strict ştiinţific şi informativ, când foarte puţini absolvenţi vor urma calea academică sau de cercetare. Aceste cunoştinţe, ştiinţifice vor dispare foarte repede din bagajul intelectual al absolventului dacă nu conţin o semnificativă valenţă ontologică, axiologică, umanistă şi spirituală aplicativă.

Prin calitatea/ capacitatea empatică, „umană", creativitate, gust estetic, credinţă autentică, interes pentru adevăr, personalitate echilibrată angajaţii unei instituţii rezidenţiale, de exemplu, vor transmite şi vor stimula dezvoltarea trăsăturilor spirituale şi la clienţi, transmiţând de fapt energie pozitivă, fericire, calităţi estetice, ludice, intelectuale, spirituale, contribuind astfel, în mai mare la măsură, la dezvoltarea lor personală, creşterea stimei de sine, a conştiinţei sociale, a capacităţii de iniţiativă şi a autonomiei sociale conducând astfel spre îndeplinirea adevăratei misiuni a asistenţei sociale.

Pe de o parte, de a oferi fericire şi satisfacţie clienţilor, dar, pe de altă parte, şi de a contribui la dezvoltarea personală, sporirea perspectivei de reintegrare socială, ştiindu-se că autonomia personală şi socială este condiţională şi de gradul de dezvoltare personală umană şi spirituală sau fericire. Obiectivul, concentrat pe persoană, ar consta în stimularea dezvoltării sau formării unei structuri de personalitate în care, formaţiunea fericirii şi formațiunea spirituală au consistență pondere superioară în structura și economia personalității - clientul va avea o percepție realistă dar optimistă de sine, o stimă de sine relativ ridicată, încredere, aspirații, un ego consistent; de asemenea, *acesta se va descrie ca o persoană activă, adaptativă, cu relații interpersonale funcționale, cu prezență de spirt, dornică de a se reintegra social și a-și recâștiga demnitatea.*

O țintă crucială a practicii asistenței sociale umanist-spirituale o reprezintă instituirea unui climat organizațional cu un grad ridicat de compatie, cu o cultură organizațională solidă tolerantă și în care virtuțile, valorile morale, estetice, religioase sau epistemologice sunt determinante. Instituirea, în centrele rezidențiale, a climatului/ ambientului empatic-uman sau empatic-spiritual, în contextul unui *management umanist-teleologic* (formarea personalității adaptative) reprezintă credem alte soluții prin care în, mod efectiv, clientul se poate dezvolta și trăi cu adevărat ca om, în definiția autentică ca ființă bio-psiho-socio-culturală și nu doar ca organism.

În scopul unei orientări decisive, sistemice, spre abordarea și metoda umanistă, desigur, nu doar experimentele izolate sunt soluția ci și existența unei *politici naționale*, în care strategiile să vizeze cu precădere ținte formative nu doar asistențiale, în care *accentul să se deplaseze de pe asistență (supraviețuire) pe reabilitare umană și integrare socială*, în care să se pună în mod clar problema abordării clientului ca ființă cu atributul spiritualității și umanității nu doar al organicității și socialității. Creșterea accentuată a numărului serviciilor de prevenire, a celor de reabilitare psihologic-umană și reintegrare, a serviciilor de consiliere, a echipelor mobile complexe comunitare, în raport de cele de subzistență și „asistență" ar spori de asemenea șansele de menținere în comunitate sau reintegrare, evitându-se situația de dependență cronică a clientului de serviciile de asistență și protecție socială, de a primi eticheta de "asistat", întreținut, sau altfel, cu toate efectele degradante umane și sociale pe care le implică.

CONCLUZII

În partea introductivă a lucrării am arătat că, aşa cum bine se cunoaşte, asistenţa socială, ca sistem şi practică, se realizează pe de o parte la nivel de comunitate, prin serviciile publice şi private specifice, având ca primă ţintă familia, familia foarte săracă, familia disfuncţională, în risc, destrămată etc., persoanele (de toate vârstele) victime ale sărăciei, disfuncţiilor familiale, şi alte categorii (şomeri, narcomani, delincvenţi etc.), în majoritate, direct sau indirect, tot victime ale sărăciei sau anomiilor social-familiale sau comunitare, iar pe de altă parte, se realizează la nivelul unor instituţii speciale, de stat sau private (rezidenţiale, de zi, de recuperare etc.), ocupându-se de persoanele separate, din motive variate, de familia/ comunitatea naturală/ de origine, în principal fiind vorba de copii abandonaţi, separaţi de familia naturală, dar şi de persoane cu dizabilităţi, diferite handicapuri, afecţiuni etc.

Mai departe, am opinat că, dacă în ceea ce priveşte modalitatea de soluţionare a acestor probleme sociale şi umane, disfuncţii, tulburări etc., de normalizare, reabilitare şi reintegrare a persoanelor afectate, devenite clienţi/ beneficiari ai serviciilor şi instituţiilor de asistenţă şi protecţie socială, abordarea şi practica dominantă, susţinută de cadrul legislativ şi instituţional, este aceea de a interveni şi a asigura, pe de o parte, în asistenţa socială comunitară *subzistenţa*, garantarea unor condiţii de trai şi resurse material-financiare minimale necesare supravieţuirii, prin diferite ajutoare, compensaţii, facilităţi, beneficii, servicii, practici etc., care mai degrabă sporesc numărul beneficiarilor şi problemelor decât să-l reducă, iar pe de altă parte, la nivel de instituţii speciale abordarea şi practica dominantă, susţinută de cadrul juridic şi instituţional, fiind aceea a *îngrijirii*, cu accent pe aspecte biologic-sanitare, cu interes minor pentru aspecte precum bunăstarea psihologică, fericirea sau abilitarea pentru autonomie personală/ socială, cu efectele negative binecunoscute (stare de lucruri care nu poate fi catalogată altfel decât ca fiind catastrofală), asistenţa socială *umanistă*, propune, în schimb, ca remedii, soluţii alternative, sau poate complementare, în cazul asistenţei sociale comunitare, o trecere de la obiectivul minimalist-materialist al *subzistenţei* persoanelor, reprezentate inuman ca simple fiinţe biologice cu atributul supravieţuirii, spre obiectivul şi soluţia *reabilitării/ abilitării umane a persoanei/ clientului, reabilitării/ abilitării/ dezvoltării socio-umane a comunităţii* (a familiei în dificultate cu predilecţie), iar în cazul asistenţei sociale din instituţii speciale asistenţa socială umanistă susţine necesitatea deplasării accentului de pe obiectivul şi practica simplei *ocrotiri şi îngrijiri* pe obiective şi practici umanist-pozitive precum *dezvoltare umană şi spirituală, dezvoltare personală şi educaţie/ formare pentru viaţa socială autonomă, precum şi fericirea beneficiarilor prin bunăstare psihologic-sufletească.*

În această secțiune, concluzivă, proiectivă și aplicativă a lucrării, vom încerca, folosindu-ne de ideile centrale abordate în corpusul lucrării să "operaționalizăm" aceste obiective-valori ale practicii asistenței sociale umaniste, respectiv *reabilitarea umană* și *fericirea*, să vedem cum se poate realiza, nu doar în plan axiologic și teoretic-metodologic, ci și în plan proiectiv-aplicativ, *schimbarea*.

Trecerea de la obiectivul-valoare *subzistență* la obiectivul-valoare **reabilitare umană** presupune acțiuni de intervenție și schimbare atât în plan individual cât și la nivel de relații inter-personale, ori la nivel de grup/ micro-comunitate. Sfera socială de intervenție esențială este familia; activitatea profesioniștilor și serviciilor focalizându-se pe valorificarea resurselor atât din sfera propriu-zis familială dar și din vecinătăți, rude, instituții etc., așezând în plan secund, fără să le desconsidere, resursele de la nivel macrosocial sau preocupările de supraviețuire biologică și îngrijire strict corporală.

Din această poziție asistența socială umanistă recunoaște și promovează importanța resurselor și valorilor definitorii ale asistenței sociale „instituționale" (formale), de subzistență, și asistenței sociale tradiționale, îngrijirea, însă prioritizează importanța personalității (a actorilor implicați în sfera sistemului client, a situației de dificultate, în relația asistențială/ terapeutică) și a relațiilor *umane*, atât ca resurse cât și ca valori sau obiective ale practicii, astfel tinzând să completeze arealul complex al existenței psiho-sociale și socio-umane, structurat pe trei niveluri: persoană, mediu, societate. Acesta este și motivul pentru care asistența socială umanistă pune un accent foarte mare pe personalitatea clientului, pe calitățile *umane*, psihologic-sufletești ale profesionistului, și pe relațiile *umane* care se instituie în micro-comunitate și în procesul curativ, ameliorativ.

În ceea ce privește obiectivul-valoare reabilitarea *umană la nivel personal*, a clientului, în practica asistenței sociale umaniste, se realizează cu precădere prin abilitare/ dezvoltare *umană* și personală. În asistența socială umanistă dezvoltarea personală, prin dezvoltare *umană*, și autonomizarea, prin empowerment psihologic-sufletesc, spiritual sunt obiective fundamentale ale practicii. Conștiința *umană* ridicată, dezvoltarea spirituală, dezvoltarea socio-*umană*, dezvoltarea socio-afectivă, inteligența emoțională, realismul și echilibrul, speranța, proiectivitatea, gândirea pozitivă și optimismul rezistența la eșec și frustrare, dezvoltarea morală și sensibilitatea estetică, dezvoltarea profesională, autonomia personală și socială, dezvoltarea interpersonală, echilibrul existențial, autocunoașterea, adaptabilitatea, personalitatea matură sunt factori de reziliență și calități/ resurse de dezvoltare personală și umană care se constituie în predictori ai eficienței și adaptabilității socio-umane a clientului și de eficiență profesională a practicianului. În acest sens, Rogers, Frankl, Maslow, Allport, Buhler și ceilalți reprezentanți ai psihologiei/ psihoterapiei umaniste consideră nevoia/ tendințele de auto-actualizare, de auto-realizare, de auto-împlinire prin sine, cu ghidare terapeutică discretă, resortul fundamental al dezvoltării personale și umane individuale, al adaptării, integrării și autonomizării sociale a clientului în terapie, educație sau asistență socială. Dezvoltarea personală și umană reprezintă, astfel, obiective, valori și resurse esențiale în toate domeniile practicii sociale, de reabilitare și adaptare socială a persoanei/ clientului, inclusiv în practica asistenței sociale umaniste.

Valorile acestor teorii sunt parte a teoriei și metodologie universale a asistenței sociale. Din păcate, în multe cazuri, în practica asistenței sociale de subzistență sau îngrijire acestea tind, să fie așezate în plan secund, acțiunile și intervențiile se limitează adesea la elementarul sprijin, la îngrijirea fizică sau ajutorul material.

Teoria asistenței sociale umaniste promovează, în schimb, cu prioritate, ca *valoare-obiectiv*, dezvoltarea personală și *umană*, fiind considerate *resurse inepuizabile* aflate la dispoziția profesionistului în lucrul cu clientul, resurse existente atât la nivelul personalității clientului, cât și la nivelul propriei personalități.

Ideea care pare să domine este aceea că reabilitarea umană și personală trainică a persoanei aflate în dificultate, integrarea socio-umană și profesională, autonomizarea sunt puternic condiționate și de *nivelul dezvoltării culturale și socioumane a comunității* în care conviețuiește persoana (clientul), sau de calitatea relațiilor interpersonale și de grup. Nivelul cultural al comunității și calitatea relațiilor inter-personale/ inter-umane și de grup sunt factori importanți de dezvoltare organizațională și comunitară, pe care teoria asistenței sociale umaniste îi promovează ca obiective-mijloc, îndeosebi datorită funcției socializatoare și umanizatoare a acestora. Multe situații sociale problematice se, astfel, explică tocmai prin mari vicii în ceea ce privește calitatea culturii organizaționale, relațiilor interumane și comunicării din micro-comunități - familie, grup de muncă, vecinătăți, instituții speciale.

Așadar, dacă, în practica curentă de asistență socială, alături de obiectivul dezvoltare/ reabilitare personală și umană a membrilor acestor organizații se va promova și obiectivul-valoare *dezvoltare umană comunitară* cu siguranță numărul și gravitatea problemelor sociale va scădea. Dezvoltarea organizațională, creșterea calității relațiilor inter-umane reprezintă. în opinia noastră, o resursă încă puțin utilizată, de aceea o considerăm o categorie crucială a teoriei asistenței sociale umaniste. De altfel, așa cum s-a precizat în secțiunile anterioare, valorile constituționale și misiunea de bază a asistenței sociale umaniste așează problema autonomizării clientului prin dezvoltare *umană* și spirituală, alături de diminuarea suferințelor și fericire, în centrul atenției profesioniștilor și serviciilor, însă empowermentul și autonomizarea (persoanei și comunității) cu adevărat consistentă presupune determinarea unor îmbunătățiri substanțiale a calității relațiilor sociale, inter-umane, a culturii organizaționale, ceea ce conduce la concluzia că sursa empowermentului și autonomizării pentru clientul serviciilor de asistență socială nu se limitează la personalitatea acestuia, sau la cea a profesionistului, precum în psihoterapie, ci antrenează, într-o ecuație foarte complexă, atât personalitatea clientului, a profesionistului, cât și întregul sistem de relații și procese din comunitate inclusiv comunitatea *compatetică*.

Cu cât o comunitate este mai dezvoltată din punct de vedere uman, cultural, moral, economic, cu atât mai mult membrii ei sunt mai feriți de vulnerabilități și riscul de a intra în dificultate. Asistența socială umanistă promovează conceptul unei dezvoltări comunitare și organizaționale în care rolul factorilor umani și culturali este determinant, în fața celor tehnologici, economici sau politici, operând cu sintagme de genul *comunitate/ societate umanistă, societate bună, societate frumoasă, armonioasă, umană* etc.

Asistența socială umanistă, fiind animată axiologic-filosofic de marile idealuri și valori ancestrale și teleologice de organizare și existență umană, socială, consideră, în mod firesc, organizarea și funcționarea optimă a societății și comunității ca sursă esențială a fericirii și împlinirii persoanei. Sociologiei umaniste îi revine, în acest sens, sarcina să rostească, prin parafrazare, deloc retoric, fraza, inspirată din André Malraux: "Societatea mileniului III va fi *umanistă* sau nu va fi deloc". Tot sociologiei umaniste îi va reveni o mare parte din sarcina de a identifica și promova soluții științifice, filosofice și practice pentru a pre-întâmpina alunecarea societății și a vieții oamenilor în tehnicism, consumerism și cibernetizare excesivă, sau alunecarea în anomie, haos, polarizare și injustiție socială, dezintegrare societală etc., determinate de *degradarea umană* a societății, comunităților, persoanei.

În acest sens, alături de sociologia umanistă, asistența socială umanistă promovează ideea-valoare și conceptul de *comunitate/ societate umanistă*, ca alternativă și concept-forță "tampon" la concepte precum societate virtuală, societate tehnologică, *homo economicus*, inginerie socială, *cyber-societate* etc., la evoluțiile dezumanizante determinate degradarea valorilor tradiționale ale comunității și familiei, de globalizarea uniformizatoare etc.

În societatea umanistă, fundamentată pe principiul și conceptul de *umanism* (noul umanism, postmodern/ post-postmodern), comunitatea *umană*, familia este leagănul formării și învățării comportamentelor și sentimentelor specific *umane*, aici este locul nemijlocit în care se reglează dar si satisfac nevoile fundamentale, în special cele specific umane, organizându-se și structurându-se ontologic astfel încât determină formarea unor structurări, sisteme, *organizări specifice* care să asigure condiții permanente de satisfacere a nevoilor fundamentale în calitate de ființă umană, spirituală, morală, culturală a persoanei.

Atunci când comunitatea este organizată și funcționează după principii și valori umaniste devine puternică, contribuie la instituirea unor sisteme de reguli și instituții orientate către om ca individ, individualitate și personalitate, ca ființe cu eu și suflet. În societatea umanistă instituțiile sunt deschise spre cetățean, relațiile sociale sunt bazate pe *respect, altruism, întrajutorare*. Societățile umaniste asigură coeziunea socială, morală și culturală, au durabilitate, sunt ghidate de sisteme valorice și instituții solide, asigură protecție cetățenilor și predictibilitate în evoluția socială, culturală și economică, au structuri și instituții solide, probleme sociale puține. În schimb societățile slab umaniste au structuri și instituții doar aparent sigure însă șubrede și fluctuante, cunosc frecvent tulburări sociale, revoluții, războaie, crize demografice, economice, culturale. Sunt medii în care problemele sociale precum injustiția socială, sărăcia, polarizarea, abandonul familial, marginalizarea, devianța, depresia, ineficiența economică durabilă sunt fenomene curente.

În perspectiva unei teorii asumat *umaniste* a asistenței sociale idealul social, societal, este și cel de societate umanist-solidară. O astfel de societate promovează un model uman bazat pe demnitate și interes pentru binele celuilalt. Binele celuilalt fiind condiție a binelui personal. Persoana în societatea umanist-solidară este sinceră, altruistă, agreabilă, harnică, modestă, respectuoasă, dezvoltată spiritual, moral, cu interes pentru cunoaștere și adevăr, pentru frumos și bine social, se auto-perfecționează, este interesată de dezvoltarea sa personală, aptitudinală şi morală, caută rezolvarea paşnică a problemelor.

Conceptul de societate (comunitate) umanistă încorporează, aşadar, două perspective, dimensiuni, cea filosofică a solidarităţii şi compatiei, şi cea psiho-sociologică a autodeterminării şi empowermentului, fiind în corespondenţă cu cele două mari accepţiuni consacrate ale conceptului de umanism. Aşadar, asistenţa socială umanistă promovează proiectul unei societăţi umaniste fundamentate nu doar pe solidaritate socială, compatie, întrajutorare şi altruism ci şi proiectul unei societăţi cu oameni responsabili, liberi, cu capacitate de autodeterminare, cu grupuri şi comunităţi puternice şi auto-determinante. Societatea umanistă îmbină astfel cele două mari curente filosofico-politice şi ideologice cardinale, percepute uneori şi ca opuse, respectiv solidaritatea socială şi auto-determinarea. Ambele, sunt condiţii şi piloni indispensabili, fără de care nu poate fi reprezentat un model durabil de societate a viitorului.

O societate care şi-ar propune să promoveze un model de om reprezentat preponderent prin caracteristici ale civilizaţiei tehnologice sau ca simplu individ în comunităţi amorfe din punct de vedere cultural, spiritual, uman sau moral, ca simple piese în mecanisme economice şi societale dezumanizante ar putea fi sortite pieirii din simplul motiv că ar intra in incongruenţă cu istoria, cu umanitatea, cu ideea ancestrală consacrată de *om*, ar fi o întoarcere în spirală la elementara viaţă primitivă, a *omului-animal* primordial, care trăieşte prin nevoi bazale, libidinale - de această dată doar că locuieşte între pereţi de beton şi sticlă şi nu în peşteri. Milioane de ani de antropogeneză, zeci de mii de ani de istorie şi cultură, miliarde de fiinţe umane sacrificate prin suferinţă şi creaţie pentru ca OMUL să ajungă cât mai sus pe scara evoluţiei UMANE, credinţe, religii, naţiuni, opere de artă, civilizaţii ar fi fost zadar dacă nu se regăsesc, mai mult sau mai puţin în societatea viitorului. Aici intervine, aşadar, în mod crucial rolul sociologiei, alături de filosofie, dar fiind faptul că ştiinţa socialului şi societăţii are menirea în a lucra nu doar la misiunea ei ştiinţifică bazală de relevare a adevărurilor obiective, a reliefa legile universale ale socialului, ci şi de a cerceta în mod prospectiv evoluţia şi tendinţele dezvoltării societăţii. În această perspectivă nu se poate limita la simple constatări faptice, obiective sau cercetări ştiinţific-experimentale "de laborator", ci trebuie să cerceteze, desigur în limitele graniţelor sale ştiinţifice, şi *umanul*, sau *socioumanul* din comunitate şi societate, cu atenţie sporită acordată micro-comunităţii şi familiei, situaţiilor de risc şi dificultate, problemelor socio-umane etc..

Revenind la activitatea serviciilor de asistenţă socială, la activitatea concretă a profesionistului în practica asistenţei sociale umaniste la nivel micro-comunitar (familie, instituţie rezidenţială etc.), rolul acestora este în principal acela ca, operând în sfera relaţiilor *sociale/ instituţionale*, în *comunităţi sociale*, să le transforme în **relaţii *umane***, şi **comunităţi *umane/ umaniste***. Personalitatea şi conduita *umană* a profesionistului, calităţile psihologic-sufleteşti reprezintă, în acest scop, mijlocul, resursa profesională esenţială care poate facilita schimbarea, prin care poate *umaniza* relaţiile sociale tulburate, micro-comunitatea disfuncţională, dezumanizată, persoanele degradate moral, psihologic, dezumanizate, aflate în dificultate, suferinţă, conflict, nedezvoltare, ajungând astfel să-şi îndeplinească menirea specifică: să determine schimbări nu la nivel societal, unde este menirea politicianului, nici la nivel corporal, fizic-individual, unde este menirea cadrului medical şi de îngrijire, ci la nivel **uman**, **socio-uman**, la nivelul relaţiilor umane, al micro-comunităţii, unde este menirea sa.

În această misiune profesionistul umanist se "înserează" şi implică cu toată personalitatea şi experienţa sa în complexul ansamblu de relaţii, raporturi, conexiuni, conflicte, ataşamente, inter-empatii, compatii, sentimente, pasiuni, iubiri, proiecte ale comunităţii cu probleme, identifică disfuncţiile, problemele, ne-dezvoltările, anomiile, anomaliile, îşi construieşte tabloul diagnostic, printr-o etiologie şi fenomenologie de tip existenţial-umanist, centrat, aşadar, pe reliefarea disfuncţiilor de la nivelul relaţiilor *umane* in familie/ vecinătăţi/ micro-comunitate, intervenţia urmărind, cum s-a subliniat mai sus, să le transforme, cu ajutorul cunoştinţelor, experienţei, personalităţilor antrenate, în relaţii *umane*, obţinând astfel *schimbarea*, şi instituirea **comunităţii** *umane*.

Schimbarea în bine de la nivelul relaţiilor sociale, transformate în relaţii *umane* va genera aşadar îmbunătăţiri, schimbări calitative impresionante la nivelul micro-comunităţii ca întreg, precum şi la nivelul fiecărei persoane, procesul transformativ evoluând în cascadă, antrenând sub-procese umanizatoare la toate nivelurile, eliminând multe disfuncţii, tulburări, probleme, suferinţe; mediul nou creat definindu-se prin calificative precum bunăstare spirituală şi umană, eficienţă, coeziune socio-umană, armonie, solidaritate, întrajutorare, compatie, responsabilitate, cooperare, umanism. Acest mediu se va impune, până la urmă, ca soluţie curativă pentru multe probleme şi situaţii de dificultate, şi doar în măsura în care profesioniştii şi serviciile de asistenţă socială reuşesc să-l determine, să-l genereze, cu personalitatea, activitatea, măsurile, conduita lor pot susţine că operează temeinic şi eficient, şi îşi îndeplinesc misiunea specifică, cel puţin în perspectiva teoriei şi axiologiei asistenţei sociale umaniste.

Celălalt important obiectiv-valoare, definitoriu, al practicii asistenţei sociale umaniste respectiv *bunăstarea psihologic-sufletească şi fericirea beneficiarilor*, obiect esenţial în instituţiile rezidenţiale pentru copii, dar şi în instituţiile care găzduiesc vârstnici, persoane cu dizabilităţi etc., marea majoritate victime şi ale unor evenimente profund traumatizante, ale unor rupturi şi traume socio-emoţionale grave, este strâns legat, ca realizare, de *trăsăturile de personalitate şi conduitele sociale/ prosociale ale profesioniştilor* din aceste instituţii, cu deosebire ale celor care interacţionează direct şi prelungit cu beneficiarii, de climatul empatic-uman pe care-l generează în colectivităţile asistenţiale, terapeutic-recuperative.

În perspectiva valorilor şi obiectivelor practicii asistenţei sociale umaniste nu este de conceput ca profesioniştii, mai ales cei care se află în prezenţa beneficiarilor perioade îndelungate, să fie nefericiţi, săraci sufleteşte, trişti, nemulţumiţi, deprimaţi etc., să fie caracterizaţi prin trăsături de personalitate şi conduită a-sociale, in-umane, prin lipsă de virtute şi jovialitate, prin lipsă de carismă, sociabilitate şi comunicativitate, prin obtuzitate etc. Astfel de lucrători, cu simpla lor prezenţă, prin elementarele mecanisme şi procese de influenţă şi contagiune socioumană, interpersonală, ar spori angoasa rupturii şi pierderii pentru beneficiari, i-ar face mai nefericiţi, mai anxioşi, mai nervoşi şi mai puţin cooperanţi, afectându-le astfel nu doar starea sufletească ci şi dezvoltarea psihologic-personală generală, conduita şi integrarea socială.

Este motivul pentru care în demersurile de angajare, cele de evaluare periodică sau instruire, trebuie avute în vedere nu doar cunoştinţele de specialitate ori legislaţia ci şi trăsurile psihologic-sufleteşti ale personalităţii şi conduitei profesionistului, indicate cu precădere în activitatea cu copiii aflaţi în dificultate, cu probleme socio-emoţionale grave. În asistenţa socială umanistă bunăstarea sufletească şi fericirea profesionistului reprezintă, aşadar, calităţi şi resurse cruciale, indispensabile în misiunea acestuia de a determina bunăstarea psihologic-sufletească şi fericirea copilului, dar şi dezvoltarea psihologic-personală generală, în educaţia şi pregătirea acestuia pentru viaţa socială autonomă de adult.

Cum, în realizarea obiectivelor legate de bunăstarea sufletească şi fericirea copilului, este eficientă operarea cu termenii unei fericiri *autentice*, empatice şi aferente unei personalităţi echilibrate, puternice, *umane*, şi mai puţin a unei fericiri bazate pe bunuri şi plăceri conjuncturale, ori euforic-ciclotimice, este recomandat ca şi bunăstarea sufletească şi fericirea profesionistului să fie, şi acestea, evaluate prin indici de consistenţă, spiritualitate şi moralitate, ca trăsături de maturitate personală şi nu ca stări sau conduite superficiale, euforice gratuite, conjuncturale, prin trăsături de structură/ funcţionare unitară a personalităţii, cu stările de echilibru şi eficienţă pe care le generează. Asta pentru că, aşa cum s-a mai subliniat, cei doi actori, copilul şi profesionistul, formează o unitate ontologic-eudaimonică, dar şi spirituală şi morală, juisanţa eudemonic-spirituală comună fiind factor important generator de eficienţă social-comportamentală, de aceea este bine să fie cultivată.

Persoanele aflate în dificultate, beneficiarii serviciilor de asistenţă socială, sunt adesea suflete în suferinţă, în impas existenţial. Dacă profesionistul îi întâmpină şi cu propria nefericire atunci acestea vor suferi mai mult, li se va adânci angoasa, vor deveni în mod iremediabil nefericiţi, şi, foarte probabil, vor deveni, prin variate forme de sprijin ori beneficii, clienţi pe viaţă, cronici, ai serviciilor de asistenţă şi protecţie socială. Astfel, rolul de factor, stimul pozitiv al profesionistului - asistent social, psiholog, îngrijitor, manager etc., este şi acela ca prin proiectul de intervenţie, conduită şi cu precădere cu propria bunăstare şi fericire, prin capacitatea empatetică, să contribuie la bunăstarea sufletească şi fericirea beneficiarului nu doar pe termen scurt, conjunctural, prin atenţii, bunuri, plăceri de moment, ci de a contribui la construirea unei personalităţi şi conduite ale acestuia care în sine, constituţionalmente, să devină surse de bunăstare, fericire, dezvoltare şi adaptare socială.

Dacă, de regulă, în activitatea profesioniştilor din instituţii sau alte locaţii în care sunt plasate temporar persoane lipsite de suportul şi ocrotirea familiei/ comunităţii naturale, ataşamentul şi legăturile emoţionale profunde şi necondiţionate nu sunt recomandate, în principal din cauza fluctuaţiei personalului sau posibilelor schimbări de măsură în plasament, care, ca rupturi, pot traumatiza grav emoţional beneficiarii, cu precădere copiii, în schimb empatia şi conduita empatetică, nu doar că este acceptabilă şi recomandată, ci este chiar o condiţie obligatorie a succesului activităţii, având o contribuţie foarte importantă în îndeplinirea multor obiective eudaimonice, educative şi integrativ-socioumane.

Compatia, ca sentiment comun, ca uniune/ interacţiune empatetică între sufletele/ personalităţile onto-afective şi proiectiv-spirituale ale beneficiarilor şi profesioniştilor are un rol foarte mare în ceea ce priveşte congruenţa, coerenţa, unitatea şi funcţionalitatea grupului social în care convieţuiesc copiii şi profesioniştii. Inter-empatia beneficiar-profesionist reprezintă liant şi factor de unitate, gradul ridicat al acesteia îmbunătăţeşte climatul socio-uman, empatic-uman, care devine o ţesătură de inter-empatii, o organizaţie compatetică în care şi copiii şi profesioniştii devin fericiţi şi împliniţi prin simpla apartenenţă. Ea însăşi depinde de membrii ei, iar membrii depind compatetic de aceasta. Este un fenomen virtuos crucial în asigurarea coeziunii şi bunăstării *umane* a grupului de beneficiari din instituţii, precum şi a colectivului social ca întreg, incluzând aici şi personalul, cu toate componentele sale. Comunitatea compatetică/ unitatea astfel instituită, în centrul de plasament sau familie, este mai mult decât un simplu sistem de relaţii inter-personale, sociale, este un univers uman-existenţial unic şi unitar în care ia naştere un fenomen socio-spiritual unic precum *compatia uman-instituţională*. Între comunitatea compatetică şi persoanele care o compun instituindu-se un echilibru ontologic, un optim existenţial şi funcţional, în care se satisfac, în principiu, în mod armonios şi ne-conflictual, atât trebuinţele beneficiarilor cât şi ale profesioniştilor.

În cazul în care în organizaţie predomină angajaţi cu trăsături de personalitate şi conduită precum insensibilitate umană, răceală emoţional-afectivă, egoism, impulsivitate, mai concis scăzută capacitate empatetică/ compatetică este de aşteptat ca organizaţia ca întreg să devină un mediu promiscuu, dominat de ostilitate, conflicte etc, un mediu impropriu unei vieţi cât de cât normale pentru copii, cu suflete oricum distruse de evenimentele şi traumele afective prin care marea majoritate au trecut. Pot exista şi cazuri în care comunitatea inter-empatetică, compatetică a unei instituţii rezidenţiale pentru copii să aibă aparent o organizare şi funcţionare coerentă dar fundată pe non-valoare, pe atitudini antisociale, sau poate fi slab organizată, nefuncţională, imatură. În ambele cazuri copiii sunt expuşi la nefericire, tulburări/ nedezvoltări psihologic-sufleteşti, la nedezvoltare personală generală, marginalizare sau inadaptare socială.

Aceste situaţii pot fi preîntâmpinate dacă în instituţia respectivă, sau familia substitutivă, predomină, aşa cum mereu s-a reliefat în lucrare, persoanele cu capacitate empatetică şi compatetică ridicată, cu trăsături de personalitate şi conduită orientate constituţional spre celălalt, altruism, răbdare, rezistenţă ridicată la frustrare, compasiune, umanism etc. Prin capacitatea de a rezona la trăirile şi experienţele beneficiarului, cu precădere la cele negative, profesionistul dobândeşte de fapt, accesul la personalitatea, dramele, tulburările psihologice şi sufletul acestuia, fiind astfel şi un mijloc, o metodă eficientă de evaluare şi intervenţie/ schimbare, educaţie şi pregătire pentru viaţa de adult. În actul asistenţial/ terapeutic, în procesul de intervenţie personalitatea profesionistului interacţionând/ acţionând curativ/ ameliorativ cu toate caracteristicile/ resursele sale fizice, psihologice, sufleteşti, sociale, culturale, morale, modelând astfel personalitatea şi conduita clientului, ghidându-i subtil şi gradual dezvoltarea, reabilitarea, integrarea/ adaptarea şi bunăstarea psihologic-sufletească, fericirea.

ANEXĂ

Proiectul *ASISTENŢĂ SOCIALĂ UMANISTĂ*

Proiectul ASISTENŢA SOCIALĂ UMANISTĂ, este o iniţiativă personală prin care urmărim să contribuim la sporirea prezenţei efective a valorilor, teoriilor şi practicilor umaniste în asistenţa socială, care adesea sunt enunţate ca prioritare în diferite strategii şi luări de poziţie însă puţin prezente, în mod efectiv, în literatura de specialitate, în curriculumurile facultăţilor de profil ori în practica curentă a profesioniştilor şi serviciilor de specialitate. În acest scop, proiectul este conceput şi ca un cadru teoretic, axiologic şi metodologic, un forum filozofic, ştiinţific şi profesional, în care să se poată constitui ceea ce s-ar putea numi *teoria, axiologia şi metodologia asistenţei sociale umaniste*, pornindu-se de la ideea că nu este vorba totuşi de o formă distinctă de asistenţă socială ci mai degrabă de o axiologie, care generează în consecinţă o reafirmare a valorilor umaniste fundamentale ale asistenţei sociale, încorporând, totodată, într-o teorie coerentă relativ nouă tot ce a pătruns în asistenţa socială în ultimele decenii din psihologia şi psihoterapia umanistă, din microsociologie şi sociologia umanistă, filozofia drepturilor omului şi, mai ales, ceea ce s-a consacrat ca metodă umanistă în literatura şi practica asistenţei sociale. Modalitatea principală de promovare a obiectivelor proiectului o constituie publicarea de articole şi cărţi, atât în format clasic cât şi electronic. În acest sens, sub egida Proiectul ASISTENŢĂ SOCIALĂ UMANISTĂ putând publica oricine doreşte să se alăture acestui demers. Chiar dacă nu în mod declarat, la timpul respectiv, apariţii în cadrul proiectului pot fi considerate, premergătoare (şi pregătitoare) ale volumului de faţă, şi articolele noastre apărute în *Revista de Asistenţă Socială* (*Social Work Review*) a Facultăţii de Sociologie şi Asistenţă Socială din cadrul Universităţii Bucureşti, publicată de Editura Polirom, respectiv "Perspectiva umanistă asupra clientului în asistenţa socială" (nr. 1-2, 2009), "Tulburări de dezvoltare socioafectivă ale copilului instituţionalizat" (nr. 1-2, 2008) şi "Specificul managementului (eficient) în domeniul asistenţei sociale" (nr. 3, 2007). La acestea se adaugă volumul publicat la Editura Lumen în 2009, respectiv "Teoria Fericirii în Asistenţa Socială: De la managementul îngrijirii la managementul fericirii", prin care am încercat să contribuim la o deplasare radicală a accentului, în special în asistenţa socială a copilului, de pe practica îngrijirii pe practica fericirii, empowermentului spiritual şi dezvoltării umane, propunând totodată şi o *teorie a fericirii în asistenţa socială*, care să se alăture celorlalte teorii, în majoritate fundamentate pe paradigma structuralistă sau pe modelul medical-emoţional de reprezentare şi abordare a clientului. În scopul promovării valorilor, teoriilor şi practicilor umaniste din asistenţa socială şi protecţia copilului am publicat şi o serie de articole de popularizare ştiinţifică şi informare în publicaţii zonale, pe care nu le mai enumerăm.

Prin acest proiect încercăm astfel să contribuim şi cu experienţa noastră profesională (psiholog, logoped, profesor, şef serviciu evaluare complexă a copilului), cu cunoştinţele de psihologie, sociologie, teoria asistenţei sociale, filosofie, studiile de psihologie, asistenţă socială, management şi resurse umane, regie teatru, cu prudenţă şi modestie, la sporirea consistenţei valorilor şi practicilor asumat umaniste în asistenţa socială, la statuarea conceptului, teoriei şi practicii asistenţei sociale umaniste, a includerii acestora în programele universitare şi strategiile de intervenţie. Totodată cu acest proiect urmărim să contribuim şi la îmbunătăţirea teoriei asistenţei sociale, în general, cea denumită uneori "occidentală", dominată de disputa teoretic-ideologică şi filosofic-doctrinară dintre *asistenţa socială tradiţională* (traditional social work) sau convenţională şi *asistenţa socială critică* (critical social work), radicală sau structurală. Intenţia noastră fiind aceea de a susţine teoretico-ştiinţific şi filosofic *consacrarea asistenţei sociale umaniste ca a treia cale*, o paradigmă de asistenţă socială adecvată începutului de mileniu III, condiţiilor sociale, economice, culturale şi umane ale noilor vremuri. Totuşi, impunerea acesteia, în teoria şi practica asistenţei sociale, în mod consistent şi definitiv nu este un proces uşor şi automat, nu se poate limita nici la o simplă cumulare a conceptelor, teoriilor şi practicilor de orientare umanistă, importate din alte domenii ale stiinţelor şi practicilor sociale, ci necesită construirea unui sistem/ cadru teoretico-metodologic propriu, structurat după paradigma epistemologic-descriptivă consacrată a ştiinţelor şi practicile sociale, în care să fie abordate, în mod distinct, aspecte cheie, precum:

- fundamentarea teoretică;
- valori de bază;
- teorii sursă şi specifice;
- resursele şi mijloacele de bază ale practicii;
- metode şi specificul practicii;
- problema personalului;
- asistenţa socială umanistă a familiei şi copilului;
- asistenţa socială umanistă a vârstnicilor, persoanelor cu nevoi speciale etc.

În ceea cea priveşte *fundamentarea teoretică* este necesară o clară definire a conceptului de asistenţă socială umanistă, specificul teoriei, contextului filosofic-doctrinar, origini, surse, modele, categoriile, valorile, orientările, metodele şi practicile umaniste din asistenţa socială, sistemul asistenţei sociale umaniste, domeniile, ştiinţele şi practicile sociale de la care se alimentează teoretic şi metodologic, în principal propria literatură umanistă de specialitate, dar şi filosofia omului şi fiinţei (umane), ştiinţele sociale „umaniste" (psihologia şi psihoterapia umanistă, sociologia umanistă, pedagogia umanistă), teoriile şi paradigmele epistemologic-metodologice postmoderne etc. O atenţie sporită trebuie să se acorde conturării unor orientări interne sau forme, doctrine de asistenţă socială umanistă, precum *asistenţa socială umanist-solidaristă* şi *asistenţa socială umanist-pozitivă*.

Însă sarcina cea mai importantă pare o fi aceea de a identifica şi defini problematica specifică, misiunea şi obiectul asistenţei sociale umaniste. Noi credem, din acest punct de vedere, că esenţială este reprezentarea problemei sociale ca problema umană/ socioumană; vulnerabilitatea, rezilienţa, situaţia de risc, situaţia de dificultate definite în primul rând ca probleme umane apoi ca sociale. Obiect al evaluării şi intervenţiei fiind, în această ordine de idei şi suferinţa, trauma, nefericirea, neîmplinirea personală, eşecul, problemele existenţiale, dramele personale şi colective, pierderea, durerea, separarea, dezrădăcinarea, neadaptarea, devianţa, singurătatea, dezumanizarea prin degradare spirituală, educaţională şi morală, dezumanizarea prin tehnologie, nedezvoltarea personală, umană, socioumană şi comunitară etc.

În opinia noastră, punct de vedere exprimat în articolul "Perspectiva umanistă asupra clientului în asistenţa socială", apărut în *Revista de Asistenţă Socială*, nota definitorie a teoriei asistenţei sociale umaniste este dată de modul în care reprezentat şi abordat clientul (individual şi colectiv), prioritizând, aşadar, reprezentarea persoanei în primul rând ca eu, fiinţă umană, suflet, ca valoare şi resursă principală a practicii, promovând dreptul şi nevoia persoanei la fericire, împlinire personală şi demnitate (autonomie), în practică urmărind schimbarea şi reabilitarea prin empowerment, umanizare şi dezvoltare spirituală, operând asupra dimensiunii proiectiv-aspiraţionale, urmărind nu doar integrarea socială elementară, mecanică ci şi fericirea şi împlinirea persoanei (clientului), bunăstarea socială, umană, spirituală şi culturală, normalitatea/ normalizarea relaţiilor şi convieţuirii umane în comunităţi, diminuarea/ limitarea suferinţelor, emanciparea, autonomizarea persoanei şi comunităţii prin dezvoltare personală, umană şi culturală, prezervarea/ dobândirea/ redobândirea demnităţii persoanei (clientului), inovarea şi schimbarea socială/ comunitară/ organizaţională durabilă/ autentică, combaterea opresiunii, dezumanizării şi injustiţiei sociale, promovarea solidarităţii sociale şi valorilor umaniste în comunitate/ societate.

În ceea ce priveşte sistemul fundamental de valori asistenţa socială umanistă aşează în prim plan valoarea de OM. Omul (fiinţa umană/ personalitatea) ca valoare supremă şi etalon valoric, clientul ca fiinţă umană şi persoană, fericirea şi împlinirea persoanei/ clientului, drepturile omului/ persoanei, auto-determinarea, responsabilitatea şi demnitatea persoanei/ clientului, unitatea şi solidaritatea, cumpătarea, modestia, cinstea, hărnicia, altruismul, idealismul, convieţuirea şi relaţiile umane pot fi considerate valori/ idealuri definitorii.

Teoriile empowermentului, dezvoltării personale/ umane şi socioumane, teoria empatiei, cu accent pe conceptele de empatie, compatie, comunitate compatetică, teoria ataşamentului şi teoria fericirii cu accent pe legătura dintre fericirea autentică, dată de calitatea ridicată a relaţiilor interumane, şi eficienţa personală ori integrarea socială sunt principalele teorii de care se poate ajuta asistenţa socială umanistă. Şi alte teorii, precum teoria acţiunii, teoria pierderii, teoria identităţii, teoria participării sau teorii îngrijirii, în forme adecvate pot fi utile.

Dacă există un aspect care particularizează în mod clar asistenţa socială umanistă atunci acest aspect este cel referitor la *resursele specifice*. Micro-comunitatea/ contextul sociouman şi personalitatea umană sunt, în principal acele resurse, chiar dacă nu desconsideră rolul resurselor materiale şi instituţionale. Caracteristicile şi dimensiunile definitorii ale acestora fiind unicitatea, complexitatea, spiritualitatea, dinamicitatea şi conflictualitatea, auto-dezvoltarea şi devenirea.

În practica asistenţei sociale umaniste resursele contextual-socioumane pot fi identificate, cu precădere, în relaţiile/ contextele socio-afective şi de ataşament, în relaţiile şi comunităţile compatetice, în contextul/ mediul sociouman familial, vecinătăţi şi prietenii, în contextul/ mediul sociouman rezidenţial-instituţional. Importante sunt şi resursele contextual-culturale – cultura locală, obiceiurile, tradiţiile specifice, religia, morala, contextul/ mediul cultural familial, contextul/ mediul cultural rezidenţial-instituţional.

Tot în cheie umanistă se interpretează şi problemele, anomiile comunitare, contextuale; vorbindu-se de contexte socioumane şi culturale problemă/ anomice, tulburări/ probleme în relaţiile/ contextele socio-afective, de ataşament şi compatetice, tulburări/ probleme în relaţiile de familie, rudenie, vecinătate, colegialitate, tulburări/ probleme în relaţiile şi raporturile psihosociale, anomiile culturale, morale, educaţionale, anomii în contextul/ mediul sociouman rezidenţial-instituţional.

Personalitatea umană, ca resursă, este abordată prin cele două componente, sfere/ dimensiuni principale, respectiv *ontologică* şi *psihologic-comportamentală* (intelectul, motivaţia, afectivitatea, voinţa, conştiinţa, caracterul, sistemul de aptitudini, abilităţi, competenţe, deprinderi de relaţionare şi adaptare socio-umană, de autoorganizare şi autogospodărire, abilităţi, competenţe şi deprinderi profesionale, creativitatea, eficienţa personală, adaptabilitatea/ adaptarea şi integrarea socială/ socioumană. Paradigma ontologică reliefează în principal rolul sufletului şi eului iar cea psihologic-comportamentală rolul funcţiilor psihice şi conduitei inter-personale.

Noi operăm cu teoria onto-personologică a personalităţii în care sufletul este un produs social al interacţiunii subiectului ontic cu celălalt, cu mediul, valorile, habitatul domestic. Sufletul afectiv este reprezentat ca sumă transmergentă de persoane, determinând ataşamentul interpersonal, sentimentul de apartenenţă şi solidaritatea de grup, iar sufletul spiritual este reprezentat ca sumă emergentă/ transmergenţă de valori, sentimente general umane, determinând capacitatea empatică/ compatetică, sensibilitatea spirituală, sensibilitatea umană, iubirea de oameni.

Teme emblematice ale asistenţei sociale umaniste, din perspectiva personalităţii ca resursă dar şi ca problemă pot fi: sufletul ca resursă în practica asistenţei sociale umaniste, personalitatea clientului, sistemul client şi problema socială/ umană, personalitatea clientului ("social") şi problema socială/ umană, problemele/ tulburările psihologic-sufleteşti, imaturitatea/ nedezvoltarea psihologică, imaturitatea/ nedezvoltarea aptitudinal-pragmatică, imaturitatea/ nedezvoltarea socio-comportamentală, personalitatea imatură şi sistemul client, personalitate imatură şi problemă socială, clientul ca personalitate tulburată/ modificată, personalitatea ca factor proactiv şi mijloc/ instrument de intervenţie.

Dacă până aici am schiţat partea teoretică a proiectului în cele ce urmează ne vom referi la partea practic-metodologică şi la problema personalului. Există, şi în acest caz, aspecte teoretice introductive care nu pot fi evitate precum definirea specificului practicii şi metodelor, a obiectivelor, valori şi principii ale practicii în asistenţa socială umanistă, concepte precum evaluarea şi diagnoza, intervenţia şi schimbarea.

În ceea ce priveşte metodele, cele mai folosite ar fi practicile şi metodele adoptate/ adaptate din psihoterapia umanistă, cu intervenţia centrată pe client, intervenţia centrată pe sistemul client, intervenţia centrată pe contextul sociouman, moral şi cultural, metodele gestaltiste, metodele tranzacţionale, metodele existenţialiste, metodele transpersonale şi de emancipare spirituală, metodele şi tehnicile de grup. Importante sunt şi metodele pozitive şi apreciative, metoda balanţei, practicile bazate pe dovezi.

Practica asistenţei sociale umaniste nu neglijează nici managementul de caz, casework-ul, îngrijirea, ajutorul, educaţia; se desfăşoară sub variate cadre: asistenţa socială umanistă clinică, asistenţa socială umanistă comunitară, asistenţa socială umanistă instituţional-rezidenţială; acordând rol important strategiei, proiectării şi planului de intervenţie dar şi cercetării ştiinţifice.

Importanţa şi rolul profesionistului în practica asistenţei sociale umaniste, profesii şi roluri profesionale specifice, teme precum perspectivele şi tipurile de reprezentări ale asistentului social sunt, subiecte indispensabile ale teoriei referitoare la practica specifică asistenţei sociale umaniste. Tot aici se lămureşte şi sintagma *asistent social umanist*, cu accent pe specificul obiectivelor şi activităţii, roluri şi specificul rolurilor, deontologia profesională etc.

În acest context noi propunem schimbarea denumirii profesiunii din „asistent social" în „profesionist social", la fel cum credem că este mai potrivită denumirea de personolog în locul celei de psiholog în domeniul asistenţei sociale, dar şi al educaţiei. Toate categoriile de personal sunt redefinite în asistenţa socială umanistă, respectiv managerul, personalul de îngrijire din instituţii, personalul din serviciile comunitare, din ONG-uri, supervizorul, voluntarul etc. Nici problema managementului nu este desconsiderată, instituindu-se conceptul de *management umanist*, sau *management empatic-uman.*

Denumită "umanistă", aşadar, asistenţa socială umanistă nu poate aşeza în plan secundar nici problema personalităţii, specificul perspectivei umaniste, rolul personalităţii profesionistului în practica şi realizarea obiectivelor asistenţei sociale umaniste, procesul şi factorii formării personalităţii profesionistului sau tema privind inventarul minimal de virtuţi, calităţi şi trăsături precum competenţele sufleteşti şi spirituale, empatia, împlinirea/ armonia sufletească şi fericirea personală, bunăstarea spirituală şi virtutea, sensibilitatea *umană*, iubirea de oameni, altruismul, calităţi şi competenţe intelectuale şi culturale precum inteligenţa *umană*, idealismul, cultura, multiculturalismul, umanismul, creativitatea, calităţi şi competenţe „personale" şi socio-comportamentale precum dezvoltarea personală/ umană, sociabilitatea, comunicativitatea, modestia, agreabilitatea, responsabilitatea, conştiinciozitatea, principialitatea, toleranţa, răbdarea, hărnicia, adaptabilitatea, pragmatismul, realismul, carisma şi capacitatea persuasivă, comportamentul profesional umanist etc.

În ceea ce priveşte partea teoretic-aplicativă, asistenţa socială umanistă a familiei şi copilului este domeniul cel mai reprezentativ. În perspectivă teoretic-axiologică umanistă trebuind să fie reliefate şi descrise, printre altele, conceptul umanist de familie, funcţiile familiei, rol-statusurile, parentalitatea, educaţia copiilor, relaţiile intra-familiale, cultura, normele, valorile familiale, contextele, vecinătăţile, rudeniile, funcţionarea familiei, rezilienţa, familia alternativă/ substitutivă, dar şi dimensiunile şi caracteristicile specifice ale familiei în teoria şi axiologia asistenţei sociale umaniste, precum solidaritatea şi compatia, unicitatea şi complexitatea, ataşamentul şi iubirea, empatia şi altruismul, fericirea şi bunăstarea sufletească, integrarea, unitatea, coeziunea, eficienţa, autonomia, adaptabilitatea, sau probleme, disfuncţionalităţi, situaţii de dificultate ca vulnerabilitatea, situaţia de risc, dezorganizarea familiei şi separarea/ divorţul, conflictele intra-familiale, problemele de comunicare şi relaţionare, violenţa domestică şi maltratarea copilului, anomia, promiscuitatea, abandonul, adicţia, sărăcia, eşecul, suferinţa, neîmplinirea, dramele familiale şi personale, clientul familie etc.

Referitor la problematica copilului, esenţiale sunt următoarele aspecte: conceptul de copil în perspectivă pedagogică, psihologică şi sociologică umanistă, copilăria, normalitatea şi bunăstarea, rezilienţa, nevoile şi drepturile copilului, ontogeneza, umanizarea, socializarea, adaptarea/ integrarea socială, factori şi condiţii optime, fericirea, iubirea şi ataşamentul, autonomia, adaptabilitatea, dar şi teme precum tulburările şi situaţiile de dificultate, vulnerabilitatea, situaţia de risc, factori şi condiţii vicioase, separarea de familia naturală, maltratarea, devianţa, dezumanizarea/ ne-umanizarea şi mal-dezvoltarea personală/ umană, eşecul şcolar, suferinţa/ nefericirea copilului, dizabilitatea, problema socială/ umană, clientul copil, copilul şi familia alternativă/ substitutivă, copilul şi familia monoparentală, copilul şi familia substitutivă, copilul crescut în instituţii etc.

The HUMANISTIC SOCIAL WORK Project

The HUMANISTIC SOCIAL WORK Project is an initiative with the assumed **aim** to enhance the effective presence of the humanistic values, theories and practices in social work, which usually are stated as fundamental and essential in different programs, strategies and policies but less present, in fact, in the specialized literature, in the faculties' curricula, or in the practice of the professionals and services. To this end, the project is designed as a theoretical, axiological and methodological framework, a heuristic laboratory, a philosophical, scientific and professional forum where it can be set what might be called the theory, axiology and methodology of humanistic social work. The project's concept starts from the idea that humanistic social work is not, however, a distinctive form of social work/ welfare but rather an ontology/ epistemology, that generates a reaffirmation/ restatement of the fundamental/ constitutional humanistic values of social work, incorporating, in the same time, in a (relative) new coherent and unitary theory, all what penetrated in social work in the last decades from humanistic psychology and psychotherapy, microsociology and humanistic sociology, human rights philosophy/ movement, and, especially, what was established as humanistic method in the contemporary social work practice and literature. The main **way** of promoting the objectives and elements of the project is the publication of articles and books, both in classic and electronic format. Appearances in the project can be, also, considered, preliminary of this series of books, our articles published in *Social Work Review* (Faculty of Sociology and Social Work - University of Bucharest), by Polirom Publishing House, respectively (titles translated in

English):"Humanistic Perspective on Customer in Social Work", no. 1-2, 2009, "Socio-Affective Development Disorders of Institutionalized Child. From the Survival Objective towards the Happiness Objective in Social Work for Children", no. 1-2, 2008, and "Efficient Management Particularity in Social Work", no. 3, 2007. In addition to these, important contribution in the project is, also, the book (title translated in English) "Happiness Theory in Social Work: From Care Management to Happiness Management", Lumen Publishing House, 2009. I, in the article "Humanistic Perspective on Customer in Social Work" (*Social Work Review*, no. 1-2, 2009, Polirom Publishing House), have summarized the concept "humanistic social work" putting in the foreground the humanistic representation/ approach of the client and the professional. I emphasized that the core aspect of the humanistic social work paradigm, theory and practice is determined by the way/ mode (humanistic) are represented the client and professional, considering the humane qualities/ resources of the client and professional the critical epistemological and methodological value of the this type of social work. One can say that the specific theory of humanistic social work is a conglomerate of theories, paradigms, orientations, but which have some crucial ideas as vectors: the person/ client as human being, with sentiments, soul, personality, desires, sufferings, needs of love, needs of happiness and accomplishments; emphasis on personality and compathetical micro-community as basic resources of practice; positive, optimistic and appreciative expectation in practice; person-centred and community-centred approach in evaluation and intervention; concentration on the future and not on the past; the human rights, social justice; a humanistic perspective on the practitioner and his conducts in practice.

The theories of personality (development) and (human) being, empathy theory, attachment theory and happiness theory are, according to our point of view, among the most important theoretical sources/ grounds and theories of the of humanistic social work. The Theories of Personality (development) and (human) Being in humanistic social work are a theoretical model and support for representing both the client and the worker as human beings, with personality, soul, character, sensibility and empathy, and not as simple individuals being in a simple social and professional interaction. Empathy Theory is a formative instrument used by the professionals in achieving the specific objectives, mainly in the human rehabilitation and social empowerment of the client. The practitioner-client proactive empathetic relationship is, in fact, a framework for transfer, a subtle lane that the professional uses, intentionally and professionally, for solving the problem. Happiness Theory is based on the assumption that efficiency and personal/ professional/ social adaptation is closely related to the degree of happiness of the individuals and communities. Psychological-spiritual well-being is a factor of energy and self-development/ autonomy - so reducing the degree of social vulnerability and the likelihood to becoming a client of the social services. Attachment Theory theorizes the importance of the affection process and phenomena in social relationships and coexistence, especially regarding the role of child-parent attachment relationship in the formation of o balanced and adaptive personality of the child. In child care institutions is interesting to see the role of attachment also in the quality of the human relationships between the care professionals, between the professionals and children, etc.

In humanistic social work so called social problems are in fact human, or socio-human problems. The persons involved în relationships and communities are not simple social elements of the social organizations, they have personalities, souls, feelings, dramas, sufferings. Their problems are, so, not of social order but of human order. In this end, the human suffering, unhappiness, personal failure, loss, the dehumanization of the individual and community, the emotional drama and great collective tragedies, the disasters with significant human impact, the personal/ community underdevelopment are among the central phenomena and categories of, what might be called in scientific terms, the problems and object of intervention in humanistic social work practice. The human suffering, unhappiness, personal failure, maladjustment, marginalization, social vulnerability are often related to a human/ socio-human problem, to a human difficult situation, and, often, the normalization cannot be achieved without its elimination or limitation. Problem and object of intervention, in humanistic social work, are also the lack of personal fulfillment, the existential issues, the lack of humanity and empathy/ compathy, of morality, the dehumanization of the individual, etc. The practitioners, in their daily professional activity, interact with unmet, professional or personal, individuals, who have failed or have deviated from the optimal way to achieve the personal, professional and social goals, who daily live chronic dissatisfaction and personal dramas. So, the loss, separation, uprooting, loneliness, poverty, promiscuity, discrimination, marginalization are social and personal issues. with great personal and social impact, but are also ontological or humane problems. Each of these can be considered part of what, we might call, the phenomenon or process of dehumanization, human degradation of the individuals and communities. The communities where predominate the undeveloped (human/ personal/ moral) individuals - selfish, individualistic, concerned only on the personal benefit - are aprioristic prone to problems. In the humanistic paradigm of social work the vulnerability, difficult situation of the person is so associated, mainly, with the delays and disorders of personal and human development, with the ontological inconsistency and poor quality of the interpersonal relationships, with degradation of the values systems (moral, cultural, etc.) of the community and organizations. Any social group, community or organization is also an empathetic community. Therefore, many human suffering, tragedy or social problems are rooted in its underdevelopment, in weaknesses or very serious compathetical problems. The knowledge of this aspect by the social workers is a necessity and, moreover, the compathy, empathetic community, the system of human/ humane relationships, of sympathies and empathies can be very effective tools for change, improvement, normalization.

The humanistic theories represent the client as *human* being, as soul, subject of silent suffering and happiness, and not only as a neutral individual of a social system, or humble beneficiaries of the community's services. So, the humanistic theories convert the client from individual in person, in human being, in I, in subject, soul. In accordance with the *principles of humanistic psychology* each healthy person, as client, has the potential capacity to recover, to fulfill as person, to be happy, in human, social and spiritual terms, but everything depends, mainly, of its internal activism, of willingness to self-change or accomplishment, but, also, of the identification and using his internal resources, including with the professional aid. The (humanistic) representation of the client in humanistic social work starts from the five basic beliefs of humanistic psychology, respectively: humans supersede the sum of their parts; persons have their existence in a uniquely human context; they are aware of being aware (conscious); they have free will; every normal person are intentional about goals and personal achievement. In the light of these principles, the humanistic perspective on the customer in humanistic social work involves taking into account its potential capacity to recover, to fulfill as person, to be happy, taking into account its aesthetic, playful, epistemological and mystical needs. Namely, the spiritual needs. Meeting and development the spiritual needs, the development of the spiritual personality is one of the most effective methods/ ways for the personal development of the customer, and enhance the perspective of personal/ social empowerment, recovery, reintegration, regardless of the education level, origin, age or types of social/ human problems. Humanistic social work, as the third way in contemporary social work, takes over from traditional social work the care for the client as person, being, soul, personality and focus on the compathetical, concrete context/ environment where he lives, while, from the critical/ radical social work the interest for social/ human progress and change. In a complex representation and approach of the client, in the first case humanistic social work operates mainly with the concept of empathy, while in the second case with the concept of empowerment. The two terms, empathy and empowerment, having a constitutional role in the practice of the professional (social worker, caregiver, therapist etc.) humanistic social work.

As is well known, social work is, theoretically and ideologically, based on the resources of the social and human sciences, of philosophy and other areas of the science and practice, but is also much conditioned of the political ideas, of the different ideologies from the history or from the present. This is one of the reasons why the theory and practice of social work, the activity of the services and institutions, are so complex and full of dichotomies and doctrinal or methodological contradictions, taking, so, from these the majority ideas and tools of practice, but also and the theoretical/ doctrinal debates, regarding the relationships between individual and society, freedom and responsibility, matter and spirit, structure and element, individualism and solidarity, stagnation and change (through evolution/ progress vs. revolution), etc. Practically, largely, the ideas for strategies, decisions and practice of the social work services and institution coming from behind or from other areas of knowledge and practice, assimilating them, usually afterwards, in a specific manner, and adapt them to the proper purpose, mission and methods. Thus, these determine the specific politics and methodology of social work authorities to include orientations, ways, theories from the whole areas of contemporary ideologies, philosophies and socio-human sciences: conservator, socialist, liberal, feminist, phenomenologist, existentialist, post-modern, structuralist, behaviorist, psychosocial, cognitivist, holist, functionalist, criticist, traditionalist, radical, humanist, etc. Yet, as we pointed out, at a first glance, social work, as ideology, theory and practice, is dominated by two, relatively opposed, major ways, forces, orientations, namely *Traditional or Conventional* Social Work and *Radical or Critical* Social Work. In an ideological and political view the Traditional or Conventional Social Work can be associated with the conservatorist orientation from politics, with the classical capitalism, whereas the Radical and Critical Social Work can be associated with the, so called, progressive policies and the new, critical, tendencies of the capitalist society, especially with the leftist orientation of policy. The Traditional Social Work is the starting point in any theoretical and ideological discussion regarding the values, mission and methods of the social work services and institutions, for the simple reason that it is the first and original form, but also because it provides the fundamental system of values and purposes of the social work/ welfare practice. Human/ social solidarity, redistribution, sensibility and caring for the other's welfare are universal values and objectives of the social work, anytime and anywhere. But, the Traditional Social Work is accused of an attitude of condescension and contempt towards its clients, being considered an indispensable tool of the ruling classes from capitalist society. Especially the promoters of Radical and Critical Social Work states that the undeclared its mission is, in fact, to contribute at the maintain the capitalist state order, at the social and economic polarization, oppression, social injustice and other chronic/ structural societal anomalies. Instead the main purpose of Critical and Radical Social Work is to move away from the traditional approaches, that were based on a medical and emotional model of the man, that places people in a passive position, with the focus on the person (especially on the material and emotional needs) rather than on the society and community as a whole, on the structural and systemic level, from where, according to the theoreticians of Radical and Critical Social Work, derived the chronic social and human problems. Thus, through its constitutional nature Critical Social Work is established also as a response and critical attitude, even revolutionary, against traditional/ conventional social work, promoting values, categories or practices such as: social change and community empowerment, structural social work, social justice, anti-oppression policies, radical changes. If Traditional Social Work focuses the concern on the person welfare, here and now, in Critical Social Work the emphasis falls on the determination of some political structural transformations and changes so that the welfare to be derived from the optimal socio-economic structure/ constitution and the social justice, ontological-functional established. To this end, the authorities, services, institutions and practitioners being, thus, interested to a deserved and enduring welfare, with respect for the fundamental values of human dignity and rights, obtained both through social progress and change as well as through empowerment (especially the communities). Between the two ideologies and policies of social work is situated, after our opinion, the humanistic orientation, Humanistic Social Work. The process of establishment, of this relatively new way in social work, is closely related to the offensive of humanistic thought in ideology, science and social practices, in psychology and psychotherapy, in microsociology. All in the context designed by postmodernism/ post-postmodernism in social theory and practice areas. Humanistic Social Work embrace social ideas, concepts and methods from the two established stances, but also brings many new, emergent, elements, according to the new social, human, economic, cultural realities and societal trends, and the new achievements in politics, science and practice. In this way, in addition, it can be stated that humanistic social work could become one of the most important doctrinal/ methodological solution for many social and community problems in the present and in the future. The necessity of a humanistic approach on the activities of authorities, services and institutions of social work, with emphasis on the theories and practices of empowerment and change, become evident especially after the fall of communism in Central and Eastern European countries, which collapsed several aspirations to achieving a society without inequality and oppression and with the impact of the economic crisis, which reduced many resources with whom to be helped the vulnerable peoples, individuals and social groups in need or difficulty, through the redistribution arrangements and social control, shocking seriously the welfare state. The humanistic theory and methodology comes, in this context with solutions which combines elements from the two orientation, in crisis, from the traditional social work the interest for the person as human being, and from critical social work the interest for change and empowerment, the person and community, but propose yet a proper theoretical, doctrinal and methodological system, including upon the mission and activity of the authorities, services and institutions. In order to assert and promote a humanistic perspective on the politics, activity and practice of the authorities, services and institutions in social work the HUMANISTIC SOCIAL WORK Project operates with the phrase *humanistic social work "system"*, through which is placed in second plan the economic and functionalist values of the activity of authorities and services, and place in the first plan, as ethical-axiological and ideological foundation, the value-concept of worthy human being, autonomous and happy, obtained by personal and community development and empowering. So, the concept *humanistic social work "system"* links the personal welfare to community welfare, and promote the development of both through human and cultural empowerment/ development. The concept involves also a humanistic perspective on community and society as a whole, and operate with the value-concept *humane community* and *humane society*. It is both an ideal, a system of values, a model, but also an objective of the authorities and services' activities. As a community is more developed in human, cultural, moral, economic terms, the more its members are safe from vulnerabilities and the risk to getting in trouble. The humanistic social work axiology promotes, so, the importance of the socio-human and cultural factors in groups and society, in personal and community welfare, placing in second plan the technological, economical, material factors. In this end, and the activities of the services and institutions are focused on the socio-human and cultural changes and empowerment, both at the individual and group (family, communities, organizations, institutions) level, putting a great emphasis on maintaining a high level of harmony and socio-human functionality in communities, and restoration the breakdowned socio-human relationships and cohesion/ compathy, especially in families and care institutions. In the care institutions, for example, very important are the quality and style of the management. The manager. also the worker, from a residential/ care institution, in the view of humanistic social work values, is a "man with a big heart". The humane/ soulful qualities, the positive, compathetical, visionary personality gives to manager's behavior flexibility, adaptability, sociability, communication, agreeability, tolerance, focuses it on the *human* goals of the care institution, help to prevent and resolve serious conflicts at all levels – intra-personal, interpersonal, of group or institutional, enhances the complacency degree of customers and staff, of satisfaction (happiness), enhances the positive feeling of belonging to the organization. Thus, in conclusion, in humanistic social work system the authorities, services, institutions and professionals are interested of material wealth, food, housing, material comfort but especially of human and spiritual/ cultural wellbeing of the community and person, of the dignity and condition of human being of the client. The quality of human relationships, cultural quality of the community where lives the client, the quality of socio-moral climate are important factors that helps him to overcome the difficult situation, to reintegrate into the community and to be fulfilled as person.

In this perspective the mission of humanistic social work practice would be to promote a compathetical attitude in the practitioner-client relationship, by creating a socio-human environment based on empathy, love and humanity, by humanizing the community, by changing the customers and communities through empowerment, personal/ community development and responsibility, starting from the person/ community right to happiness and well-being, but and from their right to dignity and self-determination. One of the most important mission of the humanistic social work practice is the interventions in the personal and social crises, dramatic or at limit situations. The professionals from social work services are faced and with social and human problems caused by political or economic crises, social, natural or health disasters, blows, with great economical, psychological or medical impact. Some of these cannot be overcome because of the force of impact, damaging, irreparably, destinies, lives, careers, families, communities. The affected people and communities experiences individual or collective dramas, impossible to describe, which the workers from social services must to intuit the human dimension, to represent them at the true intensity and meaning, to be helpful and to intervene through the humanistic social work methods, to improve the situations, relief of suffering and mitigate the effects, especially on children. Decrease the pain of unhappy customer, growth the spiritual well-being, personal development and gaining autonomy through empowerment, personal/ social/ moral/ spiritual development and social-human integration are among the most important tasks of the humanistic practitioner. In the complex and unitary methodological context the humanistic practitioner will focus especially on the spiritual, psychological and socio-human sphere of the client's personality. The goal is and the ontological harmonization of internal and external relationships within the group/ community, with effects on the development of the personality's ontological consistency of the person/ client and diminishing the risk to entry in risk or difficult situation. So, one of the most important role of the humanistic social worker is to enable the client, a person or community, to become capable of coping with the crisis situations and difficult situations which can appears any time. This must to promote, also, the social justice, personal development of the customers, the complexity of human being, methodological flexibility, valorization of the client's creativity, development of the Self and the capitalization of spiritual potential of the human personality. The humanistic social worker have also a consistent role of educator, trainer, which involves mainly giving information and developing skills to clients, but first, must be a good educator, must to be himself knowledgeable and a good communicator. Humanistic social work, which, up to a point, is identical with the social work/welfare as a whole, highlights, according to the most important guidelines of humanistic thought, respectively ontological-spiritual, positive-psychological, and ethical-philosophical, the following fundamental types of values, concepts and objectives in practice: promoting the person/client as a concrete and complex human being, the happiness and its fundamental interests, feelings and values; promoting the spiritual well-being and development of the person, and the cultural and moral well-being and development of the community; promoting the human development, empowerment and self-determination of the person/client and community; promoting the human dignity, social justice, equality, solidarity, compathy. The main resources for solving the problems in humanistic social work practice are the human micro-community (compathy) and the actors' personality (empathy) involved in the process of intervention and social/ human reintegration. The client and the professional form a human-ontological unity in the process of rehabilitation, empowerment and social/ human integration.

Essentially, the specific methodology of humanistic social work, of the HUMANISTIC SOCIAL WORK Project, puts in the forefront the casework's concepts, values, principles and practices. Of course, into the humanistic social work practice frameworks we'll talk about humanistic casework. Through the humanistic casework methodology the professionals, in humanistic social work system, attempt, mostly, to help people who have psychological-spiritual and socio-humane problems, to help people who have difficulties in coping with the problems of daily living. Of course, it is one of the direct methods used by professionals, services and authorities in humanistic social practice, in assessment, intervention and monitoring, which uses the case-by-case approach for dealing, especially, with individuals or families as regards their psychological-spiritual and socio-humane problems, involving here in particular the problems of adaptation / integration, and those that cause great sufferings. Besides, or the in the context of using the humanistic casework, the methods adopted/ adapted from the humanistic psychology/ psychotherapy, the appreciative methods and the balance method are among the most important methods, methodological resources of the humanistic social work practice. The methods adopted/ adapted from the humanistic psychotherapy brings in humanistic social work practice the principle of rehabilitation (social/ human integration) by focusing on the client's needs and feelings, through human and spiritual development, concentrating the intervention on the resource and strengths and not on the problem. The core idea of the client-centered therapy is that, in therapeutic process, to take the clients' accounts seriously, because they are the basis for helping, by finding their inner resources in his personality and concrete human relationships. Idea very useful also in social work, more so in humanistic social work. Gestalt psychotherapy emphases the importance, for the client, being aware of the *here* and *now* and accepting responsibility for his situation, while positive psychotherapy is based on the beliefs that all people are fundamentally good and they have the personal-constitutional capacity to be happy. Appreciative methods promotes, as objective, the solving of social/ human problems through the appreciation, knowledge and increasing the optimistic, positive clients' expectations related to his personal evolution and the results of the intervention/ support activity. Balance Method is a humanistic method both of evaluation and intervention/ support/ care, which operates with the following onto-balances: the balance of socio-affective onto-systems; the balance of socio-cognitive onto-systems; the balance of relationships and role-status onto-systems; the balance of attitudinal, cultural and spiritual onto-systems, etc. The HUMANISTIC SOCIAL WORK Project, despite the appearances, attach great importance to the scientific method, to research and the evidence-based practice. It uses the evidence-based methods and practices to understand and address scientifically the human relationships and behavior, human growth and the social issues, to respond responsibly to the enormous complexity of the human personality and community.

The *humanistic* social work code of practice puts in the center of attention the value of *human dignity*. In this sense, the representation and approach, in theory, axiology and practice, of the client as *human being* involves a greater responsibility to take in consideration the needs for happiness and a good live, in parallel with the concern for the customer's empowerment and autonomy. So, in humanistic social work "system" the activity is based on the value, dignity and uniqueness of each and every person, respect for their rights at liberty, equality, and happiness. One of the main task of the professionals is to improve and empower individuals, families, groups and communities, to encourages their autonomy, their subjectivity, their capacity to assume responsibility. In accordance also with the provisions of the *Code of Ethics of the National Association of Social Workers*, from United States, the humanistic practitioner appreciate and works for empowering the personality of every client, he respects any client who has a query, a need or a problem, as a person who is unique and distinct from others in a similar situation, and takes into account the concrete socio-human circumstances where he live. No one, in the humanistic social work "system", must apply any form of discrimination in the execution of his profession, whether in terms of age, gender, marital status, ethnicity, nationality, religion, social status, political ideology, mental or physical disability or any other difference that characterizes any one person. The humanistic worker use all their professional qualities and skills to encourage clients to be self-determined, self-sufficient and pro-active participants in course of action undertaken to assist them, and to foster a relationship based on mutual trust. To this end he takes into account the particular client's cultural characteristics. The humanistic social worker must behave in a manner consonant with the decorum and dignity of the profession. He may not, in any circumstances, abuse his professional status. This must ensure that his professional competence and skills are always up to date so that he can use them to assist clients until such time that any problems have been resolved or for as long as he is legally required to do so. The humanistic social worker must respect the right of the clients to privacy and confidentiality within any limits imposed by prevailing laws. He has the obligation to treat all information and material obtained about them as confidential and he must obtain informed consent to use it. Is required to exercise professional secrecy regarding what he knows as a result of his work, whether he is employed by a public or private body or whether he is self-employed. In humanistic social work "system" every professional has an active role in the promotion, development and advancement of all integrated social policies aimed at fostering social and civic advancement, emancipation and responsibility within the community, and in any programs designed to improve the quality of life. Also, he must deal with his colleagues, and any other professionals, with whom he is working, in a manner that is honest, polite, loyal and in a spirit of collaboration. His activity, conduct and decision is based on the scientific elements of the profession at all levels and in all their various forms, along with the ethical and moral ideals it embodies. Furthermore, he must act in a committed manner and under professional supervision and research.

Promoting the importance of a humanistic approach on the practitioner's personality, behavior and activity, the importance of the humane and spiritual qualities of the professional as core resource of practice in one of the most important purpose of the HUMANISTIC SOCIAL WORK Project. Because between the professional's personality and the client's personality it establishes a high degree of congruence, (empathetic, human, spiritual) the cultivation of spiritual and human values of the professional's personality, as well as the development of a consistent specific literature related to the professional's conduct and activity is an important theoretical concern, the topic approached with predilection, in the humanistic social work theory and methodology framework. Through qualities and conducts as kindness, altruism and empathy, helpfulness, through creativity, aesthetic sensibility, authentic faith, concern for truth, balanced personality the professionals will send and stimulate the development of spiritual features at the customers level too, factually sending to them positive energy, happiness, aesthetic, intellectual, spiritual, playful energy and qualities; thus contributing at their personal development, increasing the self-esteem, social consciousness, the capacity of initiative, social autonomy, fulfilling the true mission of the humanistic social work practice. So, it will transmit empathy, humanism, agreeability, happiness and balance to the customers, will help their personal development, enhancing the social reintegration perspectives, knowing that the personal and social autonomy is conditioned also of the degree of personal development or happiness. The objective of practice, focused on person/ client, would be to stimulate the development or formation of a personality structure where the spiritual formation is consistent and has high percentage in the structure and economy of the personality - the client will have an optimistic but realistic self-perception, a relatively high self-esteem, confidence, aspirations, a consistent ego. Also, this will be describe like an active, adaptive person, with functional interpersonal relationships, presence of spirit, eager for social reintegration and regain the dignity. The professional and client's empathy is, without doubt, one of the most underused therapeutic resources in the social practices, including social work. But the humanistic social work give its a crucial role. In practice, empathy and compathy must to be represented and approached as phenomena and processes of very great complexity, depth and finesse, that involve the professional's personality and feelings, and the client's personality and feelings, that involve, in the assistential/ therapeutic/ educational process, the persons and the group/ groups, the individual and the society, the group and the society, feelings and representations, values and beliefs, feelings and ideas, the material and spiritual existence. That is the reason why the empathetical/ compathetical capacity of the worker's personality and behavior is not an alternative, an option, but a consubstantial necessity of any profession on the social work field, particularly in the child welfare and social work, but also in the elderly and disabled. Through empathy the worker's personality becomes sensitive to the sufferings and problems of the people in need, and, at the behavioral level, acquires agreeability. Others important personality resources and qualities of the worker in humanistic social work practice are the happiness and spirituality. There are a number of personal/ personality characteristics such as level of happiness, interior comfort, irony, relaxed attitude towards life hardships and professional difficulties, ie the soulful welfare and happiness, which are crucial qualities in social work practice, because they are the source of human/ humanitarian sensitivity, the empathy and agreeability - defining features of the professionals, especially those working directly with children. The importance of spirituality, as quality of the professional's personality, is given by the fact that the relationship with the client is not objectual but "spiritual". The term can help us to understand more deeply, completely and complex the nature and specific of the professional-customer relationship. Beyond the primary goal of the social reintegration or economic rehabilitation, the customer expects also related services such as tolerance, understanding, humor, aesthetics sensibility, morality, creativity, spirituality. It is, so, impossible to imagine professional efficiency in the jobs that involves working with people in need and suffering, without empathy, soulful welfare and happiness, and spirituality. In conclusion and the synthesis, we believe that the following personality's qualities, predispositions and conducts determines the efficiency of the professional in humanistic social work practice, in the activity to achieve the specific professional tasks: empathy, soulful welfare, state of happiness, spirituality, agreeability, extraversion, sociability, tolerance, openness to new ideas, epistemological and methodological flexibility, mature personality, emotional stability, self-control, detachment, etc. On the view of the humanistic values, principles and theories the *training, recruitment* and *appraisal* of the personnel is a unitary phenomenon and follow that the worker in this field to not be some mere servants who simply deliver some "services" but a complex human beings, with a strong soul, with empathetic personality, with a deep knowledge of what is the man as being extremely complex. The social worker of the beginning of the third millennium is able to contribute effectively both to reducing the client's suffering and increase their ability to adapt and autonomous integrate in community. The formative-educational objectives are achieved mainly by promoting the humanistic values and model of the professional in social care areas through the specific literature or through the educational system, by increasing the number of humanistic courses, of humanistic psychology, pedagogy and sociology, of philosophy, culture and spirituality. This is because the humanistic social worker, caregiver or psychologist is focused, with priority, on the soul, on the spiritual, empathetic, subjective, emotional issues of the client, on the existential bottlenecks, on group and personal dramas, on the moral and spiritual aspects of the problem. For this, the real problems are of human, emotional, spiritual nature. The assessment of the personality traits such as *altruism, agreeability, tolerance, kindness,* etc. and not just strictly the instrumental technical professional skills and knowledge is increasingly a common practice in the recruitment and evaluation of staff in social care/ welfare system. The reason is very simple: to work with people, especially the suffering, difficulties and personal failure, calls for these qualities. In the assessment process, therefore, are followed, in this context, personality traits such as playful spirit, cheerfulness, good general appearance, sociability, human (humanitarian) sensitivity, agreeability, vocation for working with the person in distress, balanced personality, interior comfort, irony, flexibility, extroversion, tolerance, nondiscrimination, adaptability, respect for life, happiness, idealism, confidence, emotional stability, self-control, presence of spirit, resistance to frustration, openness to new ideas and values etc. Conversely, the following devices, disposition and personality factors limit, hinders the worker efficiency in the effort to achieve the professional duties: insensibility, unhappiness, chronic psychological distress, intolerance, depressive background, resistance at change, tendency to conserve a system of values and norms, opposition to new, conformism - obedience, lack of flexibility and suppleness of thought, dogmatism, reduced adaptability, stubbornness, misconceptions, unfounded ideas, attitudinal rigidity, resistance to information and change, to correction, inflexible attitudes to food, dress, political preference, sexual orientation, minorities, discrimination, emotional lability, immature personality, increased irritability, selfishness, lack of presence of spirit etc. The core idea of the HUMANISTIC SOCIAL WORK Project is that the practitioner not only provide compensatory aid, or merely offers "services", it does not work only for the customers' survive, even if these are important tasks, but seeks to relieve the client suffering, and change his social condition through his agreeable presence, through its personality's altruism and optimism, through its opened mind and soul.

BIBLIOGRAFIE

Achor, S. (2010), *The Happiness Advantage: The Seven Principles of Positive Psychology That Fuel Success and Performance at Work*, Random House Audio.

Adams, E.M., (1997), *A Society Fit for Human Beings* (S U N Y Series in Constructive Postmodern Thought), State University of New York Press.

Ainsworth, M.D.S., Blehar, M.C., Waters, E., Wall, S. (1978), *Patterns of Attachment: A Psychological Study of the Strange Situation.* Hillsdale, NJ: Lawrence Erlbaum Associates.

Allan, J., Pease, B, Briskman L. (2003), *Critical social work*, Melbourne: Allen & Unwin.

Allport, G.W. (1961), *Pattern and growth in personality*, New York: Holt, Rinehart &. Winston.

Altman, I. (1975). *The environment and social behavior: Privacy, personal space, territory, crowding.* Monterey, Calif: Brooks/Cole Pub. Co.

Anderson, J., Wiggins Carter, R. (2004), *Diversity perspectives for social work practice.* Boston: Allyn and Bacon.

Aristotel (2004), *Retorica*, Bucureşti: Editura Univers Enciclopedic.

Arnet, J.J. (2011), *Human Development: A Cultural Approach*, Pearson.

Arts, W., Muffels, R., Meulen, R. (2001), *Solidarity in Health and Social Care in Europe* (Philosophy and Medicine), Kluwer Academic Publisher.

Bailey, R., Brake, M. (1975). *Radical Social Work,* Pantheon Books.

Balswick, J.O., Balswick, J.K. (2009), *Familia - o perspectivă creştină asupra căminului contemporan*, Editura Casa Cărţii.

Bandura, A. (1975), *Social Learning & Personality Development*, NY: Holt, Rinehart & Winston, INC.

Bandura, A., Locke, A. E. (2003), Negative self-efficacy and goal effects revisited. *Journal of Applied Psychology.*

Barker, R. L. (2003), *The social work dictionary* (5th ed.), Washington, DC: NASW Press.

Batson, C.D. (2009). These things called empathy: Eight related but distinct phenomena. In J. Decety and W. Ickes (Eds.), *The Social Neuroscience of Empathy* (pp. 3-15). Cambridge: MIT Press.

Bălţătescu, S. (2009), *Fericirea în contextul social al tranziţiei postcomuniste din România.* Editura Universităţii din Oradea.

Beck, U. (1992), *Risk Society - Towards a New Modernity,* London: Sage.

Berkowitz, N. (1996), Humanistic Approaches to Health Care: Focus on Social Work (Social Work in a Changing World), Venture Press.

Bergin, A.E. (2003), *Casebook for a Spiritual Strategy in Counseling and Psychotherapy*, Amer Psychological Assn.

Berkowitz, N. (1996), *Humanistic Approaches to Health Care: Focus on Social Work (Social Work in a Changing World)*, Venture Press.

Biestek, F.P, Gehrig, C.C. (1978), *Client Self-Determination in Social Work*, Loyola Press.

Blumer, H. (1969), *Symbolic Interactionism: Perspective and Method*, Prentice Hall

Bocancea, C., Neamțu, G. (1996), *Asistența socială. Elemente de teorie și strategii de mediere*, Editura A92.

Bowlby J. (1999), *Attachment. Attachment and Loss* (vol. 1) (2nd ed.), New York: Basic Books.R. Brown.

Bradford, D.L., Burke, W.W. (2005), *Organization Development*, San Francisco: Pfeiffer.

Brehm, S., Kassin, S.M. (1990), *Social psychology*, Boston: Houghton Mifflin.

Briar, S., Miller, H. (1971), *Problems and Issues in Social Casework*, New York: Columbia University Press.

Buzărnescu, Ș. (1995), *Istoria doctrinelor sociologice*, Editura Didactică și Pedagogică.

Buzea, C. (2010), *Motivația. Teorii și practici*, Editura: Institutul European.

Buzducea D. (2008), Psihoterapia pierderilor multiple, în I. Mitrofan (coord.), *Psihoterapie*, București: Editura SPER, pp. 337-357.

Buzducea, D. (2005), *Aspecte contemporane în asistența socială*, Iași: Editura Polirom.

Buzducea, D. (2009), *Sisteme moderne de asistență socială. Tendinte globale si practici locale*, Editura Polirom.

Canda, E.R., Furman, L.D. (2009), *Spiritual Diversity in Social Work Practice: The Heart of Helping*, Oxford University Press.

Cannon, W. B. (1932), *The wisdom of the body*, New York, Norton & Co.

Chelcea, S. (2008), *Psihosociologie. Teorii, cercetări, aplicații*, Iași: Editura Polirom.

Chelf, C.P. (1992), *Controversial Issues in Social Welfare Policy: Government and the Pursuit of Happiness (Controversial Issues in Public Policy)*, SAGE Publications, Inc.

Cloke C., Davies M. (1995), *Participation and empowerment in Chid Protection*, London, Pitman.

Codreanu, S. (2007), *Introducere în teoria haosului determinist*, Casa Cărții de Știință.

Cojocaru, D. (2008), *Copilăria și construcția parentalității. Asistența maternală în România*, Editura Polirom.

Cojocaru, Ș. (2005), *Metode apreciative în asistența socială. Ancheta, supervizarea si managementul de caz*, Editura Polirom.

Cojocaru, Ș. (2006), *Proiectul de intervenție în asistența socială*, Editura Polirom.

Cristea, M. (1994), *Sistemul educaţional şi personalitatea. Dimensiunea estetică*, Editura Didactică şi Pedagogică.

Cuin, C.H. (2006), The nomologic approach in sociology, *Revue suisse de sociologie*, Switzerland, Seismo Verlag.

Danesh, H.B. (1994), *Psychology of Spirituality*, Paradigm Publishing.

Dewey, J. (1905). The Postulate of Immediate Empiricism. *The Journal of Philosophy*.

Descartes, R. (1999), *Discourse on Method and Meditations on First Philosophy*, 4th Edition, Hackett Publishing Company.

Dominelli, L., Mc Leod, E. (1989), *Feminist Social Work*, MacMillian Press Ltd.

Dominelli, L. (2002), *Anti-Oppressive Social Work Theory and Practice*, Palgrave Macmillan.

Dynes, R., Clark, A., Dinitz, S., Ishino, I. (1964), *Social Problems, Dissensus and Deviation in an Industrial Society,* Oxford University Press.

Elkin, D. (2009), *Humanistic Psychology: A Clinical Manifesto. A Critique of Clinical Psychology and the Need for Progressive Alternatives*, Universities of Rockies Press.

Durkheim, E. (1970) *Suicide: A Study In Sociology,* Routledge & Kegan Paul.

Durkheim, E. (2001), *Diviziunea muncii sociale*, Bucuresti, Editura Albatros.

Durkheim, E. (2004), *Sociologia - regulile metodei sociologice*, Editura Antet.

Ellis, A. (1974), *Humanistic Psychotherapy: The Rational-Emotive Approach*, Mcgraw-Hill.

Ellenhorn, R. (1988), *Toward a Humanistic Social Work: Social Work for Conviviality,* New Jersey: Association for Humanist Sociology.

Else, J.F. (1977), *Purposive social change: A radical humanist perspective,* Social Work Foundation, School of Social Work, University of Iowa.

Edwin, L. (2007), *Projective Psychology - Clinical Approaches To The Total Personality*, Pratt Press.

Elson, M. (1988), *Self Psychology in Clinical Social Work*, W. W. Norton & Company.

Erikson, E. H., Erikson, J.M. (1998), *The Life Cycle Completed* , W W Norton & Co Inc.

Feldman, R. (1985), Reliability and Justification, în *The Monist,* Buffalo, NY: Open Court Publishing Company.

Ferréol, G. (1998), *Dicţionar de sociologie*, Iaşi: Editura Polirom

Filip, J., McDaniel, N., Schene, P. (1999), *Helping in child protective services. A competency-based case-work handbook*, American Human Asociation, Englewood, Colorado.

Fisk, S. T., Neuberg, S. L. (1990), A Continuum of Impression Formation, from Category-Based to Individuating Processes: Influences of Information and Motivation on Attention and Interpretation. *Advances in Experimental Social Psychology*, 23(C), 1-74. 10.1016/S0065-2601(08)60317-2.

Frankl, V. (2009), *Teoria şi terapia nevrozelor. Introducere în logoterapie şi analiza existenţială*, trad. în lb. română de Daniela Ştefănescu, Bucureşti: Editura Trei.

Freud, S. (1994), *Opere*, vol. IV, traducere de dr. Leonard Gavriliu, Editura Ştiinţifică.

Garrigou-Lagrange, R., Cummins, P. (1950), Reality—A Synthesis Of Thomistic Thought, St. Louis, Mo.: Herder.

Gerdes, K. E. Segal, E. A. (2009), A social work model of empathy. Advances in Social Work Practice, *Social Work* 10(2), 114-127.

Giblin, L. (2000), *Arta dezvoltării relaţiilor interumane*, Editura Curtea Veche.

Gilgun, J.F. (2008), *The Four Cornerstones of Evidence-Based Practice in Social Work*, Jane Gilgun Books.

Gill, M. (2011), Educating the Professional Social Worker: Challenges and Prospects, în *Revista de asistenţă socială*, nr. 4, pp. 30-41, Iaşi: Editura Polirom.

Girlasu-Dimitriu, O. (2005), *Empatia in psihoterapie*, Editura Victor, 2005.

Ginsberg, L.H., Ginsberg, L. (2008), *Management and Leadership in Social Work Practice and Education*, Council on Social Work Education.

Golu, M. (1997), Condiţionarea psihologică a câmpurilor relaţionale interindividuale şi inter-grupale, în *Psihologia vieţii cotidiene*, Iaşi: Editura Polirom.

Goldstein, E.G. (1995), *Ego Psychology and Social Work Practice*: 2nd Edition, The Free Press.

Grinnell Jr, R.M., Unrau, Y.A., (2010), *Social Work Research and Evaluation: Foundations of Evidence-Based Practice*, Oxford University Press.

Haidt, J. (2008), *Teoria fericirii*, Bucureşti: Editura Almatea.

Handy, Ch. (1985), *Understanding organizations*. 3rd edition, Harmondsworth, Middlesex, Penguin.

Hardcastle, A. (2011), *Theories and Skills for Social Workers*, 3 edition, Oxford University Press.

Harkness, D. (2002), *Supervision in Social Work*, Columbia University Press.

Healy, L. (2008), *International social work: Professional action in an interdependent world*. 2d ed. Oxford: Oxford Univ. Press.

Hegel, G. W. F. (1995), *Fenomenologia spiritului*, Ed. IRI, Bucureşti.

Heidegger, M. (1995), *Timp şi Fiinţă*, Bucureşti: Editura Jurnalul Literar.

Herseni, T., (1982), *Sociologie*, Editura Ştiinţifică şi Enciclopedică, Bucureşti.

Hepworth, D. H. şi al. (2009), *Direct Social Work Practice: Theory and Skills*, 8 edition Cengage Learning.

Hoffman, M.L. (2000), *Empathy and moral development: Implications for caring and justice*. New York: Cambridge University Press.

Horner, N., Kindred, M. (1997), *Using Humanist/Existential Theories in Social Work (Using Theories in Social Work)*, Open Learning Foundation.

Howe, D. (1995), *Attachment Theory for Social Work Practice*, Palgrave Macmillan.

Howe, D. (2001), *Introducere în Asistenţa Socială*, MarLink, trad.UNICEF România.

Hughes, D.A. (2000), *Facilitating Developmental Attachment: The Road to Emotional Recovery and Behavioral Change in Foster and Adopted Children*, Jason Aronson, Inc.

Husserl, E. (1989), *Ideas pertaining to a Pure Phenomenology and to a Phenomenological Philosophy*, Second Book. Trans. Richard Rojcewicz and André Schuwer. Dordrecht and Boston: Kluwer Academic Publishers. From the German original unpublished manuscript of 1912, revised 1915, 1928. Known as Ideas II.

Ionescu, Ş. (2001). *Copilul maltratat. Evaluare, prevenire, interventie*, Ed. Fundaţia Internatională pentru Copil şi Familie.

James, W. (1981), *Pragmatism: A New Name for Some Old Ways of Thinking*, Hackett Publishing.

Jex, S.M., Gudanowski D.M. (1992), Efficacy beliefs and work stress: An exploratory study. *Journal of Organizational Behavior* .

Jelev, J. (1995), *Omul şi ipostazele personalităţii sale*, Editura Didactică şi Pedagogică.

Jung, C.G. (1994), *Puterea sufletului*. Antologie, Bucureşti: Editura Anima.

Kant, I. (1998), *Critica raţiunii pure*, Bucureşti: Editura I R I.

Kant, I. (2005), *Prolegomene*, Piteşti: Editura Paralela 45.

Kornblum, W., Julian, J., Smith, C. D. (1995), *Social Problems* (8th ed.). Prentice Hall. Englewood Cliffs.

Hall, E., Hall C. (1988), *Human relations in education*. Psychology Press.

Heidegger, M. (1995), *Introducere in metafizică*, Bucureşti: Editura Humanitas.

Krill, D.F. (1978), *Existential social work*, New York: Free Press,

Kotarba, J.A., Johnson, J.M. (2002), *Postmodern existential sociology,* Walnut Creek, CA, Alta Mira.

Larousse (1996), *Dicţionar de psihologie*, Bucureşti: Editura Univers Enciclopedic.

Larson, C. J. (1986), *Sociological Theory from the Enlightenment to the Present*, N.Y.: General Hall.

Lazăr, F. (2010), *Introducere în politici sociale comparate. Analiza sistemelor de asistenţă socială*, Iaşi: Polirom.

Tutty, L.M., Rothery M. A. (2005), *Cercetarea calitativă în asistenţa socială. Faze, etape şi sarcini,* Polirom.

Lawler, J., Bilson, A. (2010), *Social work management and leadership: Managing complexity with creativity*. Abingdon, Oxon: Routledge.

Lawson, C., Latsis, J.S., Martins, N.M.O., (2007), Contributions to Social Ontology, New York: Routledge.

Maguire, L. (2001), *Clinical Social Work: Beyond Generalist Practice with Individuals, Groups and Families,* Brooks Cole.

Marcus, Solomon, Cătina, Ana, (1980), *Stiluri apreciative*, Ed.Academiei.

Marcus, Solomon (1987), *Moduri de gândire*, Editura Ştiinţifică şi Enciclopedică.

Marcus, Stroe (1971), *Empatia - Cercetari experimentale*, Editura Academiei.

Marica, S-F. (2009), Fenomenul "Singur acasă" la nivelul comunei Valea Danului, judeţul Argeş, *Revista de Asistenţă Socială*, Nr. 3-4, Editura Polirom, pp. 31-40.

213

Maslow, A. H. (1968), *Toward a Psychology of Being*, New York: D. Van Nostrand Co., Second Edition.

Maslow, A.H. (1993), *The Farther Reaches of Human Nature*, Penguin / Arkana.

Maslow, A.H. (2008), *Motivatie si personalitate*, Bucureşti: Editura Trei.

Mathis, R.L., Nica, P.C., Rusu, C. (1998), *Managementul resurselor umane*, Bucuresti: Ed. Economica.

Merton, R.K., Nisbet, R.A. (1961), *Contemporary Social Problems*, New York: Harcourt, Brace and World.

Miftode, V. (1995), *Teorie şi metodă în asistenţa socială*, Iaşi: Editura Fundaţiei Axis.

Miftode, V., (coord), (1995), *Dimensiuni ale asistenţei sociale*, Editura Eidos.

Mille, S. (2009), *The Moral Foundations of Social Institutions: A Philosophical Study*, Cambridge University Press.

Miller, J.P. (1999), *Education and the Soul: Toward a Spiritual Curriculum*, State University of New York Press.

Miller, J.P. (2005), *Holistic Learning And Spirituality In Education: Breaking New Ground*, State University of New York Press.

Minsky, M. (2007), *The Emotion Machine: Commonsense Thinking, Artificial Intelligence and the Future of the Human Mind*, Simon & Schuster.

Mitrofan, I. (2001), Terapia Unificării. O nouă psihoterapie experienţială, în *Psihologia la raspântia meniilor*, Iaşi: Editura Polirom.

Mitrofan, N. (2009). *Testarea psihologică. Aspecte teoretice şi practice*. Iaşi: Editura Polirom.

Mitrofan, I, Buzducea, D. (2005), Analiza existenţială sau drumul către sens, *Orientarea experienţială în psihoterapie*, Bucureşti: Editura Sper.

Mitropolitul Hieroteos Vlachos (1998), *Psihoterapia ortodoxă. Ştiinţa Sfinţilor Părinţi*, Timişoara: Editura Arhiepiscopiei Timişoarei.

Mjoset, L. (2009), The contextualist approch to social science metodology, în David, B., Ragin, C.C. (coord), *The SAGE hanbook of case-based metods*, London: SAGE Publication Ltd., pp. 39-68.

Moghaddam, F.M. (1998), *Social psychology*, W.H. Freeman end Company.

Rădulescu-Motru, C. (2009), *Puterea Sufletească*, Bucureşti: Editura Artemis.

Moustakas, C. (1966), *Existential Child Therapy*, Basic Books Inc.

Moustakas, C. (1994), *Phenomenological Research Methods*, Thousand Oaks, California: Sage Publications.

Moscovici, S. (1998), *Psihologia socială a relaţiilor cu celălalt*, Iaşi: Editura Polirom.

Mowrer, E.R. (1972), *Family Disorganization: An Introduction to a Sociological Analysis*, Arno Press and The New York Times.

Mullaly, B. (2006), *The New Structural Social Work: Ideology, Theory, Practice*, 3rd (third) Edition, Oxford University Press.

Mullaly, B. (2002), *Challenging Oppression: A Critical Social Work Approach*, Oxford University Press.

Muntean, A., Sagebiel, J. (2007), *Practici în asistenţa socială. România şi Germania*, Iaşi: Editura Polirom.

Muscă, V., Baumgarten, A. (2006), *Filosofia politica a lui Platon*, Polirom, 2006.

Narly, C., (1996), *Pedagogie generală*, EDP, Bucureşti.

Neamţu, G. (coord) (2004), *Tratat de asistenţă socială*, Iaşi: Editura Polirom.

Neamţu, N. (2001), *Managementul serviciilor de asistenţă socială*, Editura Motiv.

Neveanu, P.P. (1978), *Dicţionar de psihologie*, Ed. Albatros.

Nietzsche, F. (1999), *Voinţa de putere: încercare de transmutare a tuturor valorilor* (fragmente postume), traducere de Claudiu Baciu, Oradea: Editura Aion.

Noble, C (2004), Where is it Taking Social Work?, in *Journal of Social Work, Vol. 4, No. 3, 289-304.*

Noddings, N. 2003, *Happiness and education*, Cambridge University Press.

Nolan, P., Lenski, G. (2010), *Human Societies: An Introduction to Macrosociology*, Oxford University Press.

O'Hare, T. (2005), *Evidence-Based Practices for Social Workers: An Interdisciplinary Approach*, Lyceum Books.

Pareto, V., (1916), Trattato di sociologia generale, G. Barbèra, Firenze.

Parris, M. 2013), *An introduction to social work practice*, Open University Press.

Parsons, T. (1978), *Social Systems and the Evolution of Action Theory*, Free Press.

Pavelcu, V. (1972), *Drama psihologiei*, Bucuresti: Editura Didactică şi Pedagogică.

Pesechkian, N. (1977), *Positive psychotherapy: Theory and practice of a new method*, Berlin: SpringerVerlag. Pesechkian, New York: Wiley.

Payne, M. (2005), *Modern Social Work Theory* (third edition), Palgrave.

Patterson, C. H. (1973), *Humanistic education*, Englewood Prentice.

Păunescu, C. (1994), *Agresivitatea şi condiţia umană*, Editura Tehnică.

Pelzer, D. (1997), *The Lost Boy: A Foster Child's Search for the Love of a Family*, Health Communications.

Piaget, J. (1970), *Genetic epistemology*, New York: Columbia University Press.

Pratkanis, A. R., Greenwald, A. G. (1985). How shall the self be conceived? Journal for the Theory of Social. Behaviour, 15, 311-330.

Punalekar, S.P. (1983), *Deprivation, institutionalisation and development: A study of child welfare institutions in Gujarat*, Centre for Social Studies.

Platon (2005), *Republica*, Bucureşti: Editura Antet.

Plotnik, R., Kouyoumdjian, H. (2007), *Introduction to Psychology*, Belmont: Wadsworth Publishing Company.

Rădăuţi, C. (2000), *Management industrial*, Bucureşti: Universitatea Politehnică.

Rădulescu, A. (2007), Dezvoltarea profesiei şi a rolului asistentului social in Romania in *Practici în asistenţa socială. Romania şi Germania*, Ana Muntean, Juliane Sagebiel, Iaşi: Editura Polirom.

Rădulescu-Motru, C. (2009), *Puterea Sufletească*, București: Editura Artemis.

Rășcanu, R. (2001), Psihologia sănătății: de la credințe și explicații la sisteme de promovare a ei, în M. Zlate, *Psihologia la răspântia mileniilor*, Editura Polirom, pp. 133-230.

Reamer, F. G. (1993), *The philosophical foundations of social work*, New York: Columbia University.

Reuchlin, M. (1999), *Psihologie generală*, București: Editura Științifică.

Rickert, H. (1986), *The Limits of Concept Formation in Natural Science*, Cambridge University Press.

Rifkin, J. (2009), The *Empathic Civilization: The Race to Global Consciousness in a World in Crisis*, Tarcher.

Robert, L., Mathis, R.L., Nica, P.C., Rusu, C. (1998), *Managementul resurselor umane*, București: Editura. Economică.

Roberts, A.R., Yeager, KR. (2006), *Foundations of Evidence-Based Social Work Practice*, Oxford University Press.

Robu, M. (2008), *Empatia în educație*, București: Didactica Publishing House.

Rocco, M. (1997), Religie și creație, în M. Zlate (coord), *Psihologia vieții cotidiene*, Editura Polirom.

Rogers, C. R. (1951), *Client-Centered Therapy: Its Current Practice, Implications, and Theory*, Boston: Houghton Mifflin.

Rogers, C.R. (1959), A Theory of Therapy, Personality and Interpersonal Relationships as Developed in the Client-centered Framework. In (ed.) S. Koch, *Psychology: A Study of a Science*, New York: McGraw Hill.

Rogers, C.R. (1977), *On Personal Power: Inner Strength and Its Revolutionary Impact*, Delacorte Press.

Rogers, Carl. (1980), *A Way of Being*, Boston: Houghton Mifflin

Rogers, C.R. (2008), *A deveni o persoana*, București, Editura: Trei.

Roth-Szamoskozi, M. (2003), *Perspective teoretice și practice ale asistenței sociale*, Cluj Napoca: Presa Universitară Clujeană.

Rubin, J.A. (2009), Art-terapia, teorie și tehnică, București: Editura Trei.

Sandu, A. (2009), *Tehnici afirmativ-apreciative în dezvoltarea organizațională*, Iași: Editura Lumen.

Sartre, J.P. (2000), *Căile libertății*, București: Editura Rao.

Sartre, J.P. (2004), *Ființa si neantul. Eseu de ontologie fenomenologică*, Editura Paralela 45, București.

Schafer, R. (1959), Generative empathy in the treatment situation. *The Psychoanalytic Quarterly*, 28, 342-373.

Schutz A. (1972), *The Phenomenology of the Social World*, London: Heinemann Educational Books.

Segal, E.A., Gerdes, K.E., Steiner, S. (2010), *An introduction to the profession of social work* (3rd ed.), Belmont, CA: Brooks/Cole.

Seidman, B.F. (2004), *Toward A New Political Humanism*, Prometheus Books.

Skinner, B. F. (1976), *About behaviorism*, New York: Vintage Books.

Seligman, M.E., Csikszentmihalzi, P. (2000), Positive Pshyhology, în *American Psychologist*, vol. LV, nr. 1.

Seligman, M. E. P. (2002), *Authentic Happiness.* New York: Free Press.

Schreurs, N. F. M. (2001), Ritueel bestek. Antropologische kernwoorden van de liturgie. Barnard, M. & Post, P. G. J. (eds.). Zoetermeer: Meinema, p. 217-222

Smith, D. (2004), *Social work and evidence based practice,* London: Jessica, Kingsley.

Stairs, J. (2000), *Listening for the Soul: Pastoral Care and Spiritual Direction*, Fortress Press.

Steiner, R. (1996), *The education of the child, and early lectures on education*, Hudson, N.Y.: Anthroposophic Press.

Steiner R. (2006), *Fundamentele terapiei antroposofice*, Editura: SALCO, 2006, Brasov.

Stein, E. (1989), *On the problem of empathy*, Washington: ICS Publications.

Stern, E.M., Kramer, S.Z. (1995), *Transforming the Inner and Outer Family: Humanistic and Spiritual Approaches to Mind-Body Systems Therapy*, Routledge.

Storr, A. (1992), *The Integrity of the Personality*, Ballantine Books.

Şerban, I., Jourdan-Ionescu, C. (2001), *Copilul maltratat*, Fundaţia internaţională pentru copil şi familie.

Ştefăroi, P. (2007), Specificul managementului (eficient) în domeniul asistenţei sociale, în *Revista de Asistenţă Socială*, nr. 3, Iaşi: Editura Polirom.

Ştefăroi, P. (2008), Tulburări de dezvoltare socio-afectivă ale copilului instituţionalizat, în *Revista de Asistenţă Socială,* Nr. 1-2, Iaşi: Editura Polirom.

Ştefăroi, P. (2009), Perspectiva umanistă asupra clientului în asistenţa sociala, în *Revista de Asistenţă Socială,* Nr. 1-2, Iaşi: Editura Polirom.

Ştefăroi, P. (2009), *Teoria fericirii în asistenţa socială. De la managementul îngrijirii la managementul fericirii,* Iaşi: Editura Lumen.

Tiryakian, E.A. (1962), *Sociologism and existentialism, two perspectives on the individual and society*, Englewood Cliffs, N.J., Prentice-Hall.

Timberlake, E.M., Cutler, M.M. (2000), *Developmental Play Therapy in Clinical Social Work*, Pearson.

Vico, G. (1993), On Humanistic Education: Six Inaugural Orations, 1699-1707 (Six Inaugural Orations, 1699-1707 : from the Definitive Latin Text, Introduction, and Notes of Gian Galeazzo Visconti), Cornell University Press.

Voinea, M. (2005), Monoparentalitatea şi statutul marital al femeii din România, *Sociologie Românească.*

Ward, C.C. (2010), *Strength-Centered Counseling: Integrating Postmodern Approaches and Skills With Practice*, SAGE Publications, Inc.

Watson, D., Clark, L. A., Tellegen, A. (1988), Development and validation of brief measures of positive affect and negative affect, în *Journal of Personality and Social*

Psychology, Washington: American Psychological Association. Găsit la adresa http://www.apa.org/pubs/journals/psp/.

Weber, M. (2001), *Introducere în sociologia religiilor*, Iaşi: Institutul European.

Weissman, D. (2000), *A social ontology*, London: Yale University Press.

Wheeler, G. (1991), *Gestalt reconsidered*, New York: Gardner Press.

Williams, B. (1993), *Introducere în etică*, Bucureşti: Editura Alternative.

Wing Sue, D. (2006), *Multicultural social work practice*, USA: WILEY.

Zapodeanu, M. (2005), *Terapii familiale si asistenta sociala a familiei*, Editura Lumen.

Zamfir, C., Stoica L (2006), *O nouă provocare: dezvoltarea socială*, Editura Polirom.

Zamfir. E. (1998), *Psihologie sociala aplicata - texte alese*, Iaşi: Editura Ankarom.

Zamfir. E. (2008), The new human model proposed by humanist pychology. Types of conflict resolution, *Revista de asistenţă socială*, nr. 1-2, Iaşi: Editura Polirom, pp 3-28.

Zamfir, E (2009), *Asistenţa Socială în România. Teorie şi acţiune socială. Texte alese*, Craiova: Editura Mitropoliei, Craiova.

Zastrow, Ch. (2009), *Introduction to Social Work and Social Welfare: Empowering People*, Thomson Brooks/Cole.

Zlate, M. (2002), *Eul şi Personalitatea*, Bucureşti: Editura Trei.

Znaniecki, F. (1969), *On humanistic sociology*, Chicago: University of Chicago Press.

*** *Legea privind sistemul national de asistenta sociala* nr. 47/2006

*** *Legea nr. 272/2004 privind protecţia şi promovarea drepturilor copilului.*

*** www.books.google.ro/

*** www.copsi.ro/

*** www.cnasr.ro/

*** www.fnasr.ro/codetic.htm

*** ifsw.org/

*** www.ohchr.org/EN/UDHR

*** www.socialworkers.org/

Petru Ștefăroi :

Asistență Socială Umanistă.
De la subzistență și îngrijire la reabilitare umană și fericire

Carte disponibilă pe Amazon.com, Amazon Europe,
CreateSpace Store și alte magazine online

CreateSpace
4900 LaCross Road
North Charleston, SC 29406

https://www.createspace.com/
http://www.amazon.com/

Adresa de email a autorului:
petrustefaroi@yahoo.com